아트스크롤 타나크 시리즈 4

애가

탈무드와 미드라쉬 및 랍비문헌에서 발췌 · 편집한 주석

아트스크롤 타나크 시리즈 4

애가

초판 1쇄 발행 2016년 9월 5일

지은이 탈무드와 미드라쉬 및 랍비문헌에서 발췌 · 편집한 주석
옮긴이 편집부
펴낸이 장대윤

펴낸곳 도서출판 대서
등록 제22-2411호
주소 서울시 서초구 방배동 981-56
전화 02-583-0612 / 팩스 02-583-0543
메일 daiseo1216@hanmail.net

디자인 참디자인

ISBN : 979-11-86595-23-7 93230

* 책 값은 뒤표지에 있습니다.
* 잘못된 책은 교환하여 드립니다.

아트스크롤 타나크 시리즈 4

애가

탈무드와 미드라쉬 및 랍비문헌에서
발췌 · 편집한 주석

편집부 옮김

본서는 유대인에게 읽힐 요량으로 기획한 오축(다섯 두루마리) 시리즈 중 네 번째 책이다. 『메길라트 룻기, 에스더, 전도서』가 출간될 당시 뜨거운 성원을 받은 점으로 미루어 토라를 가까이하는 독자들은 순수한 전통 주석을 몹시 읽고 싶어 한다는 것을 알 수 있었다. 이는 명쾌하고 기품과 교양이 있는 데다 미적 감각까지 살려 흠모할 만한 책들이다.

도서출판 대서

[알아두기]

발췌 인용한 본문은 출처를 밝혔고, 저자가 임의로 덧붙인 글에는 [ ](대괄호) 표시를 해두었다.

차례

서문

애가가 출판되므로 아트스크롤의 타나크 시리즈 가운데 세 번째 책이 세상에 태어났다. 앞서 출판 된《에스더》와《룻기》에 대한 뜨거운 반응은 애가 주석에도 독자들의 관심이 클 것이라 기대한다. 한글 번역본은 원문의 출판순서와 조금 다르게 나왔다.《룻기》가 가장 먼저 나오고 이어서《에스더》와《전도서》가 출판되었고 이제 네 번째로《애가》를 출판하게 되었다.

앞선 주석은 오랫동안 채워지지 않은 공간뿐만 아니라, 하나님의 말씀을 살아있는 현실보다는 향수에 젖은 호기심으로만 치부했던 사람들의 현실과 공백을 채워 나갔다.

우리는 아트스크롤 타나크 시리즈의 목표를 "토라의 바른 해석이라는 왕관을 명실상부한 토라의 주인에게 다시 씌워주는 것"이라 밝힌 바 있다. 주석 시리즈는 수 세기를 이어온 미드라쉬와 랍비 주해뿐 아니라, 하잘과 기존 주석가(영어를 구사하는 독자에게 보급하여 더 많은 사람들이 토라를 읽히는 데 보탬이 되었다)의 주해를 포괄적으로 집대성한 주석들을 통합하고 해석한 데 근거하여 새롭고도 자유분방한 역문도 제공할 것이다.

지금껏 영어 번역판과 주석이 비 유대교 및 비 유대교 전통적 문헌을 활용하여, 탈무드와 랍비 해석의 가치를 떨어뜨렸다는 점을 생각하면 탄식이

절로 나온다. 이는 타나크 주석 시리즈가 필요하다는 방증이기도 한데, 물론 공용어로 된 토라라고 해서 마소라에 충실하지 않을 거라고 못을 박아서는 안 될 것이다.

주석의 범위

이 주석은 폭넓은 독자층의 갈증을 해소하기 위해 집필된 것으로, 10대 초반 학생을 비롯하여 히브리어 교사와, 순수한 히브리 혈통이 아닌 대학생, 자료의 원문을 열람하는 데 제약이 따르거나 개인적으로 연구할 시간이 부족한 젊은 학자들에게 이르기까지 독자층이 매우 다양하다. 이처럼 독자층의 넓은 간극을 좁히고, 학문에 대한 소욕을 충족시키기 위해 편집인 일동은 심혈을 기울였다.

《애가》는 앞선 두 주석과는 달리, 이 부분에 문제가 있었다. 내러티브가 아닌 운문으로 된 애가가 때로는 애매한 성경 히브리어로 기록되어 있었다는 것이다. 좀 더 심오한 해설의 모델뿐 아니라, 예레미야의 애가를 문자적인 의도에 맞게 풀이한 주석을 선별해야 했다. 필자는 이 저작이 하쉐임의 진노를 목격한, 의로운 선지자의 고뇌를 묘사한 문헌("시온산이 황폐하여 여우가 그 안에서 논다[애가 5:18]"에서 정점에 이른다)이라는 점을 끊임없이 되뇌며 이 책을 썼다. 이는 성경을 바르게 이해하는 데 필요한 순결과 성별의 열기로 단어의 뉘앙스를 설명한 현인의 관점에 비추어야만 파악할 수 있을 것이다.

제1, 2성전이 파괴될 당시 벌어진 비극을 다룬 미드라쉬 기록이 상당히 많다는 점도 간과할 순 없을 것이다. 미드라쉬를 읽노라면 역사적인 혜안을 얻는 동시에 괴로움을 통감하게 된다. 이를 위해 필자는 예레미야 애가가 암시하는 역사적 배경과 예언적 측면을 묘사한 미드라쉬도 아울러 선별했다(1, 2차 성전의 차이점도 밝혀두었다).

본문에 기록된 역문은 대부분 현인의 해석을 반영하진 않았다. 따라서 꼭 직역만을 고집하지 않고 현인의 해석을 충실하게 옮겼다. 새로 번역한 본문은 가독성을 높이고, 미드라쉬와 라쉬 및 이븐 에즈라가 다룬 '표면상 난해한 점'은 상당수 제거했다. 그리고 '애가'의 풍부하고 복잡다단한 어의를 전달하기 위해 히브리어 원어의 애매한 의미도 보존차원에서 역문에 반영해 두었다.

본문의 단순한 의도(영어버전 주석과도 의미상 통합될 수 있는)와 관련된 글을 선별하는 데는 탈무드와 미드라쉬를 참조했다.

또한 고전 주석가인 라쉬와 이븐 에즈라, 알쉬흐를 비롯하여, 라브 슈무엘 드 우제다가 집필한 《레헴 디마》와 라브 이츠학 아라마가 쓴 《아케이다트 이츠학》, 히다의 《나할 에슈콜》, 두브노 마기드의 《콜 야코브》 및 리사의 라브 야코브가 쓴 《팔게이 마임》, 그리고 이븐 야히아와 이븐 슈입의 주석도 참고했다.

안타깝게도 말빔의 주석은 찾을 수 없었다.

하쉐임의 이름

하나님의 이름을 가리키는 거룩한 네 문자는 대문자 '하쉐임HASHEM(영어원문에는 H가 크고 나머지는 비교적 작다—옮긴이)'으로 표기하기로 했다. 이는 '구별된' 이름이란 뜻으로 하나님의 거룩한 이름 '여호와'를 일컫는다. '고유한' 하나님보다는 통칭에 가까운 엘로킴Elokim은 '하나님'이라고 번역했다. 사실, 창조주의 이름 거룩한 네 문자는 대개 '하_님G_d'이라 하여 철자를 다 쓰진 않지만, 이 책은 구약성경 중 하나의 주석인 데다, 하쉐임이란 거룩한 네 문자도 성경에 히브리어로 분명히 기록되어 있으므로 철자를 줄여 쓰는 것이 도리어 어색하지 않을까 싶다. 그리고 'אֶרֶץ יִשְׂרָאֵל(에레쯔 이스라엘)'은 '이스라엘 땅'으로 옮겼다. 이스라엘은 유다지파에 국한된다기보다는 유대 민족 모두를 가리키는 단어라고 보면 된다.

히브리어는 스페인계(Sephardi, 세파르디)와 독일 · 폴란드 · 러시아계(Ashkenazi, 아슈케나지) 음역을 두루 사용했다. 이를테면, 자음은 아슈케나지를, 모음은 세파르디를 적용하여 아케이다스 이츠호크가 아니라 아케이다스 이츠하크이고, 코헬레트가 아니라 코헬레스 등으로 표기했다는 이야기인데, 일반적으로 수용되어온 고유명사는 그대로 담았으므로 솔로몬과 다윗, 예루살렘, 모세, 유다, 이삭 등은 편집인의 음역 방침에 따라 바꾸지 않았다. 하지만 이 같은 이름이 탈무드나 미드라쉬의 인용문에 기록되었다면 이츠하크와 여후다, 야코브 등, 편집인이 정한 기준으로 표기했다. 물론 일치하지 않는 부분이 더러 있지만 문체(스타일)는 전반적으로 일정할 것이다.

주의사항

성경을 다룬 문헌을 출판하려면 늘 양심적인 갈등을 느끼게 된다. 어떤 이는 영어로 된 토라 관련 서적이 있어야 한다고 목소리를 높이는 반면, 원전을 연구하려는 각오와 함께 전문지식을 신속히 습득할 요량으로 아트스크롤 타나크 시리즈를 활용하려는 사람도 있을 것이다. 하지만 번역본이나 주석은 집중적인 원전 연구를 위한 대안이 될 수가 없다. 우리는 이 책을 활용하려는 토라 학자에게 대안보다는 심화학습의 도구로 참고할 것을 누누이 강조해왔다.

수백 페이지나 되는 주석을 요약하고 걸러내어 이렇게 얇은 책으로 압축했다고 생각해보라. 그렇다면 인용된 자료에서는 '엑기스'만 추려냈을 공산이 크지 않겠는가? 대다수의 경우, 주석을 원문 그대로 연구하면 동종 문헌에서 인용될 수 있는 것보다 훨씬 더 많은 연구결과가 쏟아져 나오게 마련이다. 같은 주석을 보더라도 해석이 달라지는 경우도 비일비재하다. 실은 그러는 것이 지극히 당연하고 바람직하다. 토라의 대가와 우리를 비유하자면, 현인의 말마따나, 천사와 인간이요, 인간과 당나귀 쯤 되지 않을까 싶다.

개요와 주석을 집필한 학자가 대가의 거룩한 사상을 피상적으로 훑어보는 것 이상의 업적을 이룬 척할 수는 없는 노릇이다.

독자는 다양한 주석의 논리가 상충하는 듯 보일 때가 종종 있다는 점도 눈치 챌 터인데, 사실 대립한다기보다는 서로가 보완한다고 생각하는 편이 옳을 것이다. 다이아몬드의 수많은 면이 보석의 아름다움을 빛내는 데 일조하는 것처럼 말이다. 아래는 탈무드에서 발췌한 글이다.

랍비 이슈마엘의 가르침에 따르면, "[하나님의 말씀은] 바위를 산산이 부수는 해머와 같다(렘 23:29). 바위를 부술 때 해머에서 수많은 불꽃이 튀듯, 거룩하신 하나님의 입에서 나오는 모든 말씀도 해석이 70가지로 갈라질 것이다(샤보트 88b)."

토라의 말씀은 구구절절 수많은 의미를 담고 있고, 때로는 서로 방향이 다른 듯싶지만 거짓은 하나도 없다. 바위를 내리치는 해머

(하나의 근원)에서 숱한 불꽃이 튀는 것처럼 토라의 말씀도 상당히 많은 해석이 가능한 것이다.

《애가》는 항상 연구를 주저하게 되는 토라의 책인 동시에 하루빨리 폐기하고픈 책 중 하나다. 하지만 예루살렘과 함께 슬퍼한 백성이 언젠가는 예루살렘 덕분에 기쁨을 되찾을 것이다. 그런 맥락에서 우리는 예레미야와 더불어 눈물을 흘렸고, 그가 비가로 채운 사상을 곱씹어보기도 했다.

우리는 예루살렘과 함께 울었다. 우리뿐 아니라 클랄 이스라엘 모두가 그런 기쁨을 만끽할 수 있기를 바란다.

랍비 노손 셰르만 / 마이어 즐로토비츠

로쉬 호데쉬 타무즈월, 5736

뉴욕 브루클린

감사의 글

무지에 실족하지 않도록 지도해주고, 시간을 내어 의욕과 영감을 심어준 것도 모자라, 여러 방면에서 원고를 읽고 소견을 기탄없이 일러준 여러 지인께 깊은 감사의 마음을 전하고 싶다. 필자가 흔쾌히 감당하고픈 의무란 이를 두고 하는 말이 아닐까 싶다.

먼저 부친인 하라브 하가온 아론 즐로토비츠께 감사드린다. 부친께서는 토라 연구에 대한 지도편달과 더불어 경이적인 학식을 물려주셨다. 필자는 주석을 덧붙이기 전에 부친과 상의했고 현인다운 코멘트의 덕을 많이 보았다. 부모님께 장수의 복이 있기를 바라며 자자손손을 통해 복을 누리길 빈다.

또한, 미국에 자리 잡은 토라학당에서 최고의 지성과 인성을 자랑하는 학자와 자유롭게 교류할 수 있다는 점도 고마울 따름이다. 예컨대, 랍비 데이비드 파인스타인은 토라의 지식과 통찰력 면에서 문화재로 손꼽히는 위인으로 귀중한 시간을 아끼지 않았다. 필자의 친구인 하라브 다비드 코헨 역시 자료수집에서 출간에 이르기까지 원고를 샅샅이 살피며 치밀하고 구체적으로 분석해준 덕에 많은 도움을 받았다. 그의 학식도 이번 프로젝트에 박차를 가하는 데 큰 보탬이 되었다. 그리고 하라브 요세프 엘리아스 또한 원고의 일부를 읽으며 부족한 점을 예리하게 짚어주었다. 각자는 분주한 일정에도 모순되는 점을 비롯하여 번역문과 출처를 일러주고, 심오하고 유익한 조언을 들려줌으로써 따스한 관심과 애정을 몸소 보여주었다. 그들의 족적이 책에 고스란히 남아있지만, 편집에 대한 최종적인 재량은 어디까지나 필자에게 있으므로 출간된 책을 두고는 내가 책임을 지기로 했다.

원고를 읽고 조언과 함께 주석 출간도 격려해준 죽마고우 역시 고맙기 그지없다. 다비드 H. 슈워츠를 비롯하여, 랍비 로날드 그린월드, 랍비 엘리 멍크, 랍비 니슨 울핀, 랍비 요세프 와인바움, 그리고 슐만 여사에게 감사드린다. 주석이 최종적으로 출간되었다는 것은 그들이 성실히 기여했다는 방증이기도 하다.

브네이 예시보트B'nai Yeshivos에 주석을 보급해온 레브 준델 버먼의 노고에도 거듭 감사드린다.

늘 그렇듯, 레브 아비 슐만은 시리즈를 발간하는 데 격려와 지도 편달을 아끼지 않았다. 주석을 널리 보급해야 할 필요성을 자각하여 큰 도움이 되었다.

원고를 타이핑하고 이를 컴퓨터에 옮기는 데 협조해 준 여동생 셜리 키펠에게도 감사의 뜻을 전하고 싶다.

주디 그로스먼과 리바 알퍼 양도 시간을 내어 원고를 차근차근 살펴보며 페이지가 정확한지 일러주었고, 펄 아인혼 및 낸시 레프 양도 헌신하는 마음으로 편집에 일익을 담당했다.

필자와 친한 레브 셰아 브랜더는 시각적으로 탁월한 책을 만들어내기 위해 그래픽 실력과 미적 감각을 발휘했다. 셰아의 헌신이 없었다면 '보암직한' 책은 나올 수 없었을 것이다. 끊임없는 헌신에 어떻게 고마움을 전해야할지 모르겠다.

끝으로, 웅변력과 명쾌한 해설의 달인이자, 추상적인 토라의 개념을 일반인이 이해할 수 있는 수준으로 명쾌히 풀어낸 하라브 노손 셰르만이 참여하지 않았다면 아트스크롤 타나크 시리즈는 인정을 받지 못했을 거라는 점도 일러두고 싶다. 애매한 어구와 개념을 옮기고 풀이하는 방법론을 일깨워준 덕분에 원고의 명료성과 가독성이 크게 개선되었다.

아낌없는 격려와 지도편달과 예리한 통찰력의 원천인 아내 라헬에게라면 몇 번을 감사해도 사족은 되지 않을 것이다. 아내가 늘 격려해주지 않았다면 이 같은 속도로 원고를 엮어내지 못했으리라 생각한다. 아내는 집안 분위기를 토라 연구의 통로이자 학자가 모이는 거처로 삼았다. 이 같은 공로에 걸맞은 상급을 풍성히 받고 자녀도 '토라의 장막'에 기거하기를 기도한다.

– 마이어 즐로토비츠

뉴욕 브루클린

로쉬 호데쉬 엘룰월, 5736년

서론

개요

파멸과 구원

솔로몬이 애굽 왕인 바로 네호의 딸과 혼인식을 거행한 날, 미가엘 천사가 내려와 지팡이를 지중해에 박아 넣고 주변을 돌과 진흙으로 메웠다. 이때 거대한 삼림이 조성되었고 나중에는 로마라는 거대한 도시가 형성되었다.

여로보암 왕이 금송아지 둘[유대인이 예루살렘 성전에 가는 것을 막기 위해 각각 벧엘과 단에 세웠다]을 세운 날, 레무스와 로물루스는 로마에 두 오두막을 세웠다.

(예루샬미, 아보다 자라 1:2)

하루는 라반 감리엘과 랍비 엘라자르 벤 아사랴, 랍비 여호수아 및 랍비 아키바가 예루살렘에 가고 있었다. 스코푸스산에 근접해지자 여우 한 마리가 지성소[의 잔해]에서 나오는 것이 보였다. 이때 그들은 모두 울기 시작했으나, 랍비 아키바는 웃었다.

"자넨 왜 그리 기분이 좋은 건가?"

"왜 우는가?"

랍비 아키바가 반문했다.

"울어야 마땅하지 않겠는가? 토라에 '외인이 가까이 오면 죽이라(민수기 1:51)'고 한 성소에 여우가 나왔다는 것은 '황량해진 시온산에 여우들이 논다'는 구절이 성취된 것이 아니겠는가?"
"바로 그 때문에 웃은 걸세! '신실한 증인인 우리아'의 예언이 성취되었으니, '시온은 밭 같이 경작지가 될 것이며, 예루살렘은 돌무더기가 되며 이 성전의 산은 산당의 숲과 같이 되리라(예레미야 26:18)'뿐 아니라, 머지않아 또 다른 신실한 증인인 스가랴의 예언도 실현될 것이 아니겠는가! '예루살렘 길거리에 늙은 남자들과 늙은 여자들이 다시 앉을 것이라. 다 나이가 많으므로 저마다 손에 지팡이를 잡을 것이요, 그 성읍 거리에 소년과 소녀들이 가득하여 거기에서 뛰놀리라(스가랴 8:4).' 즉, 우리야의 예언이 성취되었듯이 스가랴의 예언도 그렇게 될 걸세(스가랴 8:4)(마코스 24b)."

1. 시간 – 토라의 개념

세월의 주기

2449년 티슈리월 10일, 모세는 시내 산에서 두 번째 증거 판을 들고 하산했다. 증거 판은 선물로 받은 토라뿐 아니라, 금송아지를 만든 죄를 하나님이 용서하셨다는 증거를 상징하기도 했다. 이 날은 대대로 지키는 욤키푸르 즉, 회개가 인정되어 죄의 용서를 받은 속죄의 날이 되었다.

2448년 니산월 15일, 출애굽 사건이 절정에 이르자, 유대인들은 집에 앉아 유월절 번제물을 먹었다. 번제물의 피는 믿음의 표상으로 문설주에 발랐다. 자정이 오자 애굽의 장자가 모두 죽임을 당했다. 이윽고 바로는 거리를 급히 내달리며 유대인의 자유를 선포했다. 유대인이 자유를 되찾은 이 날은 그때부터 오늘날까지 영원히 지키는 절기가 되었다.

유대교의 종교의식은 고대 역사를 기념하는 것이 전부는 아니다. 종교와는 무관한 유행을 따라, 편의상 주말을 끼워 긴 연휴를 만들기 위해 절기를 바꾸는 것은 신성모독에 참람한 작태인 데다 율법적(할라하)으로도 허용될 수 없는 짓이다. 핵심을 놓친 까닭이다. 안식일이 되면 거룩이 온 세상에 이르고, 대속죄일에는 용서가, 유월절에는 자유, 그리고 오순절에는 토라가 전 세계에 이르는데, 절기는 달력 제작자라든가 법조문이 바꿀 수는 있지만 하늘의 창조주기는 변하지도 않는 데다 인위적으로 바꿀 수도 없다. 물론 각 절기가 뚜렷이 상징하는 거룩은 개인의 수준에 따라 자각하고 인지하는 정도가 서로 다르다. 그런 경지에 오르지 못한 사람도 각 절기가 하나님의 치밀한 계획 속에 맞물리는 톱니바퀴고, 자신의 행실이 중요하다는 점을 알고 있기에 이를 준행하고 있다. 심지어는 의식하진 않더라도 하루가 발산하는 특성은 각자의 영혼에 이를 것이다.

토라에 좀 더 쉽게 젖어들 수 있는 오순절이나, 물질이라는 주인(내면이든 외부환경이든)이 매어둔 (종의) 속박에서 자유를 얻은 유월절 등, 희락의 날도 있고 성찰의 날도 있다. 하나님은 기후와 날씨, 계절만으로도 구분이 되는, 늘 한결같은 날을 위해 천지를 창조하신 것은 아니다. 안식일의 가치를 믿고 이를 영적으로 갈급해 하는 유대인만큼이나 창조주 하나님을 설득력 있고도 의미 있게 증언하는 사람은 없을 것이다. 안식일에 대한 기록은 아래와 같다.

> "이는 나와 이스라엘 자손 사이에 영원한 표징이며 나 여호와가 엿새 동안에 천지를 창조하고 일곱째 날에 일을 마치고 쉬었음이니라 하라(출애굽기 31:17)."

시험을 위한 시간

다른 시기도 있다. 유대 민족의 역사의 태동 이후, 비극과 애통을 겪으며 눈물에 젖은 시기도 있다. 예컨대, 아리잘은 타무즈월 1일부터 40일을 지내며 아브월 9일 이후에 이르기까지, 유대인의 역사는 시련과 위험과 불길한 예감으로 점철되었다는 점을 기록했다. 모세의 열두 정탐꾼(백성의 위인과 지도자들)은 가나안에서 느껴지는 신성의 기운과 아름다움을 보고 온다는 임무를 띠고 40일간 파송된 바 있다. 그들은 40일에 담겨있는 비극의 가능성을 정복할 수도 있었다. 그들이 여호수아와 갈렙의 말에 동조했더라면 말이다!

> "여호와께서 우리를 기뻐하시면 우리를 그 땅으로 인도하여 들이시고 그 땅을 우리에게 주시리라. 이는 과연 젖과 꿀이 흐르는 땅이니라. 다만 여호와를 거역하지는 말라. 또 그 땅 백성을 두려워

하지 말라. 그들은 우리의 먹이라. 그들의 보호자는 그들에게서 떠났고 여호와는 우리와 함께 하시느니라. 그들을 두려워하지 말라 하나(민수기 14:8-9)"

비극의 때

설득력은 있었지만 결국 뜻을 돌이킬 수 없었던 호소는 유대 역사의 전환점이 되었다. 정탐꾼이 실망하지 않고, 여호수아와 갈렙의 소견이 대세를 이루고, 백성이 모세와 하나님을 믿었더라면 40일간의 부정적인 개연성은 영원히 묻혀버렸을 것이다. 그러면 이스라엘은 모세의 인도로 가나안에 입성하여 성전을 세우고 메시야의 통치(지금도 애타게 기다리고 있는 궁극적인 구원을 일컫는다)를 기대할 수 있었으리라.

결국 정탐꾼은 아브월 9일에 돌아와 백성의 사기를 꺾어놓았고, 그들은 밤새도록 애곡했다.

"이스라엘 자손이 다 모세와 아론을 원망하며 온 회중이 그들에게 이르되 우리가 애굽 땅에서 죽었거나 이 광야에서 죽었으면 좋았을 것을, 어찌하여 여호와가 우리를 그 땅으로 인도하여 칼에 쓰러지게 하려 하는가. 우리 처자가 사로잡히리니 애굽으로 돌아가는 것이 낫지 아니하랴. 이에 서로 말하되 우리가 한 지휘관을 세우고 애굽으로 돌아가자 하매(민수기 14:2-4)"

"랍비 요하난은 그 날이 아브월 9일 이브라고 했다. 이때 하나님은 이유 없이 울어대니 네 자손도 지킬 수 있도록 이 날을 애도의 날로 지정하겠다"고 말씀하셨다(타니스 28b)."

아브월 9일을 둘러싼 비극적인 개연성은 제2성전도 그 날 무너졌다는 사실, 히브리인 모두가 알고 있는 사실의 근간이 된다. 제1성전이 아브월 9일에 무너졌다는 것은 탈무드의 설명(타니스 29a)에 근거하여 성경에서 유추해낸 사실이다. 하지만 탈무드는 묻는다. '제2성전이 무너진 정확한 날을 어떻게 알 수 있겠는가?' "알다시피, 높이 평가할 만한 사건은 경삿날을 위해 예비 되어 있고, 비극적인 사건은 유죄 판결을 받은 날을 위해 예비 되어 있는 법이다(ibid). 제2성전이 파괴된 정확한 날짜를 둘러싼 역사적 증거는 필요하지 않다. 하염없이 눈물을 흘린 날(아브월 9일) 외의 다른 날이었을 리는 만무하니까."

2. 역사속의 아브월 9일

고대

아브월 9일에 다섯 가지 사건이 벌어진다.

1 – 광야에서 그들이 이스라엘에 들어갈 수 없다는 금지령이 선포되었다.

2, 3 – 제1, 2성전이 무너졌다.

4 – 베타르라는 대도시가 정복되었다. …… 베타르는 로마가 장악했고, 백성은 모두 죽임을 당했는데, 이는 성전이 붕괴된

것만큼이나 심각한 참극이었다.

5 – 심판이 정해진 그날, 사악한 투르누스 루푸스가 선지자 예레미야의 예언을 성취하기 위해 성전과 주변지역을 갈아엎었다. "시온은 밭 같이 경작지가 될 것이며 예루살렘은 돌 무더기가 될 것이다(예레미야 26:18)(람밤, 힐호스 타니스 5:3)."

람밤의 『미쉬나 토라』는 간결하지만 신중하게 쓴 율법서다. 수많은 어구해설과 판례가 여기에 수록되어 있는데, 불필요해 보이는 강조어구와 누락 때문에 그럴지도 모르겠다. 람밤은 문체의 아름다움을 살릴 줄 아는 저술가지만 『미쉬나 토라』에서는 화술에 연연하지 않았다. 하지만 참상이 벌어진 날에 대한 4대 사건을 구분한 뒤에는 유대인의 절규("심판이 정해진 그날")로 범람하는 마음에서 벗어나고자 신음한 듯 보인다. 성전과 주변지역 – 하나님의 임재가 주로 머물렀던 지성소가 있던 곳, 아브라함이 하나님의 뜻에 따라 이삭을 번제로 바치려 했던 곳, 해마다, 절기마다 혹은 매일 신성에 흠뻑 젖어들고자 이스라엘이 오르던 곳 – 을 갈아엎었다는 최후의 굴욕(대담하지만 그럴 이유가 없는 신성모독)은 아브월 9일이 아닌 다른 날에는 벌어질 수 없다는 점을 역설하고 있는 것 같기도 하다.

스페인

여기서 끝은 아니었다. 1492년 아브월 9일은 역사적으로 악명 높은 데드라인이 이른 날이다. 스페인계 유대인이 개종이나 추방을 선택해야 했고, 이에 응하지 않을 시 고문이나 처형을 당해야 했는데, 당시 개종 및 추방령에서 제외된 일인이 있었으니, 그는 유명한 토라 주석가이자 정치가인 돈 이쯔호크 아바르바넬이었다. 당시 스페인 경제부 장관이었던 그는 방만한 페르디난트와 이사벨라의 파산을 막아준 바 있다. 스페인에는 없어서는 안 될 인재였기에 당국도 추방을 강요할 수 없는 입장이었다. 그는 군주의 이 같은 '넉넉한 처우'를 거부하며 추방령 철회를 설득했다. 하지만 통하지 않자 그는 아브월 9일, 7만 5천명이나 되는 유대인과 함께 국경에 진입하여 스페인을 가로질렀다. 사실, 아브월 9일에 이르는 3주 동안은 오락이 금지되어 있었으나, 랍비들은 악기 연주를 허용했다. 기아와 질병이 난무하고 가난이 판치는 세상에 대항하고, 하나님의 이름을 성별하기 위해 모든 것을 포기할 각오가 된 유대인의 기개를 찬미하고 기세를 드높이는 것이 곧 계명이라고 해석했기 때문이다.

극악무도한 보좌관이자 멘토인 토르케마다(Torquemada, 스페인의 종교 재판소 초대 재판관으로, 이교도에 대한 무도한 탄압을 실시했다-옮긴이)와 페르디난트 및 이사벨라는 토라와 부와 영향력이라는 '황금귀golden ears'를 전수해온 유대인을 추방함으로써 저들의 기운을 꺾었다고 자부했다. 아울러 이스라엘의 수호자가 잠을 자고 있다는 점을 유대인에게 입증해주었다고 생각했지만, 그건 오산이었다. 아바르바넬과 추종자들은 달력이 주는 교훈을 깨달았다. 아브월 9일은 '심판이 지정된 날'이었다. 하나님은 주무시지 않았다. 하나님은 진노하시며 방황하는 백성을 기억하셨다. 하나님만이 비극이 사무친 그날, 수 세기를 지내온 스페인계 유대인의 역사를 쓸어버리실 수 있었다.

유럽

1차 대전도 아브월 9일에 개시되었다. 당대 유대인에게 20세기의 가장 처참한 비극은 2차 대전에 벌어진 홀로코스트일 것이다. 그때 겪은 상실감과 시련은 아직도 말로 형용할 수가 없다. 그러나 우리 유대인은 잣대가 다르다. 아브월 9일, 성전이 잿더미가 되었지만 그 때 불이 붙었기 때문에 9일을 기념하는 것이다. 2차 대전의 중요성을 최소화할 수는 없다. 우리는 고통스런 20세기를 역사적으로 중차대한 날로 여기고 있다. 1차 대전 당시 울리기 시작한 총성은 지금도 유대인 역사의 트렌드를 조성하고 있는 중심사건으로 간주해야 한다고 본다.

1914년 독일군이 동유럽에 진출하며 유대인 공동체를 근절하고, 수 세기간 힘겹게 쌓아온 전통을 파괴해버렸다. 토라의 권위와 요구에 역행하는 계몽주의와 볼셰비즘, 사회주의, 민족주의 및 여러 운동은 전통이라는 벽에 난 틈을 통해 한꺼번에 밀려왔다. 독일군이 갈라놓은 땅에 살고 있던 주요 랍비들은 수년간 고국을 밟지 못했다. 이를테면, 랍비 하임 솔로바이히키와 호페쯔 하임, 랍비 하임 오제르 그로젠스키도 하루아침에 공동체를 떠나게 되어 그곳에는 수년간 지도자가 없었다. 도시는 폐허가 되었고 수만 명의 유대인은 실향민이 되고 말았다.

물론 전쟁의 참상은 물리적인 피해 못지않게 정신적인 피해를 낳기도 했다. 랍비의 지위가 추락했고, 극심한 빈곤이 유대인 공동체와 예시바를 타격했으며, 볼셰비키 혁명을 비롯하여, 300만 유대인이 살던 러시아 주변을 두른 철의 장막, 타락한 독일 정치와 경제,

그리고 히틀러라는 사악한 천재의 등장은 1차 대전의 결과였다.

좀 더 깊이 상고해보면, 2차 대전이 1차 대전의 결과이듯, 1차 대전 또한 이전 시기의 결과라 할 수 있다. '심판이 지정된 날'에 1차 대전이 벌어졌기 때문이다. 20세기의 참상과 시련도 역사적인 아브월 9일을 잘 보여주는 표상일 것이다.

3. 알짜를 가리는 시험

숨겨진 본질

창조 당시 가장 중요한 원소는 영성이었다. 물질이 영을 가렸고, 악이 영에 개입했으며, 통계와 논리 및 자료가 영을 가장했다. 따스한 영혼에서 영성의 빛줄기를 차단하는 속세의 차광막을 제거하는 것이 인간의 사명이다. 토라는 "이는 나의 영원한 이름이요, 대대로 기억할 나의 칭호니라(출애굽기 3:15)"라고 기록했는데, 탈무드는 '영원하다(르올람)'가 '숨겨지다(르알람)'와 철자가 같다는 점을 지적했다. 여기서 현인들은 "[나의 이름]은 기록된 대로 발음해서는 안 된다"는 점을 유추해냈다. 때문에 하나님의 이름을 나타내는 4문자는 발음이 금지되어 있는 것이다. 많은 주석가들은 '숨겨진' 것은 하나님의 이름뿐 아니라, '올람(세상)'도 '숨겨지다'에서 파생되었다고 주장했다(아트스크롤 시리즈, 『에스더』 주석의 개요를 참조하라).

이처럼 하나님의 임재는 자연을 감싸는 수많은 베일 뒤에 감추어져 있다. 신앙인이라도 병이 나면 최고의 설비를 자랑하는 병원에서 최고의 의료서비스를 받고 난 뒤에야 하나님의 자비를 구하기 위해 자선을 서약하고『시편』을 묵상할 것이다. 이 모두가 치료에 필요한 요소다. 토라는 "그가 완치되게 할 것이니라(출애굽기 21:19)"라고 주문하는데, 현인들은 이를 환자의 치료에 보탬이 되려면 자연적인 수단을 활용해야 한다는 하나님의 명령으로 해석하고 있다. 의사는 심한 고열을 낮출 때 아스피린과 알콜스폰징을 쓰고, 심장이 멎으면 마사지나 전기 충격기를 활용한다. 하지만 의사의 필수적인 업무는 이 같은 응급처방이 끝난 뒤에 개시된다. 어떤 병 때문에 갑작스런 고열이 발생했는가? 심장은 왜 멎었는가? 의학을 전공한 그는 물리적인 원인을 찾는다. 고열과 심장마비의 주범인 감염원과 기능저하의 원인을 진단하고 환자를 치료하고 나면 본 업무는 일단락된다. 이제는 차트 기록만 하면 된다.

토라는 좀 더 깊은 성찰을 촉구한다. 아스피린은 병이 아니라 증상을 억제할 뿐이다. 하지만 따지고 보면 질병도 영적인 병의 증상이라 할 수 있다. 사학자는 당대의 지정학적 추세를 토대로 예루살렘을 함락시키고 성전을 파괴한 느부갓네살의 사적을 분석했으나, 예레미야는 정황을 속히 파악하는 혜안으로 사건을 해석했다.

> "살아 있는 사람은 자기 죄들 때문에 벌을 받나니 어찌 원망하랴? 우리가 스스로 우리의 행위들을 조사하고 여호와께로 돌아가자. 우리의 마음과 손을 아울러 하늘에 계신 하나님께 들자. 우리의 범죄함과 우리의 반역함을 주께서 사하지 아니하시고(애가 3:39–42)"

속세의 운명은 인간이 벌인 행위에 따라 하나님이 인도하신 결과로 봄직하다. 따라서 현인들은 "시련이 오면 자신의 행동을 살피라"고 촉구해왔다(버라호트 5a). 자칭 '개화했다'는 사람은 사건의 영적인 원인을 찾는 신앙인을 비난한다. 그들은 역사적으로 굵직한 사건을 둘러싼 원인과 결과를 장황하게 떠들어댄다. 그러나 박식한 분석가도 사태가 터지고 난 뒤라야 이를 능숙하게 '예측'해낸다. 국가와 국민의 행동을 예측 · 안내하기 위해 복잡다단한 추론(인상적이지만 모순투성이다)이 진행된다. 그들의 자부심을 제거하는 가장 좋은 방법은 1년이 지난 논객의 예측을 읽는 것이다.

가장 깊은 신앙

진리는 표면 아래에 있다. "죽이는 것은 독사가 아니라 죄다(버라호트 33a)."

인과관계와 물질이 장악한 세상에 사는 인간이라면 통증과 종창과 죽음이 뱀독이 아니라 죄의 독 때문이라는 주장이 선뜻 와 닿지는 않을 것이다. 하나님에 대한 믿음도 더하면 더했지 덜하진 않는다. 망치가 아니라 목수가 못을 박는 주체라는 사실을 알듯, 심판하시는 이는 세균이 아니라 하나님이라는 사실 또한 인정해야 할 것이다. 이 같은 개념을 인정하기가 어려워 인생의 공식에 대입하려는 것도 하나님의 원대한 계획을 잘 보여준다. 하나님의 이름도 숨겨진 데다 주님의 인도하심도 베일에 가려져 있으니 사람에게 하나님의 임재와 섭리를 구별해야 할 의무가 생긴 것이다.

농사만큼이나 노고와 땀이 성공과 직결되는 직업은 거의 없을 것이다. 히두셰이 하림은 현인들이(샤보트 31a) 하나님에 대한 믿음을,

앉아서 일하는 직업이 아니라 농업에 빗댄 이유를 물었다. 그들이 가장 깊은 신앙을 가리켰다는 것이 히두세이 하림의 답변이다. 무인도에 발이 묶인 사람은 믿음을 가질 수밖에 없다. 닥치는 대로 일을 해가며 근근이 살아가는 사람도 하나님께서 자기를 포기하지 않으시리라는 믿음을 가질 것이다. 그러나 하나님은 더 많은 것을 바라신다. 농부는 새벽부터 땅거미가 질 때까지, 따가운 햇볕아래 허리가 휠만큼 열심히 땀을 흘리며 척박한 땅에서 식량을 얻느라 자연과 투쟁을 벌인다. 수확을 마치고 난 그가 어찌 하나님께 복을 받았다며 감사할 수 있을까? 그러한 믿음은 인간이 존재해야 마땅하다는 정당성을 보여준다. 복은 모두 하나님에게서 비롯되었다는 궁극적인 진리를 가리는 꺼풀을 그가 벗겨냈기 때문이다(세페르 하제후스).

완성 – 변치 않는 목표

이스라엘의 구원과 이를 통한 세상의 구원은 인류가 이러한 믿음을 얼마나 잘 의식하고 행하느냐에 따라 결정될 것이다.

> "사람은 복의 근원이신 하나님을 의지하도록 창조된 피조물이다. 사람은 완성과 미완성사이에 매달려 있다. …… 사람은 상극인 두 가지 특성(지적이고 순결한 영과, 세속적이고도 어두운 육신)으로 이루어져 있으며, 각각은 본래 저 나름의 방향이 있다. 이를테면, 육신은 쾌락을, 영은 지성을 지향하게 되어 있다는 것이다. 때문에 둘 사이에는 전쟁이 벌어진다. 영이 이기면 사람은 격상되고 그와 함께 육신의 수준도 격상되어 미래에 완전을 이루는 사람이 될 것

이다. 그러나 물질적인 육신이 승리한다면 육은 영과 함께 격하될 것이 분명하다. 그러면 완전에 이를 자격이 없어져 완전한 인간은 될 수 없을 것이다. 물론 물질을 지성과 영에 복속시켜 완전에 이를 능력이 아주 없어지는 것은 아니다(데레흐 하쉐임)."

인간은 숭고한 목표를 성취하기 위해 창조되었다. 그것이 늘 한결같은 창조의 목적이다. 하나님이 원하는 목표는 절대적인 것이다. 이웃보다 더 나은 것으로는 부족하다. 물론 주변 환경의 유혹과 이웃의 감언이설을 극복한 사람이라면 상급을 받을 자격이 있어, 자비와 공의의 하나님에게서 이를 받을 것이다. 하지만 그건 개인적인 문제다. 세대를 거듭할수록 인간이 창조된 수준에 못 미친다는 이유로 창조 당시 정해진 목표가 하향 조정되는 것은 아니다. 즉, 20세기의 도덕 기준이 심히 잠식되었다는 안타까운 사실 탓에(부도덕이 '정직'과 동의어가 되고, 영속적인 기준을 따르는 사람은 '빅토리아 시대'에나 있을 법한(한물간) 사람으로 비난을 받고 있다) 도덕에 대한 토라의 기준이 달라지진 않았다는 것이다. 다행히 변모하는 사회적 풍습에 걸맞도록 하나님의 법을 고쳐야 한다는 조항은 없다.

칠전팔기

최초의 사람인 아담이 창조된 당일 죄를 범하여 육신적인 본성과의 전쟁에서 패배했을 때 그의 영은 이전 수준에서 몰락하고 말았다. 이스라엘이 금송아지를 만들고 정탐꾼 사건에서 죄를 저질렀을 때 그들은 하나님이 의도하신 완전의 단계에서 불과 몇 발자국을 남겨놓고 영적인 정상에서 추락하고 말았다. 그렇다고 목표가 달라지진 않는다. 몰락했더라도 다시 일어나 모험을 재개해야 한다. 영적인 사다리에서 한 칸을 내려갔다면 이전 위치에까지 올라가야 하고 목표를 향해 고공행진을 계속해야 한다.

아담과 아브라함, 모세 및 예레미야 시대 이후, 사람의 영적인 수준이 얼마나 내려갔는지 알 수 있을까? 사람에게는 두 가지 본질(영과 육)이 있으며, 각자는 내면에서 자신을 끌어내리려는 잔인한 원수와 전쟁을 벌이고 있다. 선뜻 믿기진 않겠지만, 원수와의 싸움에서 승리하면 육적인 본질은 영의 지배를 받게 될 것이다(ibid).

또한 사람은 육신을 영의 시종이자 부속물로 바꿀 수 있다. "우리 조상 야곱은 죽지 않았다(타니스 5b)." 그가 육신을 완성한 까닭에 육신이 영과 대립되는 법이 없었기 때문이다. '죽음'을 마주할 때 고통스럽고 가슴이 찢어지는 이유는 (어느 정도는) 늘 붙어있기를 원했던 육신으로부터 영혼이 분리된다는 생각 때문일 것이다. 육신의 욕망이 강할수록 금생과의 이별은 견디기가 어렵게 마련이다. 내세의 거룩한 삶이 그를 기다리고 있었는데도 말이다. 지상에서 영적인 삶을 누렸다면 육신의 정욕과 동물적인 본성으로 육신을 거추장스럽게 만드는 일에 비교적 관심을 갖지 않게 된다. 야곱은 자신을 완성한 인물이었기에 금생의 삶을 떠나는 것이 곧 외투를 벗는 것과 다르지 않았다. 그의 영혼은 속세의 옷(육신)을 벗어도 본질이 달라지지 않았다. 좀 더 심오한 뜻에서 야곱에게는 '죽음'이 존재하지 않았다. 그래서 '죽지 않았다(레시세이 로일로)'고 한 것이다.

사람은 놀라울만한 수준에까지 오를 수 있다. 고공행진을 위해 치열한 투쟁을 개시한다면 주께서 하늘의 도움을 약속하시나, 공동체가 연신 타락의 길을 걷는다면 정상까지의 거리는 점차 멀어질 것이다. 과연 완전에 이를 수 있을까? 물론 그럴 수 있다. 이스라엘은 노예의 신분에서 벗어나 49일 만에 시내산에 이르렀다. 바벨론 포로로 끌려간 후 이스라엘에 귀환한 작은 백성은 예언이 없었고, 기적을 겪은 적이나 1성전에 임한 하나님의 현현도 없었던 성전과 함께 있었다. 하지만 이스라엘은 시내산에서 받은 구전 토라를 발전시키는 새로운 위업을 달성하게 된다. 그리하여 수 세기에 걸친 포로생활을 통해 이스라엘을 육성해온 지혜의 나무인 미드라쉬와 탈무드를 전수하게 된다.

악한 본성은 사람의 마음에 숨어있다. …… 악한 본성은 이방 민족은 무시하고 이스라엘을 자극한다. 아바예에 따르면, 그는 토라 학자를 꼬드겨 [죄를 범하도록] 유도하기 위해 안간힘을 쓴다고 한다(수카 52a).

평범한 사람이 죄에 빠지기가 가장 쉬울 것 같고, 영적인 수준이 낮은 민족에게 사단의 세력이 쏠리는 듯싶기도 하다. 하지만 그 반대가 옳다. 악한 본성의 주요 타깃은 이스라엘이고, 이스라엘 안에서는 예리한 화살촉을 토라 학자에 겨눈다. 왜 그럴까?

평범한 것은 위험하지가 않기 때문이다. 기량이 중간인 사람은 비상한 천재의 한계에 비해 상대적으로 협소한 범위 내에서 활동한다. 물론 개인의 성장에 작용하는 가장 중요한 변수는 천부적인 재능을 얼마나 잘 활용하느냐에 달려있을 것이다. 너무도 잘 알다시피, '성공 가능성이 높은' 사람이 꼭 성공한다는 보장은 없다. 하지만 평범한 사람(혹은 평균을 웃도는 사람)의 역량은 천재의 근처에도 못 좇아간다.

다른 민족보다 영성이 탁월한 사람과 이스라엘은 악한 세력의 타깃이 될 수밖에 없다. 사단이 선의 영향력을 좋아할 리 없다. 악의가 없고 평범한 사람은 사단을 위협하지 않지만, 특출하고 탁월한 사람은 그를 위협할 것이다. 그들에게는 인간의 완전이라는 영적인 정상에 가까워질 수 있는 능력이 있기 때문이다.

4. 눈물의 강

젊음을 바치다

국가의 구색을 갖춘 지 얼마 되지 않았을 때 이스라엘은 숭고한 영성에 대한 열정을 몸소 보여주었다. 때문에 이스라엘은 영적인 보고에 머물러 있으면서 오랜 역사를 감내해왔다.

> "여호와께서 이와 같이 말씀하시기를 내가 너를 위하여 네 청년 때의 인애와 네 신혼 때의 사랑을 기억하노니 곧 씨 뿌리지 못하는 땅, 그 광야에서 나를 따랐음이니라. 이스라엘은 여호와를 위한 성물 곧 그의 소산 중 첫 열매니(예레미야 2:2-3)"

예레미야는 성전의 파멸을 앞두고 이 같이 예언했다. 그는 이스라엘이 크게 부패하던 때 그들에게 이 같이 이야기했다. 이스라엘이 타락했음에도 선지자는 하나님이 어떤 민족보다 사랑하는 이스라엘을 극찬했다. 초창기시절 이스라엘의 헌신과, 하나님의 '신부'로서 주님을 사랑하는 마음은 민족의 죄로 때 묻지 않았을 때 시내산에서 율법을 받은 몇 주를 두고 한 말이었다(홍해가 갈라졌을 때 하나님을 온전히 믿은 후와 금송아지를 숭배하기 전). 이와 같이 젊었을 때 건실하게 세워둔 기반은 사람에게도 매우 중요하다. 이스라엘은 소싯적 헌신과 선행과 사랑이라는 영원한 추억을 만들었다. 이스라엘이 약 1천 년 후에 참람한 죄를 저질렀어도 하나님은 백성에 대한 좋은 기억을 버리지 않으셨다. 그러니 사람도 젊을 때 평생을 위해 헌신과 순결의 토대를 마련해두어야 할 것이다(실족해도, 상을 받고 좋은 기억을 떠올릴 수 있을 만큼 강력한 근간 말이다)(아리잘).

위대한 지위를 공격하다

하지만 이스라엘이 위대한 민족인 까닭에 감언이설의 타깃이 되기도 했다.

> "내가 말하기를 너희는 신들이며 다 지존자의 아들들이라 하였으나, 너희는 사람처럼 죽으며 고관의 하나 같이 넘어지리로다(시편 82:6-7)."

토라를 받았을 때 이스라엘은 천사로 이루어진 민족 같았고, 평범한 인간의 한계를 초월했다. 이스라엘이 어떠한 흠도 없이 완벽했더라면 어떤 악도 접근할 수 없었을 것이다. 완전은 상극을 이루는 악을 인정하지 않기 때문이다. 이스라엘은 천사와 같은 존재였으므로, 모든 일이 순조롭게 진행되어 백성이 완전에 이르는 길을 갔더라면 거룩한 땅에 들어가 성전을 건설할 뿐 아니라, '여호와는 세상의 왕이시며, 한분이시고 이름도 하나이신 왕'이라는 사실을 세인이 인정하는 영원한 왕국을 세웠을 것이다. 그러나 아직 완전하진 못했다. 때문에 불완전이 죄의 모양으로 그에 집착할 수 있었던 것이다. 이스라엘이 인간의 일반적인 가치관을 초월했기 때문에, 사단은 그들을 공격해야 했고, 백성에게는 높은 수준까지 격상될 수 있는 기량이 있었기에 그만큼 추락할 가능성도 있었다(마하랄).

세 번의 기회

하나님의 창조 목표가 손에 닿을 수 있었던 때가 세 번 있었다(첫째는 아담이 창조되었을 때와 이스라엘이 토라를 받았을 때 그리고 정탐꾼이 이스라엘에 파송되었을 때). 그때마다 악의 세력은 궁극적인 선을 깨닫지 못하게 하려고 공격을 개시했다. 이를테면, 아담은 지식의 나무 열매를 먹었고, 시내에 도착한 지 6주가 채 되지 않아 유대인들은 금송아지 주변에서 춤을 추었으며, 정탐꾼은 절망적인 소식을 전하여 헛된 눈물을 쏟게 했다. 그날 밤 흘린 눈물은 장구한 유대인 역사에 범람했다(세페르 하제후스).

눈물을 은혜로

현인들에 따르면, 세상에 존재하는 애정의 독특한 모양 중 하나는 고국과 고향에 대해 느끼는 애정이라고 한다(소타 47a). 이는 때와 장소에 관계없이 명백히 표출되는 감정이다. 고국을 지키기 위해 목숨을 버린 수백만을 생각하면 소름이 돋을 것이다. 또한 고향이라 부르는 대지를 아름답게 꾸미고 보호하기 위해 쏟은 희생은 타의 귀감이 되기도 한다. 성경 히브리어에서, 흔치 않은 사랑의 표현으로 '눈에서 은혜를 발견한다'가 있다. 눈은 보고, 머리는 기억하고, 가슴은 사랑한다. 그러나 선과 악의 첫 번째 통로는 바로 눈이다.

이스라엘은 땅을 보고 싶어 했다. 모세가 열두 명의 위인을 대표로 선택했고, 그들은 동포를 위해 정탐을 떠났다. 정탐꾼의 눈은 곧 백성의 눈이었다. 그들은 가나안의 아름다움과 풍성함 그리고 (무엇보다도) 거룩함을 볼 수도 있었다. 정탐꾼의 눈과 백성의 눈에는 아브라함과 이삭과 야곱에게 맹세한 땅, 그들과 선조들이 애굽(하나님이 특별한 복을 내리며 관심을 두셨던 땅)에서 그토록 염원하던 땅을 차지하고픈 열정이 있어야 했다.

정탐꾼은 두려운 소식을 가지고 복귀했다. 가서 둘러보니 아무것도 볼 수 없었다. 자연적인 존재가 겹겹이 눈을 가렸기 때문이다. 전사와 요새에 겁을 집어먹은 탓에, 두려움의 원인이 하나님의 눈에는 장난감 병정과 성냥개비에 불과하다는 사실을 깨닫지 못한 것이다. 그들은 매장지를 보며 땅이 주민을 죽였다고 생각했다. 하나님이 가나안 사람 몇 명을 죽여 정탐꾼에게서 관심을 돌린 줄 몰랐던 것이다.

결국 정탐꾼은 소름이 돋을 만한 소식을 전했다. '그들의' 땅인 가나안에 대한 사랑이 용솟음쳐야 마땅한 눈은, 원치도 않았던 땅에 오려고 애굽을 떠나 광야를 건넜다는 사실을 떠올리며, 후회와 슬픔의 눈물을 흘렸다(마하랄, 세페르 하제후스).

잃어버린 기회

그래서 유대인은 천년의 세월동안 역사의 길을 우회하고 말았다. 하나님은 애굽에서 그들을 이끌어내셨지만 그것은 시작에 불과했다. 출애굽은 율법이 새겨진 돌 판을 받기 위해 시내 광야에 잠시 머무른 뒤 이스라엘에 입성하며 절정을 이룰 참이었으나, 그들은 눈물을 흘리면서까지 약속의 땅에 들어가기를 거부했다. 이 세대가 가나안에 들어가지 못하리라는 하나님의 약속 때문에 이스라엘 땅에 이른 기간은 출애굽 때와는 달랐다. 기회는 헛된 눈물의 강에 빠지고 말았다.

유대 백성들이 하나님을 신뢰하고 모세를 따랐더라면 그들은 모두 모세의 인도로 이스라엘 땅에 들어갔을 것이다. 성전이 건립되어도 파괴되지 않았을 테고, 백성들은 앉아, 포도덩굴과 무화과나무 아래 앉아, 포로로 끌려갈 걱정 없이 하나님이 기름 부으신 자의 지휘아래 궁극적인 구원을 애타게 기다리고 있었을 것이다. 하지만 그들은 하나님을 신뢰하지도 복종하지도 않았다. 때문에 출애굽 여정은 영원할 듯했지만 가나안에 머문 기간은 얼마 되지 않았다.

이스라엘 땅에 입성했어도 얼마 후면 떠날 운명이었기에 그들은 장래에 포로로 끌려가야 했다.

> "그들이 그 기쁨의 땅을 멸시하며 그 말씀을 믿지 아니하고, 그들의 장막에서 원망하며 여호와의 음성을 듣지 아니하였도다. 이러므로 그가 그의 손을 들어 그들에게 맹세하기를 그들이 광야에 엎드러지게 하고, 또 그들의 후손을 뭇 백성 중에 엎드러뜨리며 여러

나라로 흩어지게 하리라 하셨도다(시편 106:24-27)."

하룻밤 사이에 흘린 헛되고 무의미하고 무가치한 눈물은 바다를 이루어 33세기가 지난 지금에도 유대 역사의 길에서 범람하고 있다.

5. 심판의 원흉

근원을 찾아서

"에이하"를 써서 예언한 인물로는 모세와 이사야 및 예레미야를 꼽는다. 모세는 "나 홀로 어찌 너희의 괴로운 일을 담당할 수 있으랴(신명기 1:12)!"라며 하소연했고, 이사야는 "어찌 신실한 성이 매춘부가 되었는고?"(이사야 1:21)라고 탄식했으며, 예레미야는 "슬프다! 어찌 그리 적막하게 앉았는고(미드라쉬)!"라며 절규했다(예레미야 1:1). 모세는 평안과 영광이 깃든 이스라엘을 보았고, 이사야는 그들의 부정을, 예레미야는 백성의 치욕을 보았다(에이하 라바).

장구한 역사는 종종 사람에게 주목을 받지 못한다. 우리는 오늘날의 뿌리를 어제의 사건에서 찾기 때문에 개인이나 민족이 수 세대와 수 세기를 거쳐 조성되었다는 점을 깨닫지 못하는 것이다. 19세기의 예멘과 모로코를 모르고도 작금의 세파르딕 유대인을 이해할 수 있을까? 오스트리아 · 헝가리 제국과 팔레 정착지the Pale of Settlement를 모르고도 아슈케나지 유대인을 알 수 있을까? 지금껏 살펴본 바와 같이, 인간의 환경은 목표를 성취하기 위한 투쟁에 근간을 둔다. 목표를 성취하지 못할수록 그와의 거리는 멀어지고, 이전 수준으로 돌아가 만회해야 할 정신적인 기초는 확립하기가 더 어려워질 것이다. 우리는 일찍이 우리만큼 배우진 못했어도 신앙만은 수도꼭지를 돌릴 때 나오는 물만큼이나 현실적인 믿음을 가진 조부모 세대와, 우리는 조그마한 배 안에서 부러진 노를 힘겹게 저을 때, 지성의 여객선을 타고 탈무드의 바다를 누비던 위대한 토라 학자와, 정오의 햇빛처럼 얼굴에서 광채가 나는 성인에 대해 읽은 적이 있다. 오늘날 그들에 버금가는 위인은 어디에 있을까? 나폴레옹의 해방전쟁이라든가, 트레이파 거리에 산재된 금을 찾기 위해 미국으로 이주한 유대인, 새천년은 토라의 삶 밖에서 찾아야 한다고 주장하던 유대인의 지식계층과 조직 때문에 우리가 몰락한 것일까? 하삼 소페르와 랍비 아키바 에이게르, 바알 솀 토브 및 빌나 가온의 시대로 거슬러 올라가려면 얼마나 많은 길을 되짚어가야 할까? 오늘날의 뿌리는 과거에 깊숙이 박혀있고 예전에도 늘 그랬으니 오해하지 말자.

결국 상당수의 역사는 민족의 유년시절 시내 광야의 모래에 기록되어 있다.

> "우리의 조상들은 범죄하고 없어졌으며 우리는 그들의 죄악을 담당하였나이다(애가 5:7)."

'하타'는 부지중에 범한 죄를 가리키는 반면, '아본'은 사전에 계획한 죄를 일컫는다. 예레미야는 이를 간략히 밝혔다. "선조들은 부지중에 죄를 범했을지 몰라도, 이미 죄의 도화선에 불을 당겼기 때문에 우리가 고의적인 죄의 짐을 감당하게 되었다." 유대인들이 광야에서 마땅히 성취해야 할 목표를 이룰 만했다면 타국에 포로로 끌려가는 시련은 겪지 않았으리라. 2세기 전 유대인의 역사가 달리 기록되기만 해도 오늘날의 유대인 세상이 어떻게 변모해 있을지는 알 수가 없다. 예컨대, 19세기 후반 미국에 밀려든 유대인이 현지에 예시바를 세웠더라면 3대를 이어온 유대인 젊은이들은 토라를 연구했을 것이다. 1세기 전, 선견지명의 부재와 잘못된 정책으로 빚어진 죄는 결국 토라의 발전을 가로막는 거대한 장벽이 되고 말았다.

스승을 저버리다

현대인의 삶을 낳은 근원 중 하나는 이드로가 모세를 도울 십부장과 백부장 및 천부장을 지명하라고 제안했을 때로 거슬러 올라간다. 그러고 나면 모세는 하나님과 이스라엘 사이에서 심판과 조언 및 중재를 위해 하루 종일 앉아있지 않아도 되었다. 이드로의 제안은 매우 논리적이고 타당했다. 모세도 '나는 홀로 너희의 짐을 질 수 없도다. …… 나 홀로 어찌 능히 너희의 괴로운 일과 너희의 힘겨운 일과 너희의 다투는 일을 담당할 수 있으랴(신명기 1:9, 12)?'라고 하소연하지 않았던가. 모세가 백성에게 이를 제안하자 그들은 "당신의 말씀대로 하는 것이 좋다(ibid 14)"고 했다.

이지적인 대답이었다. 그러나 이 같은 처사는 고의가 아니었더라도 향후 수천 년간 치명적인 결과를 초래할 법한 죄 중 하나였다.

시프리는 모세와 백성 사이에 오간 대화를 『신명기』를 시작한 훈계의 중요한 일침에 포함시켰다.

"'모세 선생님, 누구에게 배우는 것이 낫겠습니까? 선생님이겠습니까, 선생님의 제자이겠습니까? 선생님에게서 배우는 편이 더 낫지 않겠습니까?'라고 말하지 않은 것이 아쉽구나(라쉬 ibid)."

백성들은 1대1로 모세의 가르침을 직접 듣지 않아도 되는 단도직입적이고도 논리적인 과정에 수긍하면서 그의 가르침과 인격과 영향력을 배제하고 말았다. 이 사건이 향후 광야에서 벌어진 역사에 어떤 영향을 주었을지는 아무도 모른다. 모세의 가르침과 훈련에서 배제되지 않았다면 정탐꾼의 보고에 눈물을 쏟았을까?

유대 백성은 이드로의 계획을 수긍했고, 40년 후 모세는 백성에게 이를 지적했다. 모세의 위대한 저력을 높이 평가하지 않았기 때문에 그의 가르침을 받을 자격이 없었다는 점을 몸소 입증한 셈이다. '에이하(슬프다, 어찌하여)!'를 써서 탄식한 선지자가 셋뿐이라는 점은 결코 우연이 아니다. 세 선지자는 서로 관계가 깊다. 예컨대, 모세는 부담을 홀로 감당할 수 없었기에 백성들은 그와 역할을 분담키로 했다! 모세만이 그들의 스승이어야 한다고 강력히 밀어붙였더라면 위대한 민족이 될 수 있었을 터이나 당시에는 그럴 재목이 아니었던 것이다. 결국 영성은 성장을 멈추게 되어 이사야의 예언에서 매춘부로 전락하는가 하면 예레미야의 예언에서는 핍절하고도 외로운 미망인으로 전락하게 된 것이다(스파트 에메트).

원수의 씨

이스라엘의 단점이 점차 불어나 국가의 쇠락으로 이어졌듯이,

이스라엘의 과오는 원수의 씨앗이 되기도 했다.

> "솔로몬이 애굽 왕인 바로 네호의 딸과 혼인식을 거행한 날, 미가엘 천사가 내려와 지팡이를 지중해에 박아 넣고 주변을 돌과 진흙으로 메웠다. 이때 거대한 삼림이 조성되었고 나중에는 로마라는 거대한 도시가 형성되었다.
> 여로보암 왕이 금송아지 둘[유대인이 예루살렘 성전에 가는 것을 막기 위해 각각 벧엘과 단에 세웠다]을 세운 날, 레무스와 로물루스는 로마에 두 오두막을 세웠다(예루샬미, 아보다 자라 1:2)."

물론 두 이야기의 핵심은 로마가 태동한 경위라든가, 두 오두막이 결국 로마제국이 된 시기를 밝힌 역사적인 기록이 아니다. 탈무드는 로마가 형성된 이유(그리고 제2성전을 무너뜨려 이스라엘을 19세기 동안이나 유랑생활을 하게 만든 이유)를 거론하고 있다.

지도자는 백성과 떼려야 뗄 수가 없다. 백성이 지도자를 믿지 못한다면 그의 위신은 몰락할 수밖에 없다. 때문에 모세의 정탐꾼도 모두가 의인이었음에도 믿음과 위신이 땅에 떨어지고 말았다(구르아리에).

성경의 일화를 이해하는 주요 원칙 중 하나는 영성이 탁월했던 초창기 백성들은 우리와는 비교할 수 없을 만큼 숭고한 기준에 따라 심판을 받았다는 것이다(룻기 주석의 개요 참조). 백성의 죄는 그들의 기준으로 죄라는 것이지, 우리가 규정하는 죄와는 사뭇 달랐다. 그럼에도 그들의 과오는 후세의 역사에 지대한 영향을 주었다.

애굽 공주와 결혼한 솔로몬은 민족성을 반영하는 약점을 보였다.

여로보암 왕이 두 금송아지를 만든 동기는 정치에서 찾을 수 있었다. 유대인들이 제물을 가지고 열 지파의 땅에서 예루살렘 성전을 찾게 되면 왕으로서의 정통성이 보장되지 않았기 때문에, 그는 군주의 권세를 지키기 위해 백성의 영적인 생명을 파괴하려 한 것이다. 백성과 왕은 이 같은 무모한 행동을 지지함으로써 그들이 '자격미달'이라는 사실을 여실히 보여주었다.

솔로몬과 여로보암은 백성에 내재해 있던 치명적인 단점을 몸소 보여주었다. 이스라엘 민족의 결점 탓에 로마 민족이 태동했고, 이스라엘이 선지자와 현인의 훈계를 청종하지 않은 까닭에 로마는 세계의 패권을 거머쥐며 이스라엘을 파괴하는 도구가 되었다.

6. 파멸의 원인

제1성전

"제1성전은 왜 무너졌는가? 당시 세 가지의 죄가 난무했기 때문이다(우상숭배, 음란과 살인). …… 하지만 제2성전은(알다시피, 백성은 토라를 연구했고 계명을 지켰으며 선을 행했다) 왜 파괴되었는가? 서로가 이유 없이 증오했기 때문이다(요마 9b)."

제1성전 당시, 하나님은 유대인 사이에 임재하셨다. 어딜 가나 거룩과 예언이 끊이지 않았다. 성전 산에 오를라치면 시시각각 기적을 볼 수 있었다(하나님의 영광이 깃든 기둥과 하늘의 불, 향의 연기

등). 이스라엘은 하나님의 임재가 떠나지 않는 한 멸망하거나, 포로로 끌려갈 일은 없었다.

우상숭배와 음란과 살인이라는 참람한 세 가지 죄는 부정의 전형이다(샤부오트 7b). 이 같은 죄로 더러워진 백성은 더 이상 신이 거하는 장막이 될 수 없었다. 그리하여 하나님은 그들을 버리셨다. 하나님의 보호를 받지 못하게 된 이스라엘과 성전은 느부갓네살에게 희생될 판국이었다. 백성의 행위로 말미암은 하나님의 임재가 없다면 성전도 세속화되어 결국에는 우아한 건축물의 한 예에 지나지 않게 될 것이다. 광채가 나는 금과 번쩍이는 은장식은 아름답긴 하지만 신성이 없어 겉만 번지르르할 뿐이다.

앞서 살펴본 바와 같이, 악의 세력은 정상궤도에서 일탈하는 것을 그냥 지나치는 법이 없다. 제1성전이 있을 당시, 이스라엘은 매우 숭고한 신성에 자리를 잡았었다. 하지만 사단은 영적인 갑옷에 조그마한 틈새가 보일 때까지 기다렸고 마침내 틈이 벌어지자, 가장 추악한 음란을 상징하는 죄로 유혹함으로써 신성의 원천을 공격했다.

근본적인 원인

현인들의 가르침은 인간의 본성과 죄에 대한 그들의 반응을 예리하게 꿰뚫는다.

> "이스라엘은 민중이 음란을 허용하기 위한 수단으로 우상을 숭배했다(산헤드린 63b)."

정상적인 자존심이 있는 사람이라면 자신의 행동을 변호하게 마련이다. 이스라엘도 실존주의나 '신' 도덕론 혹은 정글의 법칙이나, 현재 통용되고 있는 잡다한 '철학'을 들먹일지도 모른다. 합리화는 언제나 있었다.

랍비 이스라엘 살란테르는 한때 탈무드의 금언을 인용한 적이 있다. "어떤 이가 한번 죄를 범했다가 이를 반복하면 그것이 법에 저촉되지 않는 행동으로 간주하기 시작한다(요마 86b)." 랍비 이스라엘은 묻는다. "그러면 세 번째 죄를 지으면 어떻게 될까? 죄인의 눈에는 그 짓이 계명으로 보일 것이다!" 랍비 이스라엘 살란테르는 인간의 본성을 연구한 학자로서 자기합리화의 위력이 막강하다는 사실을 잘 알고 있었다. 행실이 준수한 사람이라면 처음 죄를 범했을 때 후회와 허탈감에 사로잡히게 된다. 침이 마르고 치욕을 느끼며 다시는 그러지 말아야겠다고 다짐할 것이다. 하지만 다시금 같은 잘못을 저지르면 마음은 달라진다. 어깨를 으쓱하고 털어버리면서 '그렇게 심각한 잘못은 아니라고' 생각하게 된다. 세 번째 그런다면? 아니, 네 번째 반복된다면? 죄가 정상적인 행동으로 둔갑하여, 계속 그래도 괜찮다고 단정하게 될 것이다(이미 마음속으로 자신을 합리화했기 때문이다).

제1성전이 무너지기 전 이스라엘은 부정에 대한 충동을 억제할 수 없었다. 육신이 약하다는 점이 어제 오늘의 이야기는 아니었지만 토라의 민족이자, 하나님이 도덕과 거룩을 동일시하신다는 것을(바이크라 라바) 그리도 잘 안다는 백성이 어찌 그런 행위를 정당화할 수 있었을까? 20세기 후반에 종교와는 무관한 사회가 그런 딜레마에 봉착했을 때 어떤 반응을 보였는지 우리는 잘 안다. 그들은 자신의 행위에 대한 수치심과 도덕성을 부정과 위선으로 치부해버렸다. 이를테면, 지고지순한 감정인 사랑이 수욕주의(animalism, 도덕이나 윤리를 무시하고 오로지 짐승과 같은 본능적인 욕망을 얻으려고 하는 생활 태도–옮긴이)로 전락하게 된 것이다. 성전이 있을 당시 욕정에 사로잡힌 유대인들은 충동을 정당화하기 위해 우상을 전전했다. 유대교는 행동기준이 엄격했지만 우상은 음란에 관대했기에 우상숭배자들이 폭증한 것이다. 의인들이 우상의 길을 차단하자, 우상을 숭배하던 자들은 살인도 마다하지 않았다. 그리하여 욕정에서 비롯된 세 가지 중죄가 유대인의 신성에 음란을 심자, 하나님의 임재는 이스라엘을 떠났다. 결국 성전은 훼파되고 유대인은 포로로 끌려가고 말았다(미흐타브 메엘리야후).

제2성전

제2성전이 세워진 후, 하나님의 임재는 (제1성전 때와는 달리) 이스라엘 땅과 백성에 깃들지 않았다. 예언도 없었고 성전에 언약궤도 없었으며, 제1성전 때와는 달리 많은 기적도 일어나지 않았다. 당시 이스라엘의 저력은 통일에 있었다. 하나님은 여전히 "누가 내 백성 이스라엘과 같으랴? 이스라엘은 한 민족이다."라고 칭찬했을 것이다. 그들은 모든 제물을 같은 곳으로 가져왔고 같은 제사장과 함께 제사를 드렸으므로 성전은 그들의 통일을 상징했다. 하지만 사소한 말다툼이나 증오로 분열이 생기자 그들은 하나님의 보호를 받을 수 없게 되었다. 국가의 지위는 취약했지만 하나님의 은혜로 명맥을 유지할 수 있었다. 하지만 은혜를 누릴 명분마저 잃어버리자, 그들은 땅과 성전을 잃고 야만적인 로마의 주연 가운데 고통스런 포로생활을 감내해야 했다(마하랄).

7. 하나님의 임재

하나님의 현현을 뜻하는 '셰히나'와, 부재중인 하나님의 현현을 일컫는 '셰힌타 브갈루사'는 익숙한 개념이지만 이해하긴 어려운 어구다. 사실, 인간은 구체적인 거룩의 양상과 분리된 까닭에 이 같은 개념을 완벽히 이해한다는 것은 불가능하다. 하지만 한 걸음 더 나아가 하나님의 임재를 둘러싼 거룩을 감지할 수 있다면 굳이 설명할 필요는 없어질 것이다. 시각과 인지력을 관장하는 자연법칙은 이해하려고 애쓰지만, 그 존재를 두고는 의문을 제기하진 않는다. 이를테면, 에너지원과 에너지의 실체, 그리고 연료를 에너지로 변환시키는 가능성에 대해서는 의문을 제기하지 않는다는 이야기다.

하루는 하자르 왕이 제물을 바쳐야 할 필요성을 현인에게 물었다. 철학적으로 풀이하기에 앞서, 그는 현실적인 사례를 들어가며 설명했다. "유대인이 제물을 가지고 성전에 들어가면 계명을 준행한 결과로, 제단에 타오르던 불이 허공에 남아있고 기둥 같은 구름은 지성소 위에 서 있으며 하나님의 임재는 성전 위를 맴돌고 있는데, 거룩에 합한 자라면 누구든 이를 볼 수 있다. 제물을 가져온 자라면 이 같은 기적을 육안으로 볼 수 있고 마음으로 느낄 수 있으니 제물의 효용성은 굳이 따질 필요는 없을 것이다(쿠자리)."

하지만 그와는 달리 하나님의 임재를 확증할 수가 없어 우리는 의구심을 갖게 된다. 하나님의 현현이 부재하다는 것은 이를 두고 하는 말이다.

셰히나의 부재

유대인의 심장박동은 하나님의 존재와 어느 정도(유대인의 행실이 하나님의 선민이라는 사실 – 하나님의 임재가 그에게 머물러있다 – 을 입증하는 정도) 맞물려있다. 거룩한 불꽃은 유대인의 가슴속에서 타오르고 있다. 포로기의 밤이 아무리 칠흑 같다거나, 주변 민족과 유대인이 서로 구분되지 않더라도 불꽃은 희미해도 유대인의 내면 어딘가에서 여전히 타고 있다. 하나님은 이 불꽃이 꺼지지 않을 거라고 약속했다.

하나님의 현현은 항상 존재했다. 걸출한 학자나 의인은 이를 육안으로도 볼 수 있다. 감성이 있는 사람이라면 이스라엘이 배출한 위인을 보고도 하나님의 임재를 놓친다는 건 불가능하다. 하존 이쉬는 그를 다음과 같이 묘사했다.

> "그가 이웃들 사이를 지나가면, 외모를 판단하는 사람에게는 일반인으로 보이기 십상이다. 하지만 그는 인간과 함께 거하면서, 숭고한 삶을 영위하고 인간과는 족히 비교할 수 없는 칭송을 받는 천사다(서신 모음집 1)!"

평범한 사람이 보기에 현현은 잠을 자거나 죽은 것 같기도 하다. 예리한 통찰력을 가진 사람이라도 죄와 무관심이 겹겹이 쌓인 층 뒤에서 타는 불꽃은 볼 수가 없다. 이럴 때 하나님의 현현이 부재중이라고 한다.

하나님 자신이 부재하다는 뜻은 아니다. "땅과 거기에 충만한 것과 세계와 그 가운데에 사는 자들은 다 여호와의 것이로다(시편 24:1)." 하나님의 현현이 부재중인 까닭은 사람이 하나님이 거하는 곳이라는 점을 삶과 마음과 행실로 보여주지 못하기 때문이다.

유대인이 토라의 법도대로 산다면, 그 안에 있는 하나님의 불꽃은 인생뿐 아니라, 하다못해 농산물 매장 카운터에서의 행동까지도 밝히 비추는 화염이 될 것이다. 유대인의 삶에는 '종교'와 '비 종교'의 구분이 없다. 모든 영역은 토라의 법이 규정하며, 일거수일투족이 종교적이고 거룩하기 때문이다. 이때 하나님의 현현은 부재중이 아니다. 아담이 죄를 범하기 전과 이스라엘이 시내 산에서 토라를 받을 때, 그리고 "그 땅은 심히 좋았더라"고 증언했다면 구원을 받았을 수도 있었던 정탐꾼을 기다리는 이스라엘의 수준에 이르기까지 하나님의 현현은 영광이 점차 증대될 것이다.

그러나 세상이 그들의 시야를 가리고, 한 번, 두세 번씩 죄를 범하다가 이를 계명인 양 합리화하게 되자 유대인의 불꽃은 빛을 잃다가 겹겹이 쌓인 차단막 뒤로 사그라지고 말았다. 하나님의 현현은 외인에게뿐 아니라 불꽃을 품고 있던 유대인에게까지 감춰졌다. 하나님의 임재가 아득히 멀어지자 사람은 거룩에 대응할 수 없는 지경에까지 이르게 되어 신성을 감지하지 못하고, 불꽃은 차단된 채 마음 깊은 곳에서 발산할 수 없게 되었다. 유대인의 불꽃은 영원히 꺼지지 않으리라는 하나님의 약속이 없었다면 소멸되었을지도 모를 일이다.

사실, 하나님의 임재는 유대인 자신에게 달려있다. 유대인답게 살수록 하나님의 현현은 더욱 오래 깃들어 있을 것이다(그러면 하나님의 현현은 영적인 목표를 향해 박차를 가하여 좀더 강렬한 인상을 남길 것이다). 물론 그 역도 성립한다. 즉, 유대인이 빛을 거부하면 불꽃은 그에게서 멀어져 둔감한 마음 한 켠에 갇히게 된다는 이야기다.

하나님의 현현이 민족 전체에 부재할 때 파멸이 진행되었고, 민족의 영성이 명백히 파괴될 때 성전은 이미 무너지고 말았다. 성전의 목재와 돌이 무너져 내린 사실은 실망스럽지만 불가피한 결말이었다(미흐타브 메엘리야후).

심판은 아니다

불꽃을 가리는 층은 육신적이자 물질적인 것이다. 이스라엘의 우상숭배는 자신의 욕망을 정당화한 결과였다(위 글 참조). 당시 위인들은 이를 자각했지만, 예레미야를 비롯한 그들은 만용을 이유로 비난을 받았다. 현인들의 가르침이(토라의 타당성과 권위를 가진 금언) 없었다면 우리는 진실을 알지 못했을 것이다. 그러면 '그가 홀로 앉아 있으니, 슬프다(시온이 도덕적으로, 영적으로 수모를 겪었다는 사실로 그를 위해 애곡한다)!'며 애달파하지 않고, 당시의 대립된 '철학'에 대해 궤변을 늘어놓았을 성싶기도 하다. 그런 논쟁은 항상 변하는 관습과 유행에 대한 즉흥적인 대화처럼 들릴 것이다. 대신, 현인들의 예리한 통찰력은 토라에 대한 인간의 반역이(지성의 요새라는 종잇장으로 된 성의 보호를 받긴 했지만) 해묵은 병폐(즉, 이스라엘은 민중의 부정을 허용하기 위해 우상을 숭배했다는 것)의 또 다른 사례라는 점을 밝히고 있다(산헤드린 63b).

오감과 인생의 '좋은' 복과, 덤으로 얻는 평안과 호사스런 생활에 만족하는 것 즉, 모든 외부의 영향은 유대인의 가슴에서 발산하는 빛을 차단한다. 그러나 하나님은 주님의 현현이 부재중에서 벗어나기를 바라신다. 물질적인 차단막은 어떻게 제거될 수 있을까? 지상의 편의가 신기루에 불과하다는 점을 보여주면 될 것이다. 부를 쌓아야 한다는 믿음이 천박하다는 점을 주님이 보여주신다면, 모든 부는 하나님의 소유이며, 토라의 명령대로 쓰도록 주님이 우리에게 맡기셨다는 점을 깨달을지도 모르겠다. 막강한 힘을 주겠다는 약속을 믿는 것이 가장 안전하다는 것과 안위가 포신의 받침대에 있지 않다는 것을 하나님이 일깨워주신다면, 우리는 하나님만이 이스라엘을 지키는 분이시며 주님을 찾는 길을 밝혀줄 불꽃이 우리 안에 있다는 것을 깨닫게 되리라 자부한다.

보려는 것

그래서 하나님은 개인과 민족에 시련을 주셨다. 화가 난 부모가 손바닥을 때리거나 분개한 교사가 쉬는 시간을 빼앗는 개념의 처벌은 아니다. 하나님의 진노를 가라앉히는 데 소소한 보복은 어림도 없다. 자비로운 부모와 현명한 스승은 보복이 아니라 바른 길을 가르치고 보여주고 안내하기 위해 조심스레 훈계한다. 통증을 호소하는 사람이라면 하나님을 의지하거나 좀더 비싼 병원을 찾거나 약물에 의존할 것이다. 궁지에 몰린 국가라면 망가진 도덕을 쇄신하거나 국방비를 늘릴지도 모른다. 파멸을 자초하는 해외 투자 사업을 실시하는 국가는 잘못을 인정하여 발을 빼거나, 실패가 빤한 명분에 피땀과 자금을 쏟아 부을 수도 있다.

하나님이 주시는 시련을 통해 빛을 볼 수 있다는 보장은 없다. 주님은 자유선택이 통하는 세상을 창조하셨다. 즉, 자기기만이라는 덮개로 진리를 가리지 않고 이를 분명히 보아야 할 책임이 우리에게 있다는 것이다. 하나님은 우리가 진리를 보려고 노력한다면 얼마든 그럴 수 있다고 보증하셨다(쉽진 않겠지만 말이다).

몇몇 사람은 시련을 감지하자마자 빛을 보고 회개하기도 한다. 시련의 근원을 의식할 뿐 아니라, 그것이 하나님의 선물이라는 사실을 잘 알고 있기 때문이다. 어떤 이는 자신의 운명을 저주하며 철학이라는 아스피린을 복용하고는, 진리의 빛줄기가 거짓을 좇는 헛된 노력을 꿰뚫지 못하도록 덮개를 겹겹이 쌓아둘 것이다.

8. 어둠에서 빛을 구분하다

저녁기도

"그 밤에 하나님이 이상 중에 이스라엘에게 나타나 이르셨다(창세기 46:2)."

하나님은 아브라함이나 이삭이 아닌 야곱에게만 '밤의 이상'을 보여주며 말씀하셨다. 당시 야곱은 오랜 애굽 생활을 시작하기 위해 가나안을 떠날 채비를 하고 있었다. 그는 겁이 났다. 망명생활이 끝날 무렵, 자녀들은 부정의 49단계까지 추락한 후라야 애굽인과 얼추 구분이 되었기 때문이다.

어둠에 휩싸일 무렵 저녁이 이르자, 하나님은 '그 밤의 환상 중에' 야곱에게 나타나 유대인이 고국을 떠나지만 하나님은 떠날 수 없으리라는 사실을 일깨워주셨다. "그들이 바벨론으로 끌려갈 때 하나님의 임재는 그들과 함께 있었다(메길라 29a)." 그래서 망명한 족장 야곱은 저녁예배를 만들어, 망명(유수) 곧 저녁은 하루의 마침이자 이튿날의 시작이라는 점을 일러주었다.

저녁예배는 성전에서 번제물을 태우는 것, 즉, 예식의 나머지가 전날 이루어졌을 때만 밤에 종료될 수 있는 예식을 상징한다. 또한 저녁예배는 황금기이자, 역사의 일광이 비추던 때 시작된, 토라에 대한 충성심을 이어감으로써 아무리 어두운 밤에라도 하나님과의 유대감을 유지해야 한다는 교훈을 가르친다(메셰흐 호크마).

여기서 끝이 아니다.

> "나의 대적이여 나로 말미암아 기뻐하지 말지어다. 나는 엎드러질지라도 일어날 것이요. 어두운 데에 앉을지라도 여호와께서 나의 빛이 되실 것임이로다(미가 7:8)."

> "내가 떨어지지 않았다면 오르지도 못했을 것이다. 내가 흑암중에

앉지 않았다면 주님이 나를 비추실 빛이 되지 않으셨을 것이다(미드라쉬 테힐림 22)."

앞서 살펴본 바와 같이(개요 1), 매년 찾아오는 절기에는 저 나름의 특징이 있다. 로쉬 호데쉬 타무즈로 시작하는 40일과 아브월 9일은 엄청난 참극과 재앙의 절기다. 하지만 비극에는 구원의 씨앗이 담겨있다. "넘어져야 일어나듯(먼저 넘어지지 않으면 일어날 수가 없다), 어둠이 있어야 빛이 있게 마련이다(희망이 없는 흑암이 있어야 새벽이 온다는 것이다)." 밤은 어둡지만 태양이 떠오르기 위한 서막이다. 성전이 파괴되는 순간에 메시야가 태어났다(미드라쉬 아바 고리온).

아브월 9일에 태어나다

예루살렘이 파괴될 당시, 하나님은 물질주의의 덮개를 제거하셨다. 하나님의 임재를 볼 수 없었던 눈을 뜨게 하는 요체가 바로 빛줄기였을지도 모른다(빛줄기여야 마땅했을 수도 있다). 전승기록에 따르면, 메시야의 탄생일은 아브월 9일이라고 한다. 가장 암울한 비극은 그 안에 구원이 담긴 교훈을 담고 있기 때문이라는 것이다. 즉, 비극 안에는 구원의 씨가 들어있다. 왜 모세는 복을 확인시킨다며 40일간 정탐꾼을 보냈을까? 40일은 악의 목적을 달성하는 데 적합한 날인데 말이다. 최고의 복이라는 씨앗은 최고의 악에 묻혀있기 때문이다.

평범한 것은 한계가 있어 그리 위험하진 않다. 따라서 악은 선한 잠재력이 최고조에 이르는 날을 선택하기 때문에 악이 아브월 9일에 머물러 있었던 것이다. 하지만 여기에는 선한 잠재력도 존재하는 까닭에, 아브월 9일은 메시야가 세상을 광야의 이스라엘과 아담의 수준까지 회복시킬 경삿날의 절정을 이룰 것이다.

창조사역이 시작될 때 탄생한 우주는 "혼돈하고 공허하며 흑암이 깊음 위에 있고 하나님의 영은 수면 위에 운행하셨다(창세기 1:2)"고 한다.

> "하나님의 영은 운행하시고 …… 메시야의 영도 존재했다(베레이쉬트 라바 2:5)." 세상은 텅 빈 채 모양이 없었고(흑암과 악이 있을 뿐) 빛과 생명이라는 구원의 은혜도 아직 없었다. 그러나 메시야의 영은 이미 존재했다. 창조의 최종목적이자 거룩한 그는 흑암과 재난이라는 형체가 없는 공간에 존재할지도 모른다. 시기와 장소와 민족의 수준이 낮아지고 타락할수록, 보이지 않게 묻혀있던 하나님의 불꽃은 더욱더 팽창할 것이다. 인간이 베일을 찢고 빛을 드러낼 때를 대비하고 있는 셈이다(바이트 아하론).

눈물과 웃음

하루는 라반 감리엘과 랍비 엘라자르 벤 아사랴, 랍비 여호수아 및 랍비 아키바가 예루살렘에 가고 있었다. 성전 산에 근접해지자 여우 한 마리가 지성소의 잔해에서 나오는 것이 보였다. 이때 그들은 모두 울기 시작했으나, 랍비 아키바는 웃었다. [웃고 있는 이유를 해명하기 위해] 그가 동료에게 말했다. "머지않아 또 다른 신실한 증인인 스가랴의 예언도 실현될 것이 아니겠는가! '예루살렘 길거리에 늙은 남자들과 늙은 여자들이 다시 앉을 것이라. 다 나이가 많으므로 저마다 손에 지팡이를 잡을 것이요, 그 성읍 거리에 소년과 소녀들이 가득하여 거기에서 뛰놀리라(스가랴 8:4).' 즉, 우리야의 예언이 성취되었듯이 스가랴의 예언도 그렇게 될 걸세(마코트 24b)."

랍비 아키바의 동료 눈에는 비극만 보였다. 그들은 오열했다. 이스라엘의 성소가 부정한 자의 놀이터가 되고, 성전산과 지성소가 여우의 소굴이 되었으니 어찌 절규하지 않을 수 있겠는가?

하지만 랍비 아키바는 웃었다. 동료들이 본 것은 물론이거니와, 그들이 볼 수 없었던 것까지 보았기 때문이다. 비극이 심각할수록 나중에 누리는 기쁨은 더욱더 큰 법이다. 하나님이 이런 수모를 소소한 대가로 갚아주시겠는가? 심히 파괴된 성이 고작 판잣집과 최저생활수준에 자리를 내줄 리 있겠는가?

아니다, 심각한 비극을 통해 하나님은 찬란한 미래를 보여주신 것이다. 랍비 아키바는 훗날 누릴 기쁨을 확신하며 웃었다. 유대인은 현재를 사는 민족이 아니다. 그들은 과거를 미래의 로드맵으로 이해한다. 우리가 밤에 기도하는 이유는 낮에 드리는 예배를 잇는 동시에, 우리는 흑암이 빛을 낳는다는 것을 알고 있기 때문이다. 흑암이 어두울수록 빛은 더욱더 강하게 빛날 것이다(마하랄, 바이트 아하론).

일어나라

> "처녀 이스라엘이 엎드러졌음이여, 다시 일어나지 못하리로다. 자기 땅에 던지움이여, 일으킬 자 없으리로다(아모스 5:2)."

참혹하고도 두려운 예언이다.
이스라엘에서는 위 구절을 달리 끊어 읽는다.

> "그는 엎드러졌고, 다시는 넘어지지 않을 것이다. 일어나라, 오, 처녀 이스라엘이여(버라호트 4b)!"

약 19세기 이상 엎드러진 후, 아브월 9일에 태어날 메시야는 오늘날 묻힌 거룩을 회복시키며 말할 것이다. "넘어질 만큼 넘어졌다! 이젠 일어나거라. 이스라엘 처녀여!"

랍비 노손 셰르만

(제1, 2차 성전의 연보를 참조하라)

1장

슬프다 이 성이여

1슬프다 이 성이여 전에는 사람들이 많더니 이제는 어찌 그리 적막하게 앉았는고 전에는 열국 중에 크던 자가 이제
는 과부 같이 되었고 전에는 열방 중에 공주였던 자가 이제는 강제 노동을 하는 자가 되었도다 2밤에는 슬피 우니
눈물이 뺨에 흐름이여 사랑하던 자들 중에 그에게 위로하는 자가 없고 친구들도 다 배반하여 원수들이 되었도다 3
유다는 환난과 많은 고난 가운데에 사로잡혀 갔도다 그가 열국 가운데에 거주하면서 쉴 곳을 얻지 못함이여 그를
핍박하는 모든 자들이 궁지에서 그를 뒤따라 잡았도다 4시온의 도로들이 슬퍼함이여 절기를 지키려 나아가는 사
람이 없음이로다 모든 성문들이 적막하며 제사장들이 탄식하며 처녀들이 근심하며 시온도 곤고를 받았도다 5그의
대적들이 머리가 되고 그의 원수들이 형통함은 그의 죄가 많으므로 여호와께서 그를 곤고하게 하셨음이라 어린 자
녀들이 대적에게 사로잡혔도다 6딸 시온의 모든 영광이 떠나감이여 그의 지도자들은 꼴을 찾지 못한 사슴들처럼
뒤쫓는 자 앞에서 힘없이 달아났도다 7예루살렘이 환난과 유리하는 고통을 당하는 날에 옛날의 모든 즐거움을 기
억하였음이여 그의 백성이 대적의 손에 넘어졌으나 그를 돕는 자가 없었고 대적들은 그의 멸망을 비웃는도다 8예
루살렘이 크게 범죄함으로 조소거리가 되었으니 전에 그에게 영광을 돌리던 모든 사람이 그의 벗었음을 보고 업신
여김이여 그는 탄식하며 물러가는도다 9그의 더러운 것이 그의 옷깃에 묻어 있으나 그의 나중을 생각하지 아니함
이여 그러므로 놀랍도록 낮아져도 그를 위로할 자가 없도다 여호와여 원수가 스스로 큰 체하오니 나의 환난을 감
찰하소서 10대적이 손을 펴서 그의 모든 보물들을 빼앗았나이다 주께서 이미 이방인들을 막아 주의 성회에 들어오
지 못하도록 명령하신 그 성소에 그들이 들어간 것을 예루살렘이 보았나이다 11그 모든 백성이 생명을 이으려고 보
물로 먹을 것들을 바꾸었더니 지금도 탄식하며 양식을 구하나이다 나는 비천하오니 여호와여 나를 돌보시옵소서
12지나가는 모든 사람들이여 너희에게는 관계가 없는가 나의 고통과 같은 고통이 있는가 볼지어다 여호와께서 그
의 진노하신 날에 나를 괴롭게 하신 것이로다 13높은 곳에서 나의 골수에 불을 보내어 이기게 하시고 내 발 앞에 그
물을 치사 나로 물러가게 하셨음이여 종일토록 나를 피곤하게 하여 황폐하게 하셨도다 14내 죄악의 멍에를 그의 손
으로 묶고 얽어 내 목에 올리사 내 힘을 피곤하게 하셨음이여 내가 감당할 수 없는 자의 손에 주께서 나를 넘기셨
도다 15주께서 내 영토 안 나의 모든 용사들을 없는 것 같이 여기시고 성회를 모아 내 청년들을 부수심이여 처녀 딸
유다를 내 주께서 술틀에 밟으셨도다 16이로 말미암아 내가 우니 내 눈에 눈물이 물 같이 흘러내림이여 나를 위로
하여 내 생명을 회복시켜 줄 자가 멀리 떠났음이로다 원수들이 이기매 내 자녀들이 외롭도다 17시온이 두 손을 폈
으나 그를 위로할 자가 없도다 여호와께서 야곱의 사방에 있는 자들에게 명령하여 야곱의 대적들이 되게 하셨으니
예루살렘은 그들 가운데에 있는 불결한 자가 되었도다 18여호와는 의로우시도다 그러나 내가 그의 명령을 거역하
였도다 너희 모든 백성들아 내 말을 듣고 내 고통을 볼지어다 나의 처녀들과 나의 청년들이 사로잡혀 갔도다 19내
가 내 사랑하는 자들을 불렀으나 그들은 나를 속였으며 나의 제사장들과 장로들은 그들의 목숨을 회복시킬 그들의
양식을 구하다가 성 가운데에서 기절하였도다 20여호와여 보시옵소서 내가 환난을 당하여 나의 애를 다 태우고 나
의 마음이 상하오니 나의 반역이 심히 큼이니이다 밖에서는 칼이 내 아들을 빼앗아 가고 집 안에서는 죽음 같은 것
이 있나이다 21그들이 내가 탄식하는 것을 들었으나 나를 위로하는 자가 없으며 나의 모든 원수들은 내가 재난 당
하는 것을 듣고 주께서 이렇게 행하신 것을 기뻐하나이다 그러나 주께서 그 선포하신 날을 이르게 하셔서 그들이
나와 같이 되게 하소서 22그들의 모든 악을 주 앞에 가지고 오게 하시고 나의 모든 죄악들로 말미암아 내게 행하신
것 같이 그들에게 행하옵소서 나의 탄식이 많고 나의 마음이 병들었나이다

1장

* * *

슬프다 이 성이여, 전에는 사람들이 많더니 이제는 어찌 그리 적막하게 앉았는고, 전에는 열국 중에 크던 자가 이제는 과부 같이 되었고 전에는 열방 중에 공주였던 자가 이제는 강제 노동을 하는 자가 되었도다(1:1).

슬프다

선지자 예레미야는 하나님의 도성과 성전과 나라가 멸망하는 것을 바라보며 『애가』를 기록했다. 여호야김 왕이 "화롯불에 태워버린(렘 36:23)" 바로 그 두루마리다. 본래의 애가가 불살라진 후 예레미야는 다시 세 장을 기록했다가[1, 2, 4장], 훗날 3장과 5장이 추가되었는데, 3장은 히브리어 알파벳 한 문자로 3절씩 써 내려갔다(라쉬, 모에드 카탄 26a, 미드라쉬[이븐 에즈라를 참조하라]).

이 책은 제 1성전이 파괴된 후 유대인과 예루살렘이 몰락한 점을 탄식하고 있다(개요를 참조하라).

『쩨마흐 다비드』에 따르면, 성전은 창조 후 3338년[기원전 422년; 기독교에서는 586년]에 파괴되었다고 한다. 당시 유다는 느부갓네살에 의하여 포로로 잡혀갔다(북 이스라엘 열 지파의 유수는 133(기독교는 135)년 전에 있었다).

성전이 파괴된 후 이스라엘은 52년간 황량하기 그지없었다. 길과 마을에 주민이 눈에 띄지 않았고, 소나 새도 보이지 않았다(요마 54a).

유수기는 에스더와 아하수에로 왕의 아들, 다리오가 성전 재건을 허락한 3408년까지 70년간 지속되었다. 제 2성전은 3828년 라반 요하난 벤 자카이가 활동하던 때에 무너졌다(쩨마흐 다비드, 아트스크롤 시리즈 에스더 주석을 참조하라).

전에는 사람들이 많더니

['그' 큰 성은 전국을 상징하는 예루살렘을 가리킨다]

라바티(רַבָּתִי)에서 요드(י)는 사족이다. 철자를 두고는 미드라쉬에 다양한 해석이 있지만 이 단어와 유사한 어구는 '인구가 많다'는 라바트 암(רַבַּת עָם)이다(라쉬).

『레헴 디마』에 따르면, 샤라티, 라바티(רַבָּתִי)에는 하마그비히(הַמַּגְבִּיהִי)와 하마슈필리(הַמַּשְׁפִּילִי) 및 하이오슈비(הַיּוֹשְׁבִי)처럼 계속적인 상태가 함축되어 있다고 한다(시편 113:5–6, 123:1).

이제는 어찌 그리 적막하게 앉았는고['그것이(여성) 어찌 적막하게 앉아있는가']

이 번역은 '에이하(אֵיכָה)'를 번민의 탄성으로 풀이한 미드라쉬를 따랐다. "'에이하(אֵיכָה)'는 탄식을 의미할 뿐이다."라고 라브 느헤미야는 주장했다.

다른 주석가들은 이 단어를 '에이흐(אֵיךְ, 어찌)'의 늘인 형태로 간주하여, 당혹감이 밴 수사적 의문이나 비난을 뜻하는 어구로 풀이했다. "이런 일이 어떻게 하나님의 도성에 임했는고(라닥)?" "에이하"를 "에이"와 "하" 둘로 나누어 본다면 "왜 성이 그런 깊은 곳까지 떨어졌는가?"라는 뜻이 된다고 한다(레헴 디마).

"에이하(אֵיכָה)"를 써서 예언한 인물로는 모세, 이사야 그리고 예레미야를 꼽는다. 라브 레비에 따르면, 이는 세 명의 들러리를 둔 민족에 비유할 수 있다며, 첫째는 민족의 행복을, 둘째는 부정을, 셋째는 치욕을 보았다고 한다. 이처럼 모세 또한 영광과 행복을 누릴 유대인을 바라보며 "나 홀로 어찌 너희의 괴로운 일을 담당할 수 있으랴(신명기 1:12)![그들은 크게 융성하는 민족의 고충을 모두 보여준 셈이다]"라며 하소연했고, 이사야는 그들의 부정을 보고 탄식했으며 "어찌 신실한 성이 매춘부가 되었는고?" 예레미야는 치욕을 보며 절규했다. "슬프다! 어찌 그리 적막하게 앉았는고(미드라쉬)!"

탈무드에 따르면, '에이하'의 문자가 가지는 숫자의 값은 36인데, 이는 처벌을 받는 36가지 규례와 같다고 하며, 이스라엘은 일찍이 이를 범한 적이 있다(산헤드린 104b).

『애가』를 히브리어 성경으로 보면 각 장은 각 절이 히브리어 알파벳 순서대로 시작한다는 것을 쉽게 알 수 있다. 이를 두고 탈무드는

"왜 이스라엘은 히브리어 알파벳 순으로 기록 된 애가에 반했을까? 하나님께서 시내산에서 주신 토라를 '알레프'부터 '타브'까지(알파벳 처음부터 끝까지) 어겼기 때문이다(산헤드린 104b, 미드라쉬, 토라 트미마)"라고 탈무드는 말한다.

벤 아자이는 제자가 에이하(אֵיכָה)에 대한 가르침을 부탁했을 때 다음과 같이 풀이했다. 에이하(אֵיכָה)의 네 문자 가운데 첫 문자 알레프(א)는 숫자 1과 같으니 한 분이신 하나님을 가리킨다. 이스라엘은 세상의 유일신을 거역한 까닭에 포로로 끌려갔다. 두 번째 문자 요드(י)는 숫자가 10이니 열 마디 말씀(십계명)을 위반한 점을 가리키고, 세 번째 문자 카프(כ)는 20이니, 아담의 20대 후손인 아브라함에게 분부한 할례를 저버린 것을, 네 번째 문자 헤이(ה)는 5로 모세오경을 거역했다는 점을 상징한다고 설명해 주었다(미드라쉬).

어찌 그리 적막하게 앉았는고(그것이 어찌 외롭게 앉아있는가?)

성읍이 모든 주민을 잃었다는 말이다(라쉬). '그것(여성형)'은 여성으로 의인화된 예루살렘을 일컫는다.

하나님은 이스라엘이 '안전한 곳에만 거하리라' 축복하셨지만(신 33:28), 당시에는 범죄로 인하여 '안전한 곳에만 거하리라'는 복이 몰수되고 말았다. 그리하여 주변국의 뭇매를 맞게 되었다는 것이다. 이스라엘은 상실감과 피해의식으로 외로움을 느끼게 될 테니, 장엄하고 안전한 적막이 아니라 단지 주민이 없어 조용히 앉아만 있다고 한다(산헤드린 104b).

전에는 열국 중에 [가장] 크던 자가

여기서 '가장 크다'는 "위대한 지성"을 뜻한다(미드라쉬).

라브 모세 알모스니노는 샤라티 라바티 שָׂרָתִי רַבָּתִי에 사족처럼 덧붙여진 '요드'는 1인칭을 가리킨다고 주장했다. 즉, 예레미야 선지자는 마치 하나님이 몸소 화자가 된 것처럼, 하나님이 애가를 기록했다는 이야기다. "내가 주민을 채웠던 도성과, 내가 열국 중에서 위대한 국가로 만들었으며, 열방 중에서는 내가 공주로 대접한 성이 지금은 어찌 적막하고 황량한 속국이 되었는고? 내가 왜 저들을 떠나 '밤에는 슬피 울고[2절]' 포로로 끌려가며[3절], 길이 애도하게 내버려두었을꼬[4절]? 이스라엘의 고난은 단순한 '우연'이 아니다. 그 또한 내가 행한 일이니라. 이스라엘은 '예루살렘의 죄과가 무거운 탓에' 시련을 겪은 것이다[8절]. 죄의 대가를 받았다는 이야기다."

이제는 과부 같이 되었고

탈무드는 커(כְּ, 같이)를 강조한다. 예루살렘이 과부처럼 아주 전락한 것이 아니라 잠시 그렇게 몰락했다는 것이다. 남편이 해외로 떠난 여성과도 같다. 그는 애당초 아내에게 돌아올 생각이었다(산헤드린 104b).

또 다른 해석도 살펴보자. 예루살렘은 미망인이다. 즉, 10개의 지파는 없지만, 유다와 베냐민 지파는 잃지 않았다. 현인들에 따르면, 예루살렘은 모든 지파의 과부로 전락했다고 한다[유다와 베냐민 지파도 포로로 끌려갔고, 예루살렘이 그들을 잃었기 때문이다]. 그러나 하나님은 예루살렘을 버리지 않으셨다(미드라쉬).

『레헴 디마』는 널리 알려진 미드라쉬 구절을 강조했다. “쉐히나[하나님의 임재]는 통곡의 벽을 떠나지 않으셨다.” 즉, 예루살렘이 아주 과부가 되었다기보다는, 그에 비유될 뿐이라는 것이다.

전에는 열방 중에 공주였던 자가

어딜 가든[포로로 끌려갈 때도] 그들은 귀족이 되었다(뛰어난 지성이 극찬을 받았다)(산헤드린 104b).

이제는 강제 노동을 하는 자가 되었도다

『아케이다트 이츠학』은 이스라엘이 전에 누렸던 영화와 현재의 굴욕이 애절하게 대조되고 있다는 점에 주목했다. 저자는 강렬한 인상을 부각시키기 위해 본문을 달리 구분하여 풀이했다. “에이하 야슈바 바다드, 슬프도다! 사람들이 많던 성이 지금은 홀로 앉아있구나.” “하여타 커알마나 라바티, 열국 중에서 가장 크던 것이 과부 같이 되었구나.” “사라티 밤디노트 하여타 라마스, 열방 중에 공주였던 자가 속국이 되었도다.”

* * *

밤에는 슬피 우니 눈물이 뺨에 흐름이여, 사랑하던 자들 중에 그에게 위로하는 자가 없고 친구들도 다 배반하여 원수들이 되었도다(1:2).

밤에는 슬피 우니[울음을 터뜨린다(혹은 울음을 터뜨릴 것이다)]

많은 주석가들은 בָּכוֹ תִבְכֶּה(바호 티브케)를 בכה(바카, 울다) 동사의 두 가지 형태로 간주했다.

다음은 탈무드에서 발췌한 글이다. "왜 두 번 우는가? 각각 제1성전과 제2성전 때문이다(산헤드린 104b)." 제2성전이 건설되기 전에 본문이 기록되었으므로 두 번째 단어(티브케)는 미래시제로 봄직하다. 즉, 제2성전도 아브Av월 9일에 무너진다는 사실을 예언적으로 암시한 것이다(토라 트미마).

첫째는 유다와 시온 및 예루살렘 때문에 울고, 10지파와 유다 및 베냐민의 유수 때문에 운다는 이유로 '운다'를 이중으로 기록했다는 해석도 있다.

혹자는 예루살렘이 울고, 다른 성도 그와 더불어 울게 만들기 때문에 이를 썼다고 풀이했다(미드라쉬).

בָּכוֹ(바호)는 ה(헤이) 대신 ו(바브)를 쓴다. 알레프와 헤이, 바브, 요드는 문법적으로 병용이 가능하기 때문이다(이븐 에즈라).

밤에는

성전이 밤에 불탔기 때문이다(라쉬).

[밤에도 예루살렘은 울음을 그치지 않았다]

בַּלַּיְלָה(발라열라, 그 밤에)는 아브월 9일이라는 특정한 밤을 가리

킨다. 이는 מְרַגְּלִים(머라글림, 정탐꾼) 시대부터 애도와 묵상의 밤으로 숙연하게 지켜왔다(레헴 디마).

다음은 탈무드(산헤드린 104b)에서 발췌한 기록이다. (모세가 가나안을 살펴볼 요량으로 파송한) 정탐꾼이 돌아와 비보를 전하자 '백성은 그 밤에 슬피 울었다(민 14:1)'는데, 그 밤이 바로 아브월 9일이었다는 것이다. 이때 하나님은 "이유 없이 울어대니 네 자손도 지킬 수 있도록 [이 날을] 애도의 날로 지정하겠다"고 말씀하셨다.

밤에 울면 이를 듣는 사람도 덩달아 운다는 해석도 있다(산헤드린 104b). 곡성은 조용한 밤에 들으면 더 끔찍하기 때문이다(미드라쉬).

아브월 9일에 행하는 관습은 상당수가 『애가』에서 단서를 얻은 것이다. 예컨대, 마하람 로텐버그는 '예루살렘이 밤에 구슬피 울었다'는 구절에 의거하여, 『애가』는 아브월 9일 밤에 낭독해야 한다고 규정한 바 있다[이와는 달리, 『에스더』는 부림절 아침저녁으로 읽는다(세페르 민하깁 34)].

눈물이 뺨에 흐름이여

울음이 그치지 않았다(라쉬). 젊었을 때 남편을 떠올리며 우는 여인처럼(산헤드린 104b).

미드라쉬는 젊은 장정들이 흘린 눈물이라고 기록했다. 적이 성전에 들어와 젊은 사내를 잡아 결박했을 때 그들이 흘린 눈물이 뺨을 타고 내려왔다는 것이다. 손이 묶인 그들은 눈물을 닦을 수 없어,

눈물 자국은 마치 화상처럼 뺨에 남아있었다.

조하르는 "성전이 무너진 날부터 기도의 문은 닫혀 있었지만 애곡의 문은 닫히지 않았다[버라호트 32b]"는 설이 있긴 하지만, (육체적인 고통이나 시련으로 흘리는 눈물이 아니라) 진심어린 회개로 흘리는 눈물은 인정된다는 데 주목했다. 회개와 관계가 없는 눈물은 하늘에 '상달'되지 않고, 그저 "뺨에 남아있을 뿐"이다.

"뺨에서 눈물을 닦아낸다wiping away the tears from the cheeks"는 히브리 구어 표현은 위안과 위로를 의미한다. 시온이 위로해 줄 자가 없었기 때문에 "눈물이 뺨에 남아있었다"고 한다(메셰흐 호크마).

[그것(여성)을] 사랑하던 자들

[아이러니컬하게도, 유다의 옛 주변국이자 동맹국인 모압과 암몬, 애굽 및 에돔을 가리킨다(이사야 39장 마지막 절과 예레미야 27:3 비교). 위기에 봉착했을 때는 유다를 버렸다].

몇몇 주석가들은(라브 알모스니노, 알카베쯔 및 팔게이 마임) 본문을 달리 해석했다. "אֵין-לָהּ מְנַחֵם(에인라흐 므나헴), 위로를 얻지 못했다. מִכָּל-אֹהֲבֶיהָ(미콜아하베이하) (의역하면) ['사랑하긴 했지만'] 당시 위로가 되는 예언을 하지 않았던 선지자들로부터."

그에게 위로하는 자가 없고

알쉬흐는 예루살렘이 우는 모습을 적이 보고 쾌감을 느끼지 않도록 밤에 울었다고 이야기했다. 하지만 너무 울어 낮에도 '눈물이 뺨에 남아있었다.' 그럼에도 누구 하나 이를 동정하지 않았다고 한다.

"사랑하던 자들 중에도 그를 위로하는 자가 없었다."

당시에는 위로자가 없었지만, 성경의 기록대로 하나님은 나중에 이를 위로하실 것이다. "나는 너희를 위로할 자니라[이사야 51:12](미드라쉬)."

친구들도 다 배반하여

'친구들'은 '사랑하는 자'보다는 하위 범주에 들어간다. 사랑하는 자는 유다가 위기에 봉착했을 때 초연히 중립을 지켰으나, '친구들'은 유다를 배신하여 바벨론에 적극 합류했다[시편 137:7, 오바댜 11, 에스겔 25:3](레헴 디마).

실은 친구가 아니었던 셈이다. הָיוּ לָהּ לְאֹיְבִים(하유 라흐 러오여빔, 애당초 그들은 원수였다)(콜 여후다).

원수들이 되었도다

『얄쿠트 쉬모니』에 따르면, 본문은 이스라엘의 편에 섰던 천사장 미가엘과 가브리엘을 가리킨다고 한다. 성전이 무너질 때 그들은 이스라엘을 배신했다. 그들이 불을 지른 장본인이었다.

* * *

유다는 환난과 많은 고난 가운데에 사로잡혀 갔도다. 그가 열국 가운데에 거주하면서 쉴 곳을 얻지 못함이여 그를 핍박하는 모든 자들이 궁지에서 그를 뒤따라 잡았도다(1:3).

유다는 사로잡혀 갔도다

자기 땅에서(라쉬)

'유다'는 유다 족속의 남녀를 아우르는 통칭이다(이븐 에즈라).

[또한 '유다'에는 유다와 함께 잡혀간 베냐민 지파도 포함된다]

미드라쉬는 이스라엘과 타국의 유수를 아래와 같이 비교했다.

"이교도 국가도 포로로 끌려가는 경우가 있다. 하지만 [원수의] 포도주와 떡을 먹으니 유수를 겪는다고 말할 수는 없다[실제로 고난을 겪지 않는다]. 그러나 이스라엘은 원수의 포도주와 떡이 금지된 진정한 포로라 할 수 있다."

환난 가운데에[때문에]

미드라쉬와 탈굼은 이 어구를 "억압"으로 풀이했다. 즉, 유다가 가난한 시종을 억압한 대가로 원수의 손아귀에서 같은 꼴을 당했다는 것이다.

『드바쉬 브할라브』는 עֳנִי(오니)와 רֹב עֲבוֹדָה(로브 아보다)를 각각 '가난'과 '중노동'으로 해석했다. 즉, 본문은 포로기 전반에 걸쳐 원수가 이스라엘을 비난한 내용을 학대의 구실로 삼고 있다는 것이다. 혹자는 우리를 "עֲנִיִּים(아니임, 극빈자, 거지, 무산자, 빌붙어 사는 자)"라 폄하하며, 그 때문에 우리를 핍박했다 하고, 이와는 달리, "너무 일을 많이 하고" "독불장군처럼 무조건 밀어붙이며" "좋은 자리라면 사족을 못 쓰는 데다" "모든 돈을 쥐고 있는 자"라며 그 때문에 억압을 했다는 자도 있었다!

알쉬흐는 본문을 "가난 때문에"로 해석할 수 있다고 주장했다.

[미드라쉬는 מֵעֻנִי(메이오니)를 'לֶחֶם עֹנִי(레헴 오니, 고통의 빵)(무교병) 때문에'로 보고 다음과 같이 옮겼다] "유다는 유월절에 유교병을 먹은 죄로 포로가 되었다."

그리고 고난[엄청난 노역]

갈대아인이 부린 노역을 일컫는다(라쉬).

미드라쉬는 עֲבֹדָה(아보다, 수고, 노동)를 우상과 결부지어 해석했다. "유다는 낯선 신을 섬겼기 때문에 포로로 끌려간 것이다(리숀 르지온)."

쉴 곳을 얻지 못하여

고국 땅에서 끌려간 후에도 쉴 곳을 얻지 못했다(팔게이 마임).

라브 유단은 레쉬 라키쉬의 가르침을 인용하여, "쉴 곳을 찾았다면 이스라엘로 돌아올 생각은 하지 않았을 것"이라고 풀이했다(미드라쉬).

[본문은 『신명기』 28:65의 훈계가 성취된 결과다. "그 여러 민족 중에서 네가 평안함을 얻지 못하며 네 발바닥이 쉴 곳도 얻지 못하고 여호와께서 거기에서 네 마음을 떨게 하고 눈을 쇠하게 하고 정신을 산란하게 하시리니……." 수세대에 걸쳐 실현된 끔찍한 사실이다]

『콜 여후다』는 עוֹנִי(오니, 고통)와 גָלוּת(갈루트, 유수)를 겪었음에도 그들이 회개하지 않았다고 주장했다. 유대인은 유수 이후에도 쉴 곳을 찾지 못했다.

궁지에서

즉, 궁지에 몰아넣었다는 뜻이다(라쉬).

혹자는 본문을 글자대로 해석하지만, 미드라쉬는 בֵּין הַמְּצָרִים(베인 함짜림, 고통의 날들 안에)로 이해한다. 즉, "타무즈월 17일[예루살렘 성벽이 처음 파괴된 날]과 아브월 9일[정확히 3주 후 성전이 무너졌다] 사이에 유다를 좇던 자가 모두 불시에 이를 엄습했다"는 것이다.

['고통의 날들 안에'는 타무즈월 17일과 아브월 9일 사이를 가리키며, 오늘날 할라하 문헌뿐 아니라 일반적으로 널리 쓰이고 있다]

* * *

> 시온의 도로들이 슬퍼함이여 절기를 지키려 나아가는 사람이 없음이로다. 모든 성문들이 적막하며 제사장들이 탄식하며 처녀들이 근심하며 시온도 곤고를 받았도다(1:4).

시온의 도로들이

['시온(안에 있는) 도로들'이나 '시온으로 이어지는 도로들'로 해석할 수 있다]

צִיּוֹן(시온)은 예루살렘 모리아산 남쪽에 있는 시온산을 가리키나, 성경에서는 거룩의 원천으로서 예루살렘과 혼용되는 경우가 더러 있다. 『이사야(51:16)』에서는 유대인을 '시온'이라 부르기도 했다]

절기를 지키려 나아가는 사람이 없음이로다

['지정된 절기에 오는 자가 없기 때문이다']

미드라쉬는 시온에 난 도로의 신성을 강조했다. 시온은 일상적인 목적으로 찾아오는 여행객이 없어서 애도한 것이 아니다. 본문은 성전을 찾는 순례자가 없어 시온의 도로가 슬퍼한다고 강조한 것이다.

모든 성문들이 적막하며

출입하는 이가 전혀 없었다는 이야기다(미드라쉬).

[성문은 이스라엘의 귀빈이 모이던 곳이기도 하다. 여기서 토라를 가르쳤고, 이견을 조율하는가 하면 상거래가 이루어지기도 했다. '적막'하다는 것은 일상의 구심점 중 하나가 사라졌다는 뜻이기도 하다]

제사장들이 탄식하며

제사장이 마땅히 받아야 할 성물이 없어졌기 때문이다(미드라쉬).

처녀들이 근심하며

아브월 15일과 대속죄일에 밖에서 기쁨을 누릴 수 없게 되었기 때문이다[미쉬나(타니트 26b)에 따르면, 두 절기는 유대력에서 기쁨의 절기로 규정되어 있다고 한다](탈굼).

시온도 곤고를 받았도다

וְהִיא(버히, 그녀)는 이스라엘을 가리킨다. 도로와 문, 제사장 및 처녀를 모두 합한 것이기도 하다(미드라쉬 레카흐 토브).

* * *

그의 대적들이 머리가 되고 그의 원수들이 형통함은 그의 죄가 많으므로 여호와께서 그를 곤고하게 하셨음이라. 어린 자녀들이 대적에게 사로잡혔도다(1:5).

그의 대적들이 머리가 되고['그의 대적들이 주인이 되고']

[신명기 28:44의 저주가 실현된 것이다. "그는[네 대적은] 머리가 될지어다."]

탈무드에 따르면, "이스라엘에 고통을 안겨준 자는 리더십을 얻게 된다"고 한다(산헤드린 104b, 기틴 56a). 많은 주석가들은 이를 심판으로 해석했다. 대적은 국력이 커질수록 이스라엘에 행한 죄로 심판을 받을 때 몰락하는 정도가 더 커질 테니 말이다. 반면, 『마하르샤』는 이스라엘에 대한 예우라고 풀이했다. 즉, 열등한 국가에 정복당하는 굴욕은 당하지 않는다는 것이다.

『토사포스, 하기가 13b』는 이스라엘을 괴롭힌 국가라면 이미 머리가 된 것이나 진배없다고 설명한다[이스라엘의 지위가 워낙 높기 때문에 명성이 출중한 국가가 아니면 정복을 당할 일이 없기 때문이다].

알쉬흐는 ראש(로쉬, 머리, 수장)가 단수인 반면, צָרֶיהָ(짜레이하, 그의 대적들)는 복수라는 점을 지적했다. 이스라엘의 적(역사상 부딪쳤던 서로 다른 적들)을 아울러 표현한 것이다. 따라서 알쉬흐는 "이스라엘의 대적들이 한 명의 수장을 두었다"고 옮겼다. 즉, 이스라엘에 대적하기 위해 사령관 하나에 세력을 통합했다는 이야기다. 또한 대적들은 서로 평화롭게 지냈다. 이스라엘을 좀 더 쉽게 정복할 수 있도록 하나님이 그들에게 평화를 심어주신 것이다. 반면, "이스라엘은 하나님이 곤고하게 하셨다."

그의 죄가 많으므로 여호와께서 그를 곤고하게 하셨도다

여러 주석이 풀이한 바와 같이, 미드라쉬도 하나님의 심판이 이스라엘의 죄과에 비례한다고 강조했다. "대적이 그의 주인이 되었다"는 것도 심판의 일환이었다(야페 아나프, 페루쉬 마하르주, 토라 트미마).

[로브(많다)에는 '대다수'나 '대부분'이라는 뜻도 있다. '그의 모든 죄'가 아니라 '그의 많은 죄'로 기록되었으므로, '하나님이 대다수의 죄 때문에 그를 곤고하게 하셨다'는 해석도 아주 틀리진 않으리라. 최종 심리 후, 모든 죄를 심판했다가는 생존할 자가 아무도 없을 테니 동정을 베푸셨다는 이야기다]

하라브 다비드 코헨에 따르면, 『할호트 테슈바 2:2』에서 람밤은 부정과 공로의 심리에 대해 다음과 같이 지적했다고 한다. "부정과 공로의 숫자가 아니라 규모[양보다는 질]를 따져보는 것을 심리라 한다. 단 한 가지 공로라도 다수의 부정을 무색케 하는 경우도 있고, …… 한 가지 부정이 많은 공로를 무너뜨리는 경우도 있다. …… 심리는 하나님의 고유한 소관이며, 주님만이 공로와 부정을 대비하는 법을 아신다."

어린 자녀들이 대적에게 사로잡혔도다

미드라쉬는 하나님이 어린 자녀를 가장 사랑한다는 점을 강조했다. 이 견해를 감안하자면, 산헤드린은 이전했지만 셰히나[하나님의 임재, 개요를 참조하라]는 그와 함께 자리를 옮기지 않았다. 하지만 자녀가 포로로 끌려갔을 때는 셰히나도 그들과 동행했다. 때문에 "어린 자녀들이 대적에게 사로잡혔다"는 글 다음에 "딸 시온의 모든 영광이[셰히나] 떠나갔다"는 기록이 이어진 것이다.

＊＊＊

딸 시온의 모든 영광이 떠나감이여 그의 지도자들은 꼴을 찾지 못한 사슴들처럼 뒤쫓는 자 앞에서 힘없이 달아났도다(1:6).

딸 시온의 모든 영광이 떠나감이여

미드라쉬는 '그의 영광'에 대해 많은 해석을 제시했다. 여호와의 영광을 비롯하여, 산헤드린이나 현인, 제사장 혹은 어린 자녀를 가리킨다는 해석도 있다.

알쉬흐는 당대 위인과[이를테면, 장인과 대장장이(왕하 24:14)] 매우 경건하고 박식한 사람이 포로로 잡혀갔다는 사실을 가리킨다고 풀이했다. 현인들에 따르면, 하나님은 성전이 파괴되기 11년 전에 포로로 끌려가리라 예정하셨고, 바벨론에 예시바를 세워 토라를 잊지 않게 하시려고 수많은 사람을 그리로 보내셨다고 한다. 고국에 남은 제자들은 11년간 스승이 없이 지냈기 때문에 성경은 "그들이 초장을 찾지 못한 사슴 같다"고 기록했다.

그의 지도자들[관리나 귀족]은 꼴을 찾지 못한 사슴들처럼

탈무드[샤보트 119b]와 미드라쉬는 이스라엘 지도자가 사슴에 비유된 까닭은 서로를 비난하지 않았기 때문이다. "열기가 강하면 서로 얼굴을 맞대는 사슴처럼, 이스라엘 지도자도 죄를 보면 얼굴을 돌린다[악을 안 보려고 눈을 감는다]"는 것이다. 이때 거룩하신 하나님은 "[꼴이 없는 사슴처럼 포로로 끌려가는] 날이 오듯, 나 또한 그리 할 날이 올 것이다[즉, 나도 너희에게서 얼굴을 돌릴 것이다]."

뒤쫓는 자 앞에서

라쉬는 다른 성경구절에 기록된 רוֹדֵף(로데이프)는 어디든 철자가 잘못되었다는 데 주목했다[즉, ו(바브)가 없어야 옳다는 이야기다]. 하지만 본문에서 '바브를 붙인' 철자가 쓰인 이유는 유대인들이 치열하게 추적을 당했기 때문이다.

* * *

예루살렘이 환난과 유리하는 고통을 당하는 날에 옛날의 모든 즐거움을 기억하였음이여 그의 백성이 대적의 손에 넘어졌으나 그를 돕는 자가 없었고 대적들은 그의 멸망을 비웃는도다(1:7).

예루살렘이 기억하였음이여

바벨론 유수 당시(라쉬)

환난을 당하는 날에

성전이 파괴되어 그들이 고통을 당한 나날을 일컫는다(라쉬)

그리고 (그의) **고통**[슬픔]**을**

유수 당시(이븐 에즈라)

미드라쉬는 본문을 "그가 고통을 당한 날 동안 그는 여호와를 거역한 '반란'을 기억했다. '그의 모든 보화'는 토라를 가리킨다."라고 풀이했다.

이븐 에즈라의 해석은 다르다. "예루살렘은 환난과 슬픔을 당하는 내내, 과거에 가졌던 모든 보화를 기억했다."

그의 멸망을 비웃는도다

[안식일과 각 절기를 지키는 즐거움이 '그친 점을'(라쉬)]

미드라쉬는 [미슈바테하]를 "그녀의 안식들"로 간주했다. 안식년을 두고 한 말이다. 라쉬는 유대인이 고국에서도 하지 않던 안식일과 안식년을 포로기 때 준행했다고 역설했다. 이때 바벨론 관리가 그들을 비웃었다. "어리석은 자들아! 고향에서도 안 하던 짓을 여기 와서 지키려느냐?"

* * *

예루살렘이 크게 범죄함으로 조소거리가 되었으니 전에 그에게 영광을 돌리던 모든 사람이 그의 벗었음을 보고 업신여김이여 그는 탄식하며 물러가는도다(1:8).

예루살렘이 크게 범죄함으로[예루살렘은 죄를 범했다]

[기자는 1–7절에 기록된 모든 환난의 원인을 예루살렘이 범한 심각한 죄에 대해 하나님이 행하신 심판으로 규정하고 있다]

미드라쉬는 '죄를 범했다[범죄했다]'에서 어원이 같은 어구를 두 번 쓴 점을 거론했다. "그들이 죄를 갑절로 저질러 처벌도 갑절이 되었다. 기록된 바와 같이, '그의 모든 죄로 말미암아 여호와의 손에서 벌을 갑절이나 받았느니라(이사야 40:2).' 한편, 위로를 갑절로 받았다는 점도 성경에서 찾을 수 있다. '너희는 위로하라 내 백성을 위로하라(이사야 40:1).'"

『메셰흐 호크마』는 어원이 같은 어구를 중복한 경우를 감안하여 "예루살렘이 반복적으로 죄를 범하다가 점차 그에 익숙해졌고, 당연하다는 생각에 더는 가책을 느끼지 않았다"고 해석했다.

[탈무드(모에드 카탄 27b)는 "사람이 죄를 범하고 이를 반복하면, 나중에는 그래도 되는 일로 착각한다."고 기록했다(개요를 참조하라)]

탈무드에 따르면, 죄는 둘로 이루어져 있다고 한다(죄가 가득한 행위와 이를 둘러싼 생각과 만족감이다). 죄의 각 부분은 심리와 심판이 별도로 이루어지기 때문에(키두쉰 40a) 기자가 죄를 두 번 표현한 것이다. 이와 마찬가지로, 선행에 이르는 생각과 그에서 비롯된 희열에 대해서도 하나님은 상을 베푸시되 선행 자체에 대한 상도 배제하진 않으실 것이다(하가온 라브 모세 파인스타인).

조소거리가 되었으니[유랑자가 되었으니]

['유랑자'로 옮긴 까닭은 נִדָּה(니다)가 '유랑'에서 파생되었다고 보는 라쉬의 소견을 따랐기 때문이다]

이븐 에즈라는 조롱의 대상으로 옮겼다[머리를 흔들며 조롱하는 것을 본 모든 사람].

탈무드는 '니다'를 의식적으로 부정한 사람, 즉 월경 중인 여성으로 간주하여 "니다가 허용되듯(규정된 기간 후 남편에게) 예루살렘도 자녀와 연합하게 될 것이다(타니트 20a)."라고 풀이했다.

그의 벗었음을 보고[그의 치욕을 보고]

[직역하면 '그가 벗었음을 보았기 때문에']

물러가는도다

[피하며 업신여겼다]

* * *

그의 더러운 것이 그의 옷깃에 묻어 있으나 그의 나중을 생각하지 아니함이여 그러므로 놀랍도록 낮아져도 그를 위로할 자가 없도다. 여호와여 원수가 스스로 큰 체하오니 나의 환난을 감찰하소서(1:9).

그의 더러운 것이 그의 옷깃에 묻어 있으나

라쉬는 모든 사람이 볼 수 있을 만큼 죄가 명백히 부각되었다고 설명했다.

그러나 알쉬흐는 성전이 무너질 당시 죄인이 자신의 치마에 죄를 가린 모습을 비유한 것이라고 풀이했다(그들은 우상을 섬기며 은밀히 죄를 범하고도 위선을 일삼았다).

그러므로 놀랍도록 낮아져도

예루살렘의 지위가 이례적으로 곤두박질했지만 그럼에도 이를 위로하지 않았다. "누가 능히 그를 위로할 수 있으랴? 그가 자초한 일이 아닌가(톨도트 노아흐)!"

여호와여 원수가 스스로 큰 체하오니 …… 감찰하소서

[원수가 강성해졌으니]

[하나님이 시온의 유일한 위로자이기 때문에 간청하는 것이다]

"큰 죄악 때문에 하나님의 동정을 구할 수는 없지만, 그럼에도 세력을 넓힌 원수가 당신을 거역하니 당신의 이름이 훼손되지 않도록

하기 위해서라도 우리를 도우셔야 합니다(팔게이 마임)."

['스스로 큰 체한다'는 원수가 임무를 완수하는 데 혈안이 되어 있다는 점을 암시한다. 그는 반역을 일삼기 때문에 심판을 받을 것이다]

* * *

> 대적이 손을 펴서 그의 모든 보물들을 빼앗았나이다. 주께서 이미 이방인들을 막아 주의 성회에 들어오지 못하도록 명령하신 그 성소에 그들이 들어간 것을 예루살렘이 보았나이다(1:10).

대적이 손을 펴서

마지막 절 끝에서 간청이 이어진다. "감찰하소서. …… 대적이 손을 펴서 그의 모든 보물들을 빼앗았나이다. 주께서 이미 이방인들을 막아 주의 성회에 들어오지 못하도록 명령하신 그 성소에 그들이 감히 들어갔습니다(팔게이 마임)."

주께서 이미 이방인들을 막아 주의 성회에 들어오지 못하도록 명령하신 그 성소에

[당신께서 당신의 성회에 들어오지 못하도록 명령하신 사람들에 대해]

원수가 성전에 들어갔을 때 암몬 및 모압인도 있었다. 다른 사람은 금과 은을 탈취하려 했으나, 두 종족은 "암몬 사람과 모압 사람은 여호와의 총회에 들어오지 못할지어다"는 구절을 삭제하기 위해 토라를 약탈하려 했다(미드라쉬).

알쉬흐는 이 문헌에 근거하여 본문을 다음과 같이 풀어썼다. "원수는 성전의 금은보화에 손을 대면서도 벌을 받지도 않고, 하나님을 두려워하지도 않았다. 여러 민족이 성소를 침입했다는 점을 알고 있었기 때문이다. 어떤 민족인가? 암몬과 모압이다. 하나님께서 성회의 출입을 금한 민족을 두고 하는 말이다."

『레헴 디마』에 따르면, 암몬과 모압이 이처럼 뻔뻔한 만행을 저지른 이유는 성경을 난도질하기 위해서가 아니라고 한다. 토라의 필사본이 많이 있었고 기록을 삭제한들 금지된 지위가 달라지진 않기 때문이다. 처벌을 받지 않고도 하나님과 토라를 거역하는 것이 유일한 목표였다.

라쉬는 מַחֲמַדֶּיהָ(마하마데이하, 보화)가 이스라엘의 최대 보화인 토라를 가리킨다고 강조했다.

* * *

그 모든 백성이 생명을 이으려고 보물로 먹을 것들을 바꾸었더니 지금도 탄식하며 양식을 구하나이다. 나는 비천하오니 여호와여 나를 돌보시옵소서(1:11).

그 모든 백성이 지금도 탄식하며

수많은 환난에 탄식했지만 기근이 가장 심각한 고통이었다(알쉬흐).

그들의 보화를 바꾸었더니[주었다]

포위 당시 사람들은 빵이 귀해 귀중품과 이를 교환해야 했다(이븐 슈입).

『아케이다트 이츠학』은 "그들"을 강조했다. 식량이 없었음에도, 본문은 그들이 재산만을 포기했다는 데 주목하고 있다. 즉, 절도에 빠진 사람은 없었다는 것이다.

양식을 구하나이다

기초생계를 위해(아케이다트 이츠학).

『티페레스 우지엘』은 백성이 생계를 잇는 데만 혈안이 되어 민족의 비극은 망각한 듯싶다고 지적했다.

나는 비천하오니[먹보이오니]

이븐 에즈라는 זוֹלֵלָה(졸레일라, 먹보)가 "방탕하며 술에 잠긴 자(신명기 21:20)"와 관계가 깊다고 주장했다. [아이러니컬하게도, 기근에 허덕이는 유대인은 먹성이 뛰어난 듯 보인다. 귀한 재물을 음식과 교환했다고 하니 말이다]

[본문은 직역해도 무방하다. "여호와여, (내게 벌어진 사태를) 보십시오." כִּי הָיִיתִי זוֹלֵלָה(키 하이티 졸레일라, 내가 대식가였기 때문입니다!)]

미드라쉬는 '먹보'가 치욕과 관계가 깊다고 풀이했다. "저가 얼마나 비천한지 모르겠습니다!" 그러고는 '유대인'이 모욕의 대명사였던 일화를 들려준다.

여호와여 나를 돌보시옵소서
[간청이다. 이때부터 예루살렘이 슬퍼한다]

* * *

지나가는 모든 사람들이여 너희에게는 관계가 없는가! 나의 고통과 같은 고통이 있는가 볼지어다. 여호와께서 그의 진노하신 날에 나를 괴롭게 하신 것이로다(1:12).

지나가는 모든 사람들이여[이 길을 지나가는 모든 사람들]
[애통해 하는 나를 우연히 본 자](탈굼)

미드라쉬는 עוֹבְרֵי(오브레이)를 죄인으로 옮겼다(토라의 길에서 이탈한 모든 사람). 『미드라쉬 레카흐 토브』는 "토라의 길을 벗어난 사람 중에서도 나만큼 참혹한 고난을 당한 자는 없으리라!"라고 풀이했다.

너희에게는 관계가 없는가![이것이 너희에게 떨어지지 않기를 기원한다]

대괄호의 역문은 탈무드와 미드라쉬 및 대다수 주석가의 소견에 근거한 것이다(산헤드린 104b). 이스라엘 공동체는 열방에 고했다. "우리에게 벌어진 사태를 너희는 만나지 말기를 바란다."

알쉬흐는 달리 해석했다. 환난을 겪어본 자만이 고통을 느낄 수 있기에 시온은 다음과 같이 외쳤다. "너희에게 이런 환난이 닥친 적이 있었는가? 이를 겪어본 자는 나뿐이리라. 잠시나마 나를 보더라도 여호와께서 진노하신 날에 허락하신 환난만큼 혹독한 고통은 없다는 점을 깨닫게 될 것이다!"

나의 고통과 같은 고통이 있는가 볼지어다[있다면]

[하나님이 내게 하신 것만큼 혹독하게 다른 민족을 치셨다면](미드라쉬 레카흐 토브)

그의 진노하신 날에

역사적으로 이스라엘에 수많은 비극이 닥친 아브월 9일을 가리킨다(샤아르 바트 라빔).

미드라쉬는 "그날"에 역점을 두었다. 이는 하나님의 분노가 폭발한 날을 일컫는다. "그날 이스라엘이 회개했더라면 주님의 분노를 식힐 수 있었을 것이다[피할 수 있었을 것이다]."

* * *

높은 곳에서 나의 골수에 불을 보내어 이기게 하시고 내 발 앞에 그물을 치사 나로 물러가게 하셨음이여, 종일토록 나를 피곤하게 하여 황폐하게 하셨도다(1:13).

높은 곳에서 나의 골수에 불을 보내어

미드라쉬는 본문을 글자대로 풀이했다. 즉, 하나님은 이교도가 자랑하지 못하게 하시려고 몸소 불을 보내 성전을 태우셨다는 것이다.[1)]

이기게 하시고[그리고 그것이 그들을 쳤고]

[의미가 모호하여 여러 가지 해석이 제시되고 있다. 혹자는 주어

1) 그래서 예루살렘은 바벨론 딸에게 다음과 같이 이야기했다. "높은 곳에서 나와 싸운 적이 없었다면 나와 겨룰 수 있었겠느냐? 그들이 높은 곳에서 내게 불을 보내지 않았다면 나를 정복할 수 있었겠느냐? 너는 포악한 사자만을 죽였고, 갈린 곧분을 갈았으며, 이미 불에 탄 성읍에 불을 질렀을 뿐이다!(산헤드린 96b 비교, 미드라쉬)."
성전이 파괴될 때 여호와의 천사가 강림하여 예루살렘 성벽을 무너뜨렸다. 원수들은 솔로몬이 장로와 의논하곤 했던 성전산에 단을 설치했다. 그들이 앉아 계획을 주고받을 무렵 하늘을 보니 네 천사가 내려오고 있었는데, 그들의 손에는 네 횃불이 쥐여있었다. 천사들은 성전 모퉁이에서 불을 지폈다.
성전에 화재가 난 사실을 알게 된 대제사장은 열쇠를 가져다가 하늘에 던지며 외쳤다. "당신의 집 열쇠가 여기에 있소! 나는 거기에 들어갈 자격이 없는 관리인입니다." 그가 자리를 뜨려하자, 대제사장이 상번제를 드리곤 했던 제단에서 적들이 그를 죽였다. 이 때 딸이 뛰쳐나와 "내게 화가 있도다! 내가 사랑하는 아버지가 ……"라며 절규하자, 그마저 살육을 당해 피가 부친의 것과 섞였다.
제사장과 레위인은 불에 타는 성전을 보며 수금과 나팔을 들고 화염 속으로 들어가 분신을 자초했다. 성소 휘장을 짜던 여종들도 원수가 더럽히지 못하도록 화염 속에 들어갔다. 이 같은 사태를 목격한 시드기야 왕은 열 명의 아들과 같이 여리고로 이어지는 지하통로로 줄행랑을 쳤다. 그러다가 느부사라단에게 잡혀 느부갓네살에게 압송되고, 결국에는 사형을 언도받게 된다.
"아들의 피를 보지 않도록 나를 먼저 죽여주시오." 시드기야 왕이 당부했다.
"아닙니다! 아버지의 피를 볼 수 없으니 저를 먼저 죽여주시오!" 아들들도 목소리를 높였다. 느부갓네살은 그들의 청을 들어주었다. 아들을 먼저 죽이고 나서 시드기야의 눈을 뽑아 그를 바벨론으로 보냈다. 시드기야는 내내 절규했다. "모두들, 보시오! 예레미야의 예언이 참이었소. 바벨론에 갈 것이고, 거기서 죽게 되려니와, 눈은 바벨론을 볼 수 없을 거라 했는데, 그때는 선지자의 말을 듣지 않았지만 막상 바벨론에 와보니 정말 내 눈은 이를 볼 수 없었소(페식타 라바시)."

를 '불'로 간주하고, 동사가 יָרַד(야라드, 내려오다)에서 파생되었다고 풀이, '이를 내려보냈다' 즉, "높은 곳에서 그가 불을 내려 보냈다"고 해석하는 반면, 다른 주석가(탈굼, 라쉬 등)는 '골수'를 목적어로 보고 동사를 '정복하다, 극복하다, 으스러뜨리다'에서 비롯된 것으로 해석하여 "불이 골수를 파괴했다(위의 번역본과 같이)"고 풀이했다]

미드라쉬에 따르면, 이 단어는 רָאָה דִין(라아 딘, 그가 공의를 보았다)의 합성어라고 한다. 즉, 공의의 속성(미다트 하딘)이 그들을 친 것을 그가 보았다는 이야기다.

내 발 앞에 그물을 치사

[하나님이 직접 시온에 고통을 더하셨다는 것이다. 은유적으로 그물이나 덫을 놓아 그에 걸려들게 하셨다]

나로 물러가게 하셨음이여[나를 뒤로 내동댕이쳤다]

왕권과 선지자 및 제사장의 직분에서 나를 물러가게 하셨다(미드라쉬 레카흐 토브).

* * *

내 죄악의 멍에를 그의 손으로 묶고 얽어 내 목에 올리사 내 힘을 피곤하게 하셨음이여, 내가 감당할 수 없는 자의 손에 주께서 나를 넘기셨도다(1:14)

내 죄악의 멍에를 그의 손으로 묶고 얽어

[시온이 지은 모든 죄 중 조그마한 일부를 끊임없이 처벌하지 않고, 죄를 지을 때마다 하나님께서 이를 기억하셔서 모두 더하신다고 주석가들은 설명한다] 그러고 나면 비유적으로 실을 "얽어" 무거운 옷감을 만들고는 차곡차곡 목에 씌운다고 말한다. 그러면 멍에가 그를 억누르고 체력을 저하시켜 적을 상대할 수 없게 된다.

미드라쉬에 따르면, נִשְׂקַד(니스카드)의 또 다른 해석은 שׁקד(사카드, 심사숙고한다)와 관련이 있다고 한다. "하나님은 재앙을 내리시는 때와 방법을 심사숙고하신다. 하나님은 '겨울에 그들을 끌어내면 추위와 아사로 고통을 받을 것이므로, 여름에 재앙을 내려 길가에서 잠을 청해도 누구 하나 해를 당하지 않을 것이다. 그리고 겨울에 내치면 무화과나 포도가 없을 테니, 여름에 그럴 것이다'라고 말씀하셨다.

…… 따라서 하나님은 당신의 백성을 심판하실 때도 저들을 긍휼히 여기시고 지켜보신다(토라 트미마)."

내 목에 올리사["내 목에 올라왔음이여"]

다음은 이븐 에즈라의 설명이다. "죄가 얽히고설켜 포도덩굴처럼 나와 내 목에 달라붙었다."

"모든 고난과 시련을 통해 하나님을 거부하지 않았으나, '그의 멍에[천국의 멍에]'가 내 목에 씌어졌다[미드라쉬는 עָלוּ(알루, 올라갔다)를 עֻלּוֹ(올로, 그의 멍에)로 읽었다]. 그리고 나는 슈마 이스라엘(들으라, 이스라엘아, 여호와는 우리 하나님이며, 하나님은 한 분이시다)을 통해

한 분이신 하나님을 하루에 두 번 선포한다(미드라쉬)."

그는 내 힘을 피곤하게 하셨음이여

'그'는 하나님을 가리키는데, 본문은 알쉬흐의 소견에 따른 번역이다. 이븐 에즈라에 따르면, 주어는 '내 죄악의 멍에'이므로 '그것이 내 힘을 피곤하게 했다'라야 옳다고 한다.

* * *

> 주께서 내 영토 안 나의 모든 용사들을 없는 것 같이 여기시고 성회를 모아 내 청년들을 부수심이여 처녀 딸 유다를 내 주께서 술틀에 밟으셨도다(1:15).

나의 용사들

은유는 자명하다. 우선 하나님은 강한 자를 멸하시고 나서 젊은 이를 치신다. 그러면 무방비인 여종은 마구잡이식 살인의 희생자가 될 것이다. 예루살렘도 마찬가지였다. 즉, 의인이 먼저[6절 주석에서 알쉬흐는 이를 장인과 대장장이라고 규정] 포로로 잡혀가면 일반 백성은 와인 프레스에 넣은 포도처럼 피를 흘리게 된다는 것이다(팔게이 마임).

부수심이여[모욕을 주었다, 종속시켰다]

나에 대한 확정된 시간을 선포하셨도다

아브월 9일을 가리킨다(타니트 29a). [2절 주석을 참조하라]

[아브월 9일은 '정해진 시간set-time'이나 '절기festival(모에드)'로 통한다. 현인들의 할라하 법에 따르면, 아브월 9일 저녁, 민하를 집례하는 동안에는 타하눈을 생략한다고 한다(슐한 아루흐, 오라흐 하임 552)]

처녀 딸 유다

예루살렘을 가리킨다(라쉬).

* * *

이로 말미암아 내가 우니 내 눈에 눈물이 물 같이 흘러내림이여, 나를 위로하여 내 생명을 회복시켜 줄 자가 멀리 떠났음이로다. 원수들이 이기매 내 자녀들이 외롭도다(1:16).

이로 말미암아 내가 우니

동사 בּוֹכִיָּה(보히야)는 계속적인 행동을 암시한다. 따라서 "내가 계속 운다" 혹은 "울보로 알려졌다"는 뜻이다(레헴 디마). 우는 원인은 미드라쉬에 다양하게 제시되고 있다. 이를테면, 성전이 파괴될 당시 유대인이 벌인 야만적이고도 참혹한 행위를 가리킨다.[2] [홀로

2) 동굴에 숨은 유대인들은 기아에 시달리다 못해 죽은 동포의 인육을 먹곤 했다. 그들은 위험을 무릅쓰고 매일 시신을 가져왔다.
어느 날 그들 중 하나가 밖에서 부친의 시신을 찾았다. 그는 시체를 매장하고 나서 현

코스트 이후 세대는 유대인이 잔인하고 짐승 같은 사람들의 손아귀에서 얼마나 극심한 고통을 당했는지 잘 알 것이다. 사실, 나치의 극악무도한 만행 또한 예레미야의 탄식에서 복선을 느낄 수 있다]

아울러 "이로 말미암아 내가 우는 이유는" 의인이 피를 흘리고, 제사장 및 왕권이 박탈되는가 하면 토라 연구도 그쳐 성전이 파괴되었기 때문이다(미드라쉬).

내 눈에 눈물이 물 같이[과 함께] 흘러내림이여

이중 명사구를 쓴 것으로 미루어 하염없이 흘러내렸다는 뜻이다(라쉬).

[이중 명사구는 번민을 노래할 때 자주 쓰인다. "내 머리야, 내 머리야 하는지라(왕하 4:19)"와 "내 마음속아 내 마음속아!(렘 4:19)"를 비교하라]

『팔게이 마임』에 따르면, "물과 함께 흘러내린다"는 눈물이 하염없이 흘러내리는 모습을 가리킨다고 한다.

"이로 말미암아 내가 우노니"의 원인은 앞 절에서 열거한 고통과 번민을 모두 가리키고, "내 눈에 눈물이 물과 함께 흘러내리는"의

장에 표시를 남겼고, 굴에 들어가서는 아무것도 찾지 못했다며 얼버무렸다.
다른 이가 먹을 것을 구하기 위해 나왔다. 냄새를 따라가 보니 묻은 지 얼마 안 된 무덤이 있어 이를 파보았다. 그는 시체를 가져와 인육을 함께 나누어 먹었다.
일행이 시체를 찾은 곳을 묻자 그가 눈에 띄는 무덤을 언급했다.
이때 아들이 오열했다. "오, 이럴수가! 내가 부친의 살을 먹고 말았구나!"
…… 성령도 절규했다. "이로 말미암아 내가 우노라."

원인은 후속절인 '나를 위로하여 줄 자가 멀리 떠났기 때문'으로 봄직하다.

나를 위로하여 줄 자[히, 메나헴]가 멀리 떠났음이로다

이 구절에서 "위로자"는 탈무드에 따르면[산헤드린 98b] '메나헴(위로자)'이라는 이름의 메시야를 가리킨다고 한다. 미드라쉬는 이를 아브월 9일에 태어난 자라고 밝혔다.

* * *

시온이 두 손을 폈으나 그를 위로할 자가 없도다. 여호와께서 야곱의 사방에 있는 자들에게 명령하여 야곱의 대적들이 되게 하셨으니 예루살렘은 그들 가운데에 있는 불결한 자가 되었도다(1:17).

[이 삽입절은 1인칭(탄식하는 시온)에서 3인칭으로 바뀌었다. 예레미야는 화자가 되어 여호와가 재앙의 집행자임을 시인한다]

시온이 두 손을 폈으나

탄원과 애통의 표현(아케이다트 이츠학)

그를 위로할 자가 없도다

두 손을 뻗어 애통하는 사람을 보면 대개는 동정심이 발동하지만, 본문은 시온을 위해 누구 하나 위로해줄 자가 없다고 한다. 물론 당연한 결과다. "여호와께서 야곱의 사방에 있는 자들에게 명령하여 야곱의 대적들이 되게 하셨기 때문이다."

하나님의 법령은 선포되지만 뇌리에 남지는 않는다(레헴 디마).

여호와께서 야곱[유대인]의 사방에 있는 자들에게 명령하여 야곱의 대적들이 되게 하셨으니

하나님은 원수도 유대인과 함께 잡혀가게 하셨기 때문에 그들이 바벨론과 앗수르에 끌려갔을 때도 주변에 여전히 적이 있었다(라쉬).

야곱의 사방에 있는

[라쉬의 견해에 따른 해석이다] "스비바브"를 직역하면(레헴 디마) "그를 둘러싼 자들"인데, 이를테면, 곤경에 처한 이스라엘을 보고 동정해줄 법한 주변국을 가리킨다. 반면, "짜라브"는 이스라엘을 보고 조롱하는 원수를 일컫는다.

불결한 자가 되었도다

조롱의 대상이다(라쉬).

『시프테이 하하밈』은 앞선 8절에서 라쉬는 같은 어구(니다)를 "유랑인"으로 해석했다. נִדָּה(니다, 유랑)에서 파생된 단어는 נִידָה(니다)라 쓰며 본문에서는 '격리되다'나 '월경 여성'에서 쓰이는 נִדָּה(니다)를 썼다.

* * *

여호와는 의로우시도다. 그러나 내가 그의 명령을 거역하였도다. 너희 모든 백성들아 내 말을 듣고 내 고통을 볼지어다. 나의 처녀들과 나의 청년들이 사로잡혀 갔도다(1:18).

[시온이 다시금 탄식하며, '하나님은 공의로우시고 행하신 일이 정당하시다'는 점을 만방에 선포한다]

그러나 내가 그의 명령을 거역하였도다[내가 그의 명령을 거역했기 때문이다]

즉, 하나님의 토라를 가리킨다(레카흐 토브).

미드라쉬에 따르면, 이 고백은 임종을 앞둔 요시아 왕의 유언과도 같다고 한다.

너희 모든 백성들아 내 말을 듣고

알쉬흐는 백성이 뿔뿔이 갈라진 탓에, 유수 후 첫 70년이 막을 내릴 무렵에는(아하수에로 통치기간) 유대인이 전 세계 구석구석으로 흩어졌다고 한다. 따라서 동사는 모든 민족(콜 하아민)을 강조한다. "네가 누구며 어디에 있든 내 고통을 느낄 수 있을 것이다. 내 백성이 너희 가운데 있기 때문이다."

나의 처녀들과 나의 청년들이 사로잡혀 갔도다

내 죄가 심히 크고 만연해 있는 탓에 (죄가 없을 법한) 처녀와 청년도 나 때문에 끌려갔다(팔게이 마임).

* * *

내가 내 사랑하는 자들을 불렀으나 그들은 나를 속였으며 나의 제사장들과 장로들은 그들의 목숨을 회복시킬 그들의 양식을 구하다가 성 가운데에서 기절하였도다(1:19).

내가 내 사랑하는 자들을 불렀으나 그들은 나를 속였으며

우정을 가장한 자들(라쉬). [이를테면, 애굽과 모압, 암몬으로, 유다와 더불어 동맹을 원했던 주변국. 2절 주석 참조]

랍비들은 우상을 사랑하게 만든 거짓 선지자를 암시한다고 풀이했다. 즉, "그들은 (회개하라는 예레미야의 요구를 매도하며 안심시키려는 거짓 예언을 통해) 나를 속였다"는 것이다.

알쉬흐는 '불렀다(주변국을 의존했다)'는 것이 죄였다는 점과 아울러, 어리석은 행위로 신뢰가 무너졌다는 점을 시온이 몸소 시인했다고 지적했다.

그들은 나를 속였으며

라쉬는 '이스마엘' 사람을 가리킨다고 풀이했다.[3)]

나의 제사장들과 장로들은 ……

제사장과 장로의 기도는 하나님의 마음을 감동시킨다. 우리의 구원을 위해 기도하고 간구했어야 했는데 그러지 않아 죽음을 면치 못했다. 자신의 생계와 배를 채우는 데만 관심이 있었다(콜 여후다).

* * *

여호와여 보시옵소서. 내가 환난을 당하여 나의 애를 다 태우고 나의 마음이 상하오니 나의 반역이 심히 큼이니이다. 밖에서는 칼이 내 아들을 빼앗아 가고 집 안에서는 죽음 같은 것이 있나이다(1:20).

여호와여 보시옵소서

[시온의 번민을 보라는 간구로 시작하여 원수에 대한 징벌을 호소하는 데서 정점을 찍고 있다(22절)]

---

3) 고국으로 귀환하던 중 포로들은 이스마엘 족속을 만났다. 그들은 친근했고 서로 통하는 점도 더러 있어 보였다. 식량과 물도 주었는데, 실은 가죽부대에 공기만 채운 것이었다. 이스라엘 백성이 가죽부대를 입에 갖다 대자 빈 공기가 체내에 들어가 그들은 결국 죽고 말았다(페식타 라바시).

나의 애를 다 태우고

[성경에서 '메이아이(나의 내장)'는 내면의 가장 깊은 곳을 자극하는 감정을 표현할 때 쓰인다]

나의 마음이 상하오니 나의 반역이 심히 큼이니이다.

반역죄의 심판으로 마음이 "내 안에서 뒤집어졌사오니(미드라쉬)"

집 안에서는 죽음 같은 것이 있나이다

집 안에서도 죽음의 공포는 집 밖에서 누군가를 죽이는 원수의 칼만큼이나 실감이 난다(라쉬).

"밖으로는 칼에, 방 안에서는 놀람에 멸망할 것이다(신명기 32:25)." 모세의 말이다(미드라쉬).

* * *

그들이 내가 탄식하는 것을 들었으나 나를 위로하는 자가 없으며 나의 모든 원수들은 내가 재난 당하는 것을 듣고 주께서 이렇게 행하신 것을 기뻐하나이다. 그러나 주께서 그 선포하신 날을 이르게 하셔서 그들이 나와 같이 되게 하소서(1:21).

그들이 내가 탄식하는 것을 들었으나

사랑하는 자들[2, 19절]이 나의 탄식을 듣고도 위로해주지 않았다. 반면, 원수들은 하나님이 개입하셨다는 사실을 알고 곤경에 처한 내 형편을 조롱했다(이븐 에즈라).

주께서 이렇게 행하신 것을

[내 불행은 하나님의 섭리에서 비롯된 것이다] "저들이 우리를 싫어하는 이유는 하나님의 섭리 때문이다. 주님은 원수의 자녀와 혼인하지 말고 그의 음식도 먹지 말라고 명령하셨다. 그들과 어울리고 통혼했다손 치더라도 저들이 제 자손과 우리를 동정했으리라 장담할 수 있겠는가(미드라쉬, 라쉬)?"

라브 요세프 카라에 따르면, 이교도 왕은 예루살렘이 외세의 침략에 취약하리라고는 상상도 못했다가, 예레미야의 예언을 듣고 이를 깨달았다고 한다. "내가 북방 왕국들의 모든 족속들을 부를 것인즉 그들이 와서 예루살렘 성문 어귀에 각기 자리를 정하고 그 사방 모든 성벽과 유다 모든 성읍들을 치리라 여호와의 말이니라(렘 1:15)." 적들은 예루살렘이 하나님의 법령을 위반했다는 사실을 알고 기뻐했다.

주께서 그 선포하신 날을 이르게 하셔서

[당신이 가져왔다, 혹은 가져올 것이다. 본문은 '청유형'으로 해석한 미드라쉬와 라쉬, 이븐 에즈라 및 대다수 주석가의 견해에 따른 번역문이다] 제가 고통을 당한 것처럼 그들에게도 고통을 주시고, 저에 대해 선포하신대로 저들에게도 '정해진 시간(15절)'과 유사한 날을 이르게 하시길 원합니다.

『미드라쉬 레카흐 토브』와 『페이루쉬 하타아밈』은 다른 번역문을 제시했다. "나를 정복하도록 주께서 허락하셨다는 것을 예언적으로 일러주신 날이 이르렀기에 [예루살렘의 멸망]으로 원수들이 기뻐하나이다."

그들이 나와 같이 되게 하소서

"내 고통을 그들도 느끼게 하소서. 그러나 궁극적인 회복에는 저들을 쓰지 마소서(미드라쉬)."

* * *

> 그들의 모든 악을 주 앞에 가지고 오게 하시고 나의 모든 죄악들로 말미암아 내게 행하신 것 같이 그들에게 행하옵소서. 나의 탄식이 많고 나의 마음이 병들었나이다(1:22).

그들의 모든 악을 주 앞에 가지고 오게 하시고

[즉, 심판 날에]

내게 행하신 것 같이 그들에게 행하옵소서

[그리고 당신이 내게 하신 것처럼 그들에게 하소서]

이방 나라에는 제사장도, 성전도 없기 때문에 '정확한' 보응이 불가능하다. 따라서 미드라쉬는 이 탄원을 "내게 하셨듯이 저들도 용서를 삼가소서"라는 뜻으로 풀이했다(토라 트미마).

알쉬흐는 '라모(그들)'에 중점을 두어, 내 마음이 번민으로 괴로우니, 원수의 자녀와 손자에 대한 심판을 기다리지 마시고 당장 그들을 직접 처단하시기를 바란다고 해석했다.

『레헴 디마』에 따르면, [12절과는 달리] 본문의 시온은 무너진 자신을 조롱한 원수를 심판해달라며 애원하고 있다고 한다. 시온 역시 적의 몰락을 기뻐하리라는 제3자의 생각을 불식시키기 위해 본문은 다음과 같이 끝을 맺고 있다. "아니다, 기뻐할 여지라고는 조금도 없을 만큼 번민할 일이 많고 마음이 괴롭다."

2장

주께서 어찌하여

1슬프다 주께서 어찌 그리 진노하사 딸 시온을 구름으로 덮으셨는가 이스라엘의 아름다움을 하늘에서 땅에 던지셨
음이여 그의 진노의 날에 그의 발판을 기억하지 아니하셨도다 2주께서 야곱의 모든 거처들을 삼키시고 긍휼히 여기
지 아니하셨음이여 노하사 딸 유다의 견고한 성채들을 허물어 땅에 엎으시고 나라와 그 지도자들을 욕되게 하셨도
다 3맹렬한 진노로 이스라엘의 모든 뿔을 자르셨음이여 원수 앞에서 그의 오른손을 뒤로 거두어 들이시고 맹렬한
불이 사방으로 불사름 같이 야곱을 불사르셨도다 4원수 같이 그의 활을 당기고 대적처럼 그의 오른손을 들고 서서
눈에 드는 아름다운 모든 사람을 죽이셨음이여 딸 시온의 장막에 그의 노를 불처럼 쏟으셨도다 5주께서 원수 같이
되어 이스라엘을 삼키셨음이여 그 모든 궁궐들을 삼키셨고 견고한 성들을 무너뜨리사 딸 유다에 근심과 애통을 더
하셨도다 6주께서 그의 초막을 동산처럼 헐어 버리시며 그의 절기를 폐하셨도다 여호와께서 시온에서 절기와 안식
일을 잊어버리게 하시며 그가 진노하사 왕과 제사장을 멸시하셨도다 7여호와께서 또 자기 제단을 버리시며 자기 성
소를 미워하시며 궁전의 성벽들을 원수의 손에 넘기셨으매 그들이 여호와의 전에서 떠들기를 절기의 날과 같이 하
였도다 8여호와께서 딸 시온의 성벽을 헐기로 결심하시고 줄을 띠고 무너뜨리는 일에서 손을 거두지 아니하사 성벽
과 성곽으로 통곡하게 하셨으매 그들이 함께 쇠하였도다 9성문이 땅에 묻히며 빗장이 부서져 파괴되고 왕과 지도자
들이 율법 없는 이방인들 가운데에 있으며 그 성의 선지자들은 여호와의 묵시를 받지 못하는도다 10딸 시온의 장로
들이 땅에 앉아 잠잠하고 티끌을 머리에 덮어쓰고 굵은 베를 허리에 둘렀음이여 예루살렘 처녀들은 머리를 땅에 숙
였도다 11내 눈이 눈물에 상하며 내 창자가 끊어지며 내 간이 땅에 쏟아졌으니 이는 딸 내 백성이 패망하여 어린 자
녀와 젖 먹는 아이들이 성읍 길거리에 기절함이로다 12그들이 성읍 길거리에서 상한 자처럼 기절하여 그의 어머니
들의 품에서 혼이 떠날 때에 어머니들에게 이르기를 곡식과 포도주가 어디 있느냐 하도다 13딸 예루살렘이여 내가
무엇으로 네게 증거하며 무엇으로 네게 비유할까 처녀 딸 시온이여 내가 무엇으로 네게 비교하여 너를 위로할까 너
의 파괴됨이 바다 같이 크니 누가 너를 고쳐 줄소냐 14네 선지자들이 네게 대하여 헛되고 어리석은 묵시를 보았으므
로 네 죄악을 드러내어서 네가 사로잡힌 것을 돌이키지 못하였도다 그들이 거짓 경고와 미혹하게 할 것만 보았도다
15모든 지나가는 자들이 다 너를 향하여 박수치며 딸 예루살렘을 향하여 비웃고 머리를 흔들며 말하기를 온전한 영
광이라, 모든 세상 사람들의 기쁨이라 일컫던 성이 이 성이냐 하며 16네 모든 원수들은 너를 향하여 그들의 입을 벌
리며 비웃고 이를 갈며 말하기를 우리가 그를 삼켰도다 우리가 바라던 날이 과연 이 날이라 우리가 얻기도 하고 보
기도 하였다 하도다 17여호와께서 이미 정하신 일을 행하시고 옛날에 명령하신 말씀을 다 이루셨음이여 긍휼히 여
기지 아니하시고 무너뜨리사 원수가 너로 말미암아 즐거워하게 하며 네 대적자들의 뿔로 높이 들리게 하셨도다 18
그들의 마음이 주를 향하여 부르짖기를 딸 시온의 성벽아 너는 밤낮으로 눈물을 강처럼 흘릴지어다 스스로 쉬지 말
고 네 눈동자를 쉬게 하지 말지어다 19초저녁에 일어나 부르짖을지어다 네 마음을 주의 얼굴 앞에 물 쏟듯 할지어다
각 길 어귀에서 주려 기진한 네 어린 자녀들의 생명을 위하여 주를 향하여 손을 들지어다 하였도다 20여호와여 보
시옵소서 주께서 누구에게 이같이 행하셨는지요 여인들이 어찌 자기 열매 곧 그들이 낳은 아이들을 먹으오며 제사
장들과 선지자들이 어찌 주의 성소에서 죽임을 당하오리이까 21늙은이와 젊은이가 다 길바닥에 엎드러졌사오며 내
처녀들과 내 청년들이 칼에 쓰러졌나이다 주께서 주의 진노의 날에 죽이시되 긍휼히 여기지 아니하시고 도륙하셨
나이다 22주께서 내 두려운 일들을 사방에서 부르시기를 절기 때 무리를 부름 같이 하셨나이다 여호와께서 진노하
시는 날에는 피하거나 남은 자가 없나이다 내가 낳아 기르는 아이들을 내 원수가 다 멸하였나이다

2장

* * *

슬프다, 주께서 어찌 그리 진노하사 딸 시온을 구름으로 덮으셨는가? 이스라엘의 아름다움을 하늘에서 땅에 던지셨음이여, 그의 진노의 날에 그의 발판을 기억하지 아니하셨도다(2:1).

슬프다!

[어찌 …… 일수 있으랴, 1:1 주석 참조]

딸 시온

시적인 표현으로 예루살렘과 주민을 가리킬 때 쓰인다.

『키플라임 르수쉬야』에 따르면, '딸 시온'은 가나안을 가리키며, '이스라엘의 영광'은 주민을 일컫는다고 한다.

구름으로 덮으셨는가?['구름으로 덮으실 것이다']

라쉬는 "구름과 바람이 일어나서 하늘이 캄캄해지며[왕상 18:45]"를 참고하여 '어둠을 가져왔다'고 옮겼다.

이븐 에즈라는 "시온을 구름까지 올리셨다[가 지금은 시온을 내리셨다]"로 번역한 반면, 미드라쉬는 "고통이 엄습했다"거나 "비탄에 잠겼다"고 주장했다.

『레헴 디마』에 따르면, יָעִיב(야이브, 구름이 덮일 것이다)는 미래시제이고 다른 동사는 모두 과거라고 한다. 그는 사지에 고통이 엄습한 사람을 시온에 비유하여, "주님께서 분노를 바라실 때 어찌 딸 시온을 치시겠는가? 가뜩이나 성한 곳이 없는 몸인데 말이다! 주님은 이스라엘의 영광을 하늘에서 땅으로 내던지셨고[그리하여 뼈 마디마디가 으스러졌다] 결국에는 분노의 날에 당신의 발판을 더는 기억하지 않으셨다[즉, 성전을 파괴함으로써 최후의 심판을 내리셨다는 것이다]."

이스라엘의 아름다움을 하늘에서 땅에 던지셨음이여

유대인을 하늘 꼭대기까지 올리신 뒤 가장 낮은 곳으로 내던지셨다. 서서히가 아니라 순식간에 말이다(라쉬).

그의 진노의 날에

[1:12 끝 구절의 주석 참조]

그의 발판을 기억하지 아니하셨도다

בֵּית הַמִּקְדָּשׁ(하미크다쉬 베이트, 성전)를 가리킨다(미드라쉬, 라쉬).

미드라쉬는 הֲדֹם(하돔, 발판)과 הַדָּם(하담, 그 피)의 철자가 같다는 점을 감안하여, 노하신 하나님은 아브라함의 할례받은 피와 백성이 애굽에서 젖어있던 피, 그리고 문설주에 바른 피를 기억하지 않으신다고 풀이했다.[4)]

＊＊＊

주께서 야곱의 모든 거처들을 삼키시고 긍휼히 여기지 아니하셨음이여, 노하사 딸 유다의 견고한 성채들을 허물어 땅에 엎으시고 나라와 그 지도자들을 욕되게 하셨도다(2:2).

야곱의 모든 거처들을

[נְאוֹת(느오트)를 '거처'로(원형은 נוה) 옮긴 것은 라쉬 및 대다수 주석가의 소견을 따른 것이다]

미드라쉬는 성전이 파괴될 당시 순교한 토라 학자를 가리키며 'נְאוֹת יַעֲקֹב(느오트 야코브)'를 "야곱의 '영광'"으로 풀이했다.

---

4) 『레헴 디마』는 미드라쉬에서 귀감이 되는 글을 인용했다.
애굽에서 종살이하던 시절, 한 임신부가 매일 할당된 벽돌을 만들기 위해 남편을 도와 원료를 반죽하고 있었다. 그러던 어느 날, 여인은 사산아를 반죽에 빠뜨리고 말았다. 하지만 할당량을 채우기 위해 아기를 반죽에 넣은 채 그것으로 벽돌을 구웠다. 한 천사가 벽돌을 하나님의 보좌에 가져와서는 "주님의 백성이 어떻게 살고 있는지 보십시오. 그들을 돌아보시고 긍휼을 베푸소서!"라고 절규했다. 이때 동정심이 발동한 하나님은 이스라엘 백성을 애굽에서 구원키로 결심하셨다. 주님은 [굳이 말하자면] 벽돌을 발밑에 두고, 이를 볼 때마다 백성의 고통을 기억하며 유대인을 동정했다.
본문에 따르면, 성전이 무너지기 전에는 동정심이 무색해질 만큼 하나님이 노여워했다고 한다. 그래서 주님은 이스라엘의 영광을 상징하는 벽돌을 하늘에서 내던지셨다. 즉, 발판 역할을 하던 벽돌을 더는 기억하지 않으셨다는 것이다.

노하사 딸 유다의 견고한 성채들을 허물어

예루살렘의 성채는 매우 견고했기에 누구도 침입할 수가 없었다. 하지만 백성의 죄로 성채가 무너지고 말았다. 미드라쉬는 [그들의 죄 때문에] 분노하신 하나님이 [원수를 통해서가 아니라] 직접 딸 유다의 성채를 허물었다고 강조했다[1:3 주석 참조](미드라쉬).

나라와 그 지도자들[관리들]을 욕되게 하셨도다

제사장 나라로 불리는 이스라엘을 가리키거나(라쉬) 유다 왕 시드기야를 일컫는다(미드라쉬).

아가다에 따르면, '지도자'란 이스라엘의 악인도 '형언할 수 없는 하나님의 이름'을 부르면 도움을 요청할 수 있을 것 같은 '천계의 왕자(celestial princes, 천사)'를 가리킨다고 한다. 그러나 하나님은 이를 방지하기 위해, 천사의 역할을 바꾸셨다. 결국 원수가 접근하여 백성이 특정 천사를 부르면 그는 "역할이 바뀐지라 내 소관이 아니다."라고 대꾸했다(미드라쉬).

『레헴 디마』는 심판의 과정에 주목했다. 처음에는 이스라엘 10지파[야곱의 다른 이름]가 심판을 받고, 둘째는 생존한 유대인들이 회개하지 않을 때 하나님이 딸 유다의 성채를 허무실 테고(건물을 파괴하시고 백성을 포로로 내어주신다), 왕국과 지도자는 그러고 난 다음에 욕되게 하실 것이다.

* * *

맹렬한 진노로 이스라엘의 모든 뿔을 자르셨음이여, 원수 앞에서 그의 오른손을 뒤로 거두어 들이시고 맹렬한 불이 사방으로 불사름 같이 야곱을 불사르셨도다(2:3).

이스라엘의 모든 뿔[위엄]

['קֶרֶן(케렌)'은 '뿔'이라는 뜻이다. '위엄'은 미드라쉬와 탈굼을 따른 번역이다. 다른 주석가들은 '뿔'이 민족의 저항력과 힘을 상징한다고 해석했다]

미드라쉬는 성경이 '뿔[자긍심을 암시]'과 관련하여 언급한 모든 것을 열거하며, 이 같은 '뿔'은 이스라엘에 부여되었지만 그들이 죄를 범했을 때는 다른 국가에 넘어갔다고 한다. 뿔을 되돌리기 위해 "거룩하신 주님은 메시야의 '뿔'을 높이 드셨다."

그가 자르셨음이여

'가지'만 자르고, 다시 자랄 수 있도록 뿌리는 그대로 두신다(레헴 디마).

원수 앞에서 그의 오른손을 뒤로 거두어들이시고

하나님은 그의 백성을 위해 전쟁을 자제하셨다(라쉬).

『토라 트미마』는 이스라엘이 지독한 죄를 범했을 때 하나님의 오른손을 거두어들인 것과 좀 더 바람직한 때 하나님이 하셨던 행동을 비교했다. 이스라엘이 하나님의 환심을 샀을 때 성경은(의인화된 용어를 써서) "너는 왼팔로는 내 머리를 고이고 오른손으로는 나를 안았으리라[아가 8:3]"고 기록한 반면, 이스라엘이 주님을 실망시켰을 때는 "하나님이 오른손을 거두어들이셨다"고 묘사했다.

미드라쉬에 따르면, "원수가 예루살렘에 입성했을 때 그들은 이스라엘의 권력자를 잡아 그들의 손을 등 뒤로 결박했다. 거룩하신 하나님은 그들의 고통을 통감하시며 주님도(의인화해서 표현하자면) 당신의 오른손을 뒤로 거두어들이셨다고 한다[이교도의 도발로 축적된 숱한 분노를 인내하신다는 점을 암시한다. 마치 두 팔을 뒤로 거두어들여 보복할 수 없는 것처럼 말이다](예페 아나프)."

『레헴 디마』는 '오른손'에 대한 구절이 '이스라엘의 뿔' 다음에 나온 것으로 미루어 본문은 '이스라엘의 오른손'을 가리킨다고 풀이했다. 즉, 하나님은 국력을 상징하는, 이스라엘의 오른손을 거두어들이셔서 백성이 원수를 대적할 수 없게 하신 것이다.

사방으로 불사름 같이

'사방으로'라고는 했지만, 예루살렘에서 그랬다는 것은 아니다. 하나님은 유대인이 회개하기만을 기다리고 계셨다. 주님은 이스라엘 10지파를 포로로 내어줄 때 도움을 자제하며 멸절의 위기까지 치닫게 하셨다. 그때마다 유다가 회개할 기회를 주셨지만 그들은 회개하지 않았다. 하나님이 예루살렘과 성전에 대해 "분노를 발하셨다"는 기록은 다음 구절에서만 찾을 수 있다(알쉬흐).

야곱을 불사르셨도다

미드라쉬에 따르면, "세상에 심판이 다가올 때 [족장] 야곱만큼 이를 느끼는 자가 없을 것이고, 세상에 선이 있을 때 야곱보다 이를 더 기뻐하는 사람은 없을 것"이라고 한다. 즉, 야곱은 가정을 부양하면서 대부분의 시련을 겪은 덕택에 다른 족장보다 예지력이 뛰어났다는 것이다(토라 트미마).

* * *

> 원수 같이 그의 활을 당기고 대적처럼 그의 오른손을 들고 서서 눈에 드는 아름다운 모든 사람을 죽이셨음이여, 딸 시온의 장막에 그의 노를 불처럼 쏟으셨도다(2:4).

[이 구절에서는 지원을 철회하는 수동적인 역할뿐 아니라 이스라엘의 붕괴에 적극 가담하는 하나님의 역할을 나타내기 위해 여호와(하쉐임)가 기록되었다]

원수 같이 그의 활을 당기고

유능한 궁수는 두 발의 도움을 받아 활을 당긴다. 그래서 דָּרַךְ(다라흐, 그가 [활 안으로] 발을 내디뎠다)는 어구를 쓴 것이다.

공의로써 행하시는 '여호와'는 유대인을 심판하는 데 극단으로 치닫지는 않으신다[1:8 마지막 절, s.v. 로브, 주석 참조]. אוֹיֵב(오예이브, 그는 원수다)가 아니라 כְּאוֹיֵב(커오예이브, 원수 같이)라고 기록되었다는 점도 눈여겨보라(미드라쉬).

그의 오른손을 들고

[하나님이 이스라엘을 방어하실 때 쓰는 오른손을 가리킨다]

눈에 드는 아름다운 모든 사람을 죽이셨음이여

[직역하면 '눈에 즐겁다']

라브 탄훔 b. 이르미야에 따르면, 본문은 자신의 눈동자처럼 소중한 자식을 두고 한 말이라고 한다. 물론 이스라엘에 눈동자처럼 소중한 산헤드린 회원을 가리킨다는 현인도 있다(미드라쉬).

딸 시온의 장막에

'장막'이 쓰인 이유는 불이 닿으면 순식간에 타버리기 때문이다(이븐 에즈라).

* * *

주께서 원수 같이 되어 이스라엘을 삼키셨음이여, 그 모든 궁궐들을 삼키셨고 견고한 성들을 무너뜨리사 딸 유다에 근심과 애통을 더하셨도다(2:5).

주께서 원수 같이 되어

앞선 상황에도 유대인들은 회개하지 않았다. 그럼에도 하나님은 분을 자제하셨다. 본문은 주님의 분노를 원수의 분노에 빗대고 있지만, 하나님은 적이 되진 않으신다. 또한 "하나님은 [모든 이스라엘이 아니라] 이스라엘을 삼키시고" 모든 궁궐을 삼키셨다고 한다. 즉, 하나님은 유대인의 전멸을 막기 위해 '나무와 돌[사람의 목숨이 아니라 무생물에]'에 분노를 표출하신 것이다(팔게이 마임).

근심과 애통을 더하셨도다

정도가 가장 큰 고통(미드라쉬)

[영문 번역문 "모우닝moaning"과 "모어닝mourning"은 히브리어의 '타아니야 바아니야'의 운율을 살린 것이다. 라쉬는 '고통pain과 애통moaning'으로 옮겼다]

『레헴 디마』는 유다 왕국이 건재한 동안에는 이 같은 비극을 통감한 적이 없었다는 점을 강조했다. 유다가 타국에 잡혀갈 때도 고통은 갑절이 되었다. 때문에 '근심과 애통이 더했다'고 기록한 것이다.

* * *

주께서 그의 초막을 동산처럼 헐어 버리시며 그의 절기를 폐하셨도다. 여호와께서 시온에서 절기와 안식일을 잊어버리게 하시며 그가 진노하사 왕과 제사장을 멸시하셨도다(2:6).

주께서 그의 초막을 동산처럼 헐어 버리시며

'그의 초막'은 סֻכָּה(수카)와 관계가 깊다(이븐 에즈라). 즉, 하나님이 거하시는 장막—קֹדֶשׁ הַקֳּדָשִׁים(코데쉬 하코다쉼, 지성소)—을 뜻한다(라쉬)(팔게이 마임).

미드라쉬는 '초막'으로 옮긴 어구 '수코'가 '슈코[그의 진정된 마음]'로 읽을 수 있다는 점을 지적했다. 즉, 하나님이 [예루살렘을] 동산처럼 헐어 버리실 때 하나님의 분노가 누그러졌다는 것이다['나무와 돌'에 분을 푸셨기 때문이다(5절 주석과 개요를 참조)].

동산처럼

동산에서 야채를 자르듯. 예루살렘은 물이 메마른 동산 같이 되었다(미드라쉬). [그리고 식물이 사라진 동산도 그렇게 황량하진 않았으리라]

그의 절기를 폐하셨도다[그가 총회의 장소를 무너뜨리셨도다]

하나님이 그의 백성 가운데 '임재하시는' 지성소[출 25:22](라쉬)

מֹעֲדוֹ שִׁחֵת(모아도 쉬헤이트)는 "주님이 정기 및 추가적인 안식일 및 절기 헌물을 폐하셨기 때문에 시온에서는 절기와 안식일(헌물을 드리는 일)이 잊혀졌다(레헴 디마)."

여호와께서 시온에서 절기와 안식일을 잊어버리게 하시며

[하나님이 성전을 무너뜨리고 제사를 폐하셔서, 마치 절기와 안

식일이 잊혀진 것과 같이 되었다]

מוֹעֵד(모에이드)에는 두 가지 뜻이 있다. 본문에는 이 어구가 두 번 쓰였는데 각각 의미는 다르다. '만남의 장소'는 성전을 가리키고 '절기'를 뜻하는 경우도 있다]

왕과 제사장

각각 시드기야와 스라야를 가리킨다[시드기야의 자녀는 그가 보는 앞에서 죽임을 당했고, 자신은 놋 사슬에 결박된 채 바벨론으로 끌려갔다(왕하 26:16). 스라야는 대제사장이었으며 바벨론 왕 앞에 끌려가 현장에서 죽임을 당했다(왕하 25, 18:21)](미드라쉬).

『레헴 디마』는 본문 구절을 주제와 관련하여 달리 해석했다. 그에 따르면, 하나님은 유대인이 범한 숱한 죄 때문에, 주님을 찾아와 용서와 속죄를 간구할 수 있는 수단을 없애버리셨다는 것이다. 첫째, 하나님은 여호와의 임재와, 지상에 대한 긍휼을 상징하는 성전을 파괴하셨다. 즉, 하나님의 '그늘[보호]'를 제거하셨다는 것이다. 그러고는 '지정된 때'에 바쳐 이스라엘의 죄를 속량할 헌물을 폐하셨다. 헌물이 없으면 안식일과 절기를 바르게 지킬 수가 없는데, 안식일과 절기를 제대로 지켰더라면 포로로 끌려가지 않고 구원을 받았을 것이다(하지만 안식일과 절기는 이스라엘에서 잊혀지고 말았다). 마지막은 하나님의 분노가 극에 달했다는 것이다. 하나님은 백성을 위해 역사하는 힘이 큰 기도를 드릴 수 있는 사람(왕과 제사장)의 뜻도 거부했다.

* * *

여호와께서 또 자기 제단을 버리시며 자기 성소를 미워하시며 궁전의 성벽들을 원수의 손에 넘기셨으매 그들이 여호와의 전에서 떠들기를 절기의 날과 같이 하였도다(2:7).

여호와께서 또 자기 제단을 버리시며

거룩하신 하나님은 이스라엘에 말씀하셨다. "내게 바친 제물에 연연한 고로 내 분노를 자극하는 것이냐? 여기 있으나 가져가거라! 네 면전에 버릴 테다(미드라쉬)."

궁전의 성벽들을

성전의 네 벽(이븐 야히아)

그들이 여호와의 전에서 떠들기를

성전에 들어온 이방 민족은 얼굴을 들며 [마치 여호와와 겨루어 이겼다는 듯] 신성을 모독하고 욕설을 퍼부었다(미드라쉬).

미드라쉬는 바벨론이 '떠들며' 모독한 대가로 패망했다고 덧붙였다.

[마치] 절기의 날과 같이 하였도다

무너지는 성전을 보며 흰화하는 이방 민족들의 모습을, 절기 때 흥에 겨워 노래를 부르는 이스라엘의 모습과 대응시킨 것이다(알쉬흐, 라쉬).

* * *

> 여호와께서 딸 시온의 성벽을 헐기로 결심하시고 줄을 띠고 무너뜨리는 일에서 손을 거두지 아니하사, 성벽과 성곽으로 통곡하게 하셨으매 그들이 함께 쇠하였도다(2:8).

여호와께서 헐기로 결심하시고

미드라쉬에 따르면, 결심은 새로운 것이 아니라고 한다. 이는 기록된 바와 같이, 과거에 결심한 내용이다. "이 성[예루살렘]이 건설된 날부터 오늘까지 나의 노여움과 분을 일으키므로 내가 내 앞에서 그것을 옮기려 하노니(렘 32:31)[즉, 하나님이 그때까지 '자제하셨다'는 것이다]"

알쉬흐는 본문이 앞 절과 연결된다고 보았다. 즉, 원수는 "여호와께서 예루살렘 성벽을 무너뜨리고자 결심하셨다는 한 가지 이유 때문에" 예루살렘을 정복할 수 있었다.

줄을 띠고[줄에 손을 뻗어]

죄의 대가로 받는 심판에 대한 것이다(라쉬).

[이 어구로 미루어 심판이 미리 계획된 것이라는 점을 알 수 있다. 은유적인 '눈금선'은 정확성을 위해 기록했다]

성벽과 성곽으로

낮은 벽과 높은 벽(페사힘 86a, 라쉬), 즉, 성벽의 주변 지역을 일컫는다(이븐 에즈라).

또한 본문은 원래 "시온의 성벽만을 무너뜨릴 셈이었지만, 막상 그렇게 되다 보니 '무고한' 성벽마저 무너졌다"는 점을 암시하기도 한다. "악인에게 화 있을진저! 그의 이웃에게도 화가 있을 지어다!(레헴 디마)!" 현인들의 말도 일리가 있다.

* * *

> 성문이 땅에 묻히며 빗장이 부서져 파괴되고 왕과 지도자들이 율법 없는 이방인들 가운데에 있으며 그 성의 선지자들은 여호와의 묵시를 받지 못하는도다(2:9).

성문이 땅에 묻히며[가라앉으며]

미드라쉬에 따르면, 성문이 땅에 가라앉는[원수가 파괴한 것이 아니라, 기적적으로 그리 된다는 이야기다] 까닭은 [솔로몬이 언약궤를 예루살렘으로 가져왔을 때] 성문이 언약궤를 맞이할 요량으로 몸을 일으켜 경의를 표했기 때문이라고 한다[샤보트 30a]. 라쉬는 다윗 왕이 성문을 손수 만든 까닭에 원수가 감히 침입하지 못했다고 덧붙였다[소타 9a].

『민하트 셰이』는 'טָבְעוּ'(타브우, 가라앉다)'의 첫 글자인 'ט(테이트)'가 작게 기록된 것은 성전이 무너진 아브월 9(테이트의 숫자)일을 암시한다고 설명했다.

부서져 파괴되고

성문이 완전히 산산조각이 났다[직역하면, 그(하나님)가 부수고 깨뜨렸다].

왕과 지도자들이 율법 없는 이방인들[나라들] 가운데에 있으며

성문은 토라에 경의를 표한 상을 받았으나, 토라에 경의를 표하지 않은 왕과 관리들은 보호를 받지 못했다. 그들은 이방 나라에 포로가 되어 끌려갔다(레헴 디마).

율법[토라]이 없다

종교적인 지침을 제시할 자가 없었다(라쉬). [국가의 종교적인 행정을 관할하는 주요 인사(왕, 제사장, 왕세자)는 잡혀갔거나 제 기능을 하지 못했다]

대다수의 주석가와 미드라쉬는 이 절을 앞 절과 연결하여 "그의 왕과 관리들은 토라가 없는 이방 나라 가운데 있다"고 옮겼다. 따라서 미드라쉬는 "이방 나라에 지혜가 있다는 사람이 있으면 그를 믿되, 토라가 있다고 말하면 믿지 말라"고 이야기했다.

『미드라쉬 레카흐 토브』는 모든 계명을 바르게 지킬 수 없는 이교도 국가로 끌려갔기 때문에 상황은 훨씬 참담했다고 해석했다.

다음은 탈굼이 옮긴 글이다. "그의 왕과 위인들은 시내산에서 토라를 받은 적이 없었다는 듯 말씀을 준행하지 않았기 때문에 이방나라로 끌려갔다."

그 성의 선지자들도

미드라쉬는 하늘의 묵시를 발견하지 못한 거짓 선지자도 포함시키기 위해 גַּם(감, 또한)을 썼다고 풀이했다.

여호와의 묵시를 받지 못하는도다

예언 능력을 빼앗겼다(탈굼).

[그들은 유수로 슬퍼했다. 하지만 '예언은 즐거울 때만 받을 수 있다(탄후마)']

* * *

딸 시온의 장로들이 땅에 앉아 잠잠하고 티끌을 머리에 덮어쓰고 굵은 베를 허리에 둘렀음이여 예루살렘 처녀들은 머리를 땅에 숙였도다(2:10).

본문에서 예레미야 선지자는 장로를 묘사하고 있다. 더 이상 세속적인 일에 매이지 않고 극심한 고통을 감내해온 장로는 시온에 벌어진 사건을 통감하고 있다. 그들은 말도, 기도도 잃고 그저 묵묵히 체념하고 있다. 인구의 양극단을 보여주는 זְקֵנִים(즈케이님, 장로들)과 בְּתוּלוֹת(버툴로트, 처녀들)의 시적인 대조도 눈여겨봄직하다(콜 야코브, 레헴 디마).

땅에 앉아 잠잠하고

[애도를 나타내는 성경의 고전적인 표현으로, 애도하는 사람은 머리에 티끌을 덮어쓰고 베옷을 입고 머리를 숙인다][5)]

본문은 아브월 9일에 땅에 앉는 할라하 관습의 근간으로 인용되고 있다. 12세기 문헌인 『세페르 하에슈콜』은 "저녁 식사가 끝나면 신을 신지 말고 회당에 모여, 성경에 기록된 대로('땅에 앉아 잠잠하고') 바닥에 앉으라"고 주문한다.

---

5) 라쉬는 시드기야가 반란을 일으킴으로써 느부갓네살에게 했던 맹세를 위반한 일화를 담은 미드라쉬를 거론했다.
느부갓네살은 안디옥 다프네에 거처를 정하고는 산헤드린 공회를 소집했다. 공회원의 당당한 풍채를 본 왕은 그들을 금좌에 앉힌 뒤 말을 건넸다. "그대들의 토라를 장별로 설명해주고, 번역도 부탁하오."
공회원이 서약의 장(민수기 30:3)에 이르자 그가 물었다. "맹세를 철회하고 싶다면 그럴 수 있소?" "[물론입니다], 책임이 없다는 것을 선언해줄 현인을 찾아가면 됩니다."
"그렇다면, 시드기야가 내게 한 서약도 당신들이 철회해주었겠군."
그는 현인들을 땅에 앉히라고 명하고는, 머리를 말꼬리에 엮어 질질 끌려 나가게 했다.

* * *

내 눈이 눈물에 상하며 내 창자가 끊어지며 내 간이 땅에 쏟아졌으니, 이는 딸 내 백성이 패망하여 어린 자녀와 젖 먹는 아이들이 성읍 길거리에 기절함이로다(2:11).

[예레미야는 길거리에서 기아에 시달리는 아이들을 보고 감정에 복받쳐 탄식한다]

내 눈이 눈물에 상하며

[하도 울어 남은 눈물이 없다는 뜻이다]

미드라쉬에 따르면, 그가 흘린 눈물 중, 가장 안타까운 눈물은 다 커서 죽은 아이에 대해 흘린 것이었다고 한다.

내 창자가 끊어지며

(1:20에 기록된 같은 어구의 주석을 참조하라)

『레헴 디마』는 "눈물에 눈이 상하고, 아무리 울어봐야 고통이 누그러지지 않으니 그만 마음을 추슬러야겠다. 하지만 번민은 더욱 가중되어 내 창자가 끊어지고 내 간이 땅에 쏟아졌다."라고 풀이했다.

내 간이 땅에 쏟아졌으니

[כָּבֵד(카베이드, 간)은 비통한 심정을 표현하는 단어다. 맥락상 본문은 "더는 감정을 추스를 수가 없다"는 뜻이다]

어린 자녀와 젖 먹는 아이들이 기절함이로다

특히나 비통한 은유다. 어린아이는 대개 집에서 욕구가 충족되는데, 지금은 기아로 공공연히 의식을 잃었다고 한다(키플라임 르수쉬야).

* * *

그들이 성읍 길거리에서 상한 자처럼 기절하여 그의 어머니들의 품에서 혼이 떠날 때에 어머니들에게 이르기를 곡식과 포도주가 어디 있느냐 하도다(2:12).

그들이

[전 절 끝에 언급된 기절한 아이들]이 엄마에게 말한다.

그의 어머니들의 품에서[무릎에서]

아기가 영양을 공급받는 가장 흔한 자세다. 하지만 영혼은 멀리 떠나고 말았다(키플라임 르수쉬야).[6]

---

6) 예전에는 유복했던 시온의 딸들은 배가 고파 괴로워하는 서로를 바라보며 예루살렘 거리를 배회했다. "굶는 건 정말 싫기도 하고, 견디기도 어렵다." 서로를 도와가며 먹을 것을 찾아 성읍을 다녀봤다. 하지만 아무것도 찾을 수 없었던 그들은 문기둥을 부여잡은 채 죽어가곤 했다.
이때 집안에서 기르던 아기들이 그들을 따라 손과 무릎으로 기어 나왔다. 아기는 엄마가 와서 젖을 물릴 거라고 생각했다.
하지만 더는 줄 젖이 없어 아기는 미친 듯 울어댔고 성경의 기록대로("그의 어머니들의 품에서 혼이 떠날 때에") 어미의 품에서 죽어갔다.

그들의 혼이 떠날 때에

라브 알모스니노는 "그들이 혼을 쏟아 부을 때"로 옮겼다. "이방 민족이 품에 있던 아이를 모친의 눈앞에서 죽일 때"를 가리킨다.

곡식[빵]과 포도주가 어디 있느냐

('빵'은 미드라쉬의 견해에 따른 것이다)

포위 당시에는 좋은 빵과 와인이 없었을 것이다. 기근에 시달리고 있는 와중에도 아이들이 그런 음식을 먹을 수 있으리라 기대했다고 볼 수는 없다. 아이들은 허기를 달랠 빵 부스러기도 감지덕지했을 것으로 보인다. 또한 기아로 의식을 잃어갈 때는 안락했던 과거를 되뇌며 "전에 주시곤 했던 좋은 음식들이 다 어디로 갔나요?"라며 어머니에게 아우성을 쳤을 것이다(레헴 디마).

* * *

> 딸 예루살렘이여 내가 무엇으로 네게 증거하며 무엇으로 네게 비유할까? 처녀 딸 시온이여, 내가 무엇으로 네게 비교하여 너를 위로할까? 너의 파괴됨이 바다 같이 크니 누가 너를 고쳐 줄소냐(2:13)?

내가 무엇으로 네게 증거하며 무엇으로 네게 비유할까?

네가 당한 재앙을 겪은 나라 중 내가 꺼낼 수 있는 사례가 과연 무엇이겠느냐(조하르, 알쉬흐)?

미드라쉬는 동사 אֲעִידֵךְ(아이데이흐, 증거하다)를 '경고하다'로 해석하여 [하나님이 이르시되] "[악한 길의 결과에 대해] 네게 '경고하려면' 얼마나 많은 선지자를 보내야 하느냐?" 즉, 내가 여기서 무엇을 더 할 수 있겠는가(토라 트미마)?

미드라쉬는 "너를 어떤 나라와 비교할까?" 전능한 손으로, 원수에게 10가지 재앙을 내리고, 바다를 가르고, 만나를 내려주고, 메추라기가 떼를 짓게 하고, 샘을 솟게 하여 건져낸 나라가 있더냐? 어떤 나라가 영광의 구름을 덮어주고, 시내산 앞에서 나의 토라를 건네준 나라가 또 있더냐(마타노스 케후나)?

내가 무엇으로 네게 비교하여 너를 위로할까

"너희가 당한 고통과 환경을 비교하며 위안을 삼을 수 있는 나라가 과연 누구이겠느냐(레헴 디마)?"

사람은 본디 어려움이 닥치면 그와 비슷한 시련을 겪은 사람의 일화를 들으며 위안을 얻는다(라쉬).

너의 파괴됨이 바다 같이 크니 누가 너를 고쳐 줄소냐?

즉, 이스라엘이 겪은 파괴가 너무도 커서 자연적인 수단으로는 '치유'가 불가능하다는 것이다. 조하르가 언급한 '미[מִי=너를 고쳐줄 "자Who"]'만이 포로로 끌려가고 파괴된 이스라엘을 고칠 수 있다(레헴 디마).

미드라쉬는 "네가 홍해에서 노래한 그[מִי 미]가 너를 고쳐줄 것"

이라고 풀이했다.

알쉬흐에 따르면, 무너진 시온이 바다에 비유된 까닭은 대양의 파도처럼 시온의 고통 또한 끊임없이 연이어 밀려오기 때문이라고 한다.

* * *

네 선지자들이 네게 대하여 헛되고 어리석은 묵시를 보았으므로 네 죄악을 드러내어서 네가 사로잡힌 것을 돌이키지 못하였도다. 그들이 거짓 경고와 미혹하게 할 것만 보았도다(2:14).

네 선지자들이

영성뿐 아니라 도덕적으로도 선견지명이 있다고 믿은 선지자가 되레 거짓을 예언하고, 너희의 부정을 가리고, 거짓 묵시를 통해 너희가 의인임을 자처하도록 꼬드겼다(라브 아라마).

많은 주석가들은 본문을 앞 절과 연결된 것으로 보고 "누가 너를 고쳐 줄소냐? 선지자들이 너희를 호도했도다(알쉬흐, 레헴 디마, 이븐 야히아, 키플라임 르수쉬아)!"라고 해석했다.

헛되고 어리석은 묵시를 보았으므로

느부갓네살이 예루살렘에 입성하지 못한다거나, 성전이 무너지지 않으리라는 거짓 예언으로써(알쉬흐, 이븐 야히아).

미드라쉬에 따르면, תָּפֵל(타펠)은 우상과 관계가 깊다. 즉, 그들이 우상에 심취하여 환상을 보았다는 것이다.

네 죄악을 드러내어서 돌이키지 못하였도다[그들이 너희의 죄악을 드러내지 않았다]

허심탄회하게 책망하지 않아 죄악을 드러내지 않았다(라쉬). 선지자들이 너희 얼굴에 베일을 씌웠다[죄가 보이지 않는 척할 수 있는 여지를 남겼다는 뜻].

네가 사로잡힌 것을 돌이키지 못하였도다[돌이켜 회개하지 못했다]

[ ]는 탈굼과 이븐 야히아의 견해를 토대로 옮긴 것이다. 라쉬는 "너희 방종을 바로잡지 못했다"고 옮겼다[선지자가 자신의 의무를 따라 백성이 회개할 수 있도록 그들을 책망했다면, 성전이 무너지진 않았으리라는 의미가 내포되어 있다].

그들이 거짓 경고와 미혹하게 할 것만 보았도다

즉, 그들이 너희를 미혹하여 내(하나님)게서(라쉬), 혹은 바른 길에서 멀어지게 했다(이븐 에즈라).

알쉬흐의 결론은 다음과 같다. "선지자가 네 죄를 책망하지 않았을 뿐 아니라, 헛되고 거짓된 묵시로 너희를 하나님에게서 멀어지게 했다. 그러니 누가 그런 민족을 치유할 수 있겠느냐? 너희 고통을 보고 측은히 여길법한 행인에게서 위안을 기대한다면 그건 심각한 오산이다. …… [15절 알쉬흐 주석 참조]"

* * *

모든 지나가는 자들이 다 너를 향하여 박수치며 딸 예루살렘을 향하여 비웃고 머리를 흔들며 말하기를 온전한 영광이라, 모든 세상 사람들의 기쁨이라 일컫던 성이 이 성이냐 하며(2:15)

너를 향하여 박수치며 …… 비웃고 머리를 흔들며

네게 닥친 재앙을 보고(키플라임 르수쉬야).

…… 원수들은 예루살렘 때문이 아니라, 제 자신에 대해 조롱과 야유를 보내고 있다. 현인들의 말마따나, 이방인들이 성전을 파괴했을 때 얼마나 손실이 클지 알았다면 그러지 않았을 것이다. 이스라엘과 전 세계에 깃든 하나님의 축복은 성전이 파괴되어도 그대로 남았다(알쉬흐).

[본문은 위대했던 사람에게 떨어진 재앙을 보게 된 사람이라면 자연히 느낄 법한 진심어린 비애를 가리킨다고 라쉬는 주장한다. 이를 감안해 본다면 본문과 다음 절의 차이를 알 수 있다. 본문에 기록된 선지자는 시온의 상황이 너무도 참담하여 '모든' 행인이 커다란 상실감을 동정하리라는 사실에 탄식하는 반면, 다음 절은 현 사태를 대놓고 즐기는 원수를 이야기하고 있다]

온전한 영광이라[아름다움], 모든 세상 사람들의 기쁨이라

모든 아름다움을 아우른다(키플라임 르수쉬야).

[본문은 시편 50:2("온전히 아름다운 시온에서") 및 48:3("온 세계가 즐

거워함이여")과 거의 일치한다]

성이 이 성이냐? 하며 ……

[행인이 성의 옛 영화를 떠올리고는 작금의 처참한 상황을 보며 동정하는 말이다]

…… "הֲזֹאת נָעֳמִי(하조트 노오미, 이 사람이 나오미가 맞는가?)"처럼 믿을 수 없다는 반응이다[룻기 1:19](미드라쉬 레카흐 토브).

『레헴 디마』는 행인보다는 예레미야 선지자의 탄식으로 간주했다. "성이 결국에는 이렇게 되었단 말인가? 정녕 조롱거리가 되었단 말인가?"

* * *

> 네 모든 원수들은 너를 향하여 그들의 입을 벌리며 비웃고 이를 갈며 말하기를 우리가 그를 삼켰도다. 우리가 바라던 날이 과연 이 날이라 우리가 얻기도 하고 보기도 하였다 하도다(2:16).

네 모든 원수들은

몰락하기만을 기다렸던 자들

그들의 입을 벌리며 비웃고

[『애가』는 알파벳 순서로 기록되어 있지만 2, 3, 4장은 פ(페이)가 ע(아인)을 앞선다. '페이'는 입을 뜻하고 '아인'은 눈을 뜻한다] 라쉬

는 "페이를 아인 앞에 기록한 까닭은 그들이[정탐꾼(산헤드린 104b, 2:2 주석을 참조)] 눈에 본 적이 없는 바를 이야기했기 때문"이라고 풀이했다[그래서 두 글자의 순서를 바꾼 것이다].

『레헴 디마』에 따르면, 라쉬는 [산헤드린 104b에 기록된 정탐꾼이 아니라] 성전이 무너지기 꽤 오래 전부터 이스라엘에 독설을 퍼부었던 원수를 가리킨 것이라고 한다. 그래서 본문 순서는 먼저 "פָּצוּ(파쭈, 모든 원수들이 너를 조롱했고)" 다음에 "עָשָׂה יה(아싸 하쉐임, 여호와께서 하셨다. …… 무너뜨리셨도다)"이 나온다.

우리가 그를 삼켰도다[게걸스레 먹었다]

['그'는 히브리어 성경에는 없지만 문맥상 넣어야 할 듯싶다] 주석가들에 따르면, '우리' 즉, 이교도는 하나님의 개입이 아니라 자신의 무력으로 시온이 무너졌다고 확신했다. 그래서 하나님이 성을 무너뜨렸다는 기록이 다음 절에 이어졌다. "여호와께서 이미 정하신 일을 행하셨다(레헴 디마)."

우리가 바라던 날이 과연 이 날이라

아브월 9일은 심판이 예정된 날이었다(알쉬흐).

우리가 보기도 하였다

[우리가 발견했고, 우리가 보았다]

아리잘은 원수가 성전을 불태울 날만 기다려왔다고 설명했다.

하지만 "우리가 발견하고, 우리가 본 까닭에" 실망했다. 즉, 하나님이 성전을 태울 불을 앞서 내렸다는 사실을 알았다는 이야기다[1:13 주석 참조].

* * *

> 여호와께서 이미 정하신 일을 행하시고 옛날에 명령하신 말씀을 다 이루셨음이여, 긍휼히 여기지 아니하시고 무너뜨리사 원수가 너로 말미암아 즐거워하게 하며 네 대적자들의 뿔로 높이 들리게 하셨도다(2:17).

여호와께서 이미 정하신 일을 행하시고

인간의 계획이 대개는 이루어지지 않지만, 하나님의 결심은 온전히 이루어진다(레헴 디마).

옛날에 명령하신

라쉬에 따르면, 본문은 토라에 기록된, 불복종의 끔찍한 결과에 대한 경고를 일컫는다고 한다(레위기 26:27).

반면, 이븐 에즈라는 [『페루쉬 하타밈』에서] 본문이 옛 선지자의 메시지를 가리킨다고 주장했다. [2:8 첫 구절의 주석을 참조하라]

원수가 너로 말미암아 즐거워하게 하며

하나님은 이스라엘에 복이 있을 때 즐거워하시지만, 재앙이 닥치면 남을 즐거워하게 하신다(미드라쉬).

네 대적자들의 뿔[자부심]로 높이 들리게 하셨도다

[하나님이 원수에게 전력과 위엄과 승리를 주신다. 2:3과는 대조를 이룬다. "이스라엘의 모든 위엄(뿔)을 자르셨음이여 …… ."]

* * *

> 그들의 마음이 주를 향하여 부르짖기를 딸 시온의 성벽아, 너는 밤낮으로 눈물을 강처럼 흘릴지어다. 스스로 쉬지 말고 네 눈동자를 쉬게 하지 말지어다(2:18).

그들의 마음이 주를 향하여 부르짖기를

[본문은 연결되는 부분과 주어가 애매하다. 주석가들의 견해도 분분하다]

『레헴 디마』에 따르면, 예레미야 선지자는 이스라엘이 하나님께 진정으로 부르짖음으로써 자신의 역할을 했다는 점을 암시하며, 셰히나(하나님의 임재)에 간구하고 있다고 한다. 지금 그는 "딸 시온의 성벽(즉, 셰히나이자 시온의 보호자['성벽'])에 간청하며 하염없는 눈물을 흘리사 구원을 베풀어 달라며 호소하고 있다."

『레헴 디마』는 본문의 주어를 '원수'로 본 것은 이븐 에즈라의 견해라 하며, 17절 끝을 다음과 같이 해석했다. "그가 네 대적자들의 뿔을 높이 드셨다." 즉, 그들[대적]은 하나님이 자신의 편이라 생각하여 주님께 부르짖었다는 것이다. 이때 예레미야는 유대인들에게 기도를 종용하며 말을 이었다(키플라임 르수쉬야).

반면, 이븐 슈입은 이 어구가 11-12절의 "어린 자녀와 젖 먹는 아이들"과 다시 연결되고, 13-17절은 삽입구가 된다고 주장했다.

다른 주석가들의 견해에 따르면, 예레미야 선지자는 시온이 근본적인 화근을 깨달아, 기도하는 가운데 하나님께 마음을 돌렸다는 점을 우리에게 일러준다고 한다. 그러나 기도를 인용하기 전에(20-22절), 그는 시련을 감내하고 있는 성읍 백성에게 열성을 다해 애원한다. 여호와께 기탄없이 마음을 쏟는 것이 마땅한 도리라고 말이다.

딸 시온의 성벽아

'성벽'은 예루살렘과 주민을 상징하거나, 『레헴 디마』의 견해대로(위 참조) 유대인의 '보호자'인 셰히나를 상징한다]

눈물을 강처럼 흘릴지어다

[히브리 단어 דִּמְעָה 딤아)는 단수이다] 즉, 눈물이 방울방울 강처럼 흘렀다는 것이다(알쉬흐).

스스로 쉬지 말고 네 눈동자[눈을]를 쉬게 하지 말지어다

['눈동자'는 원문을 그대로 옮긴 것이다]

"예루살렘에 대한 애도를 멈추는 것이 가장 큰 죄악이다. 확신건대, 이에 대한 심판으로 우리가 오랫동안 포로생활을 감내해왔고,

안식이라고는 전혀 찾을 수 없었으며, 늘 박해에 시달려야 했다. 역사를 돌이켜볼 때, 어디로 끌려가든 현지에서 안정을 찾을 때마다 우리는 예루살렘을 망각했고, 이를 가슴 깊은 곳에 담아두지 않았다(라브 야코브 엠덴)."

* * *

> 초저녁에 일어나 부르짖을지어다. 네 마음을 주의 얼굴 앞에 물 쏟듯 할지어다. 각 길 어귀에서 주려 기진한 네 어린 자녀들의 생명을 위하여 주를 향하여 손을 들지어다 하였도다(2:19).

[본문은 예레미야 선지자가 고통을 받는 백성에게 기도를 호소하는 18절과 연결된다]

초저녁에[밤에]

[1:2 주석 참조] 18절에서 "너는 밤낮으로 눈물을 강처럼 흘리라"고 촉구한 예레미야 선지자는 분명 잠이 필요하다고 생각했을 것이다. 하지만 "설령 잠을 청하더라도 간간이 깨어 기도하라(레헴 디마)"라고 촉구했다.

『미드라쉬 레카흐 토브』는 '밤'이 (매년 지켜야 할 애통의 날인) 아브월 9일 밤을 가리킨다고 설명했다.

'밤'은 לַיְלָה(라열라)라고 쓰며, 초저녁을 가리킨다. 1, 2경의 시작으로 애통에 걸맞은 시간이다(레헴 디마).

초저녁에[파수의 시작에]

밤은 세 개의 균일한 '파수'로 나뉜다(1, 2, 3경)(라쉬).

일어나 부르짖을지어다

[רָנִּי(로니)에는 '즐거워하다'와 '기도 중에 울다'는 뜻이 있다(왕상 8:28). "나의 부르짖음을 들으소서(시편 142:6)"도 참조하라]

[רנה(로니, 울음)의 개념은, 낮에 볼 수 있는 צעק(짜아크, 소리를 높여 우는 것)(18절)와 대조적으로, 밤에 하는 묵상에 더 가까운 것으로 보인다]

탈굼은 '로니'를 [토라 연구의] 즐거움으로 해석하여 "포로된 이스라엘이여, 일어나 미쉬나(구전 토라) 연구에 매진하라[연구도 역시 하는 힘이 큰 기도가 된다](알쉬흐)

네 마음을 주의 얼굴 앞에 물 쏟듯 할지어다

그리고 죄를 자백하라(이븐 야히아).

여호와의 이름이 ארני(아도나이, 나의 주)로 기록되면 이는 항상 셰히나를 가리킨다. 따라서 "셰히나가 '떠날 때' 네 마음을 물 같이 쏟아 붓고 나서, 네 아이의 목숨을 위해 기도하라(즉, 네 필요를 간구하라)(레헴 디마)."

밤에 기도하는 사람은 누구든 셰히나의 '얼굴'이 그와 마주대하게 된다[응답을 받게 된다]. 기도자의 마음이 속세의 걱정에서 해방되어 신실한 기도가 되기 때문이다(미드라쉬 레카흐 토브).

שַׁעֲרֵי דְמָעוֹת(샤아레이 드마오트, 통곡의 문)이 닫히지 않은 까닭에 [버라호트 32b] 예레미야는 신실한 통곡은 '주님의 임재'에 이를 거라며 확신시키고 있다[1:2 주석, s.v. וְדִמְעָתָהּ(이스마흐 모세)].

네 어린 자녀들의 생명[네페쉬, 영혼]을 위하여

대다수의 주석가들은 '자녀'를 문자대로 보아, 11–12절에 기록된 굶주린 아이로 해석했다. 『미드라쉬 레카흐 토브』는 의인화된 예루살렘의 기절한 자녀[시민]로(전 세계의 이방 국가에 뿔뿔이 흩어져 있었다) 이해했다.

『레헴 디마』는 "주님이 임재하실 때 네 마음을 물 같이 쏟아 부으라. 공로가 충분하지 못해 그것으로 부족하거든 정신을 잃은 무고한 아이들의 목숨을 위해 기도하는 것처럼 주님께 네 손을 들라"고 풀이했다.

주를 향하여 손을[네 손들을] 들지어다

[애원할 때]

네 손들은 무고한 피를 흘리고 모략을 일삼은 손을 가리킨다(이븐 야히아).

* * *

여호와여 보시옵소서. 주께서 누구에게 이같이 행하셨는지요. 여인들이 어찌 자기 열매 곧 그들이 낳은 아이들을 먹으오며 제사장들과 선지자들이 어찌 주의 성소에서 죽임을 당하오리이까(2:20).

[본문에서 선지자는 다시 여호와를 생각한다]

주께서 누구에게 이같이 행하셨는지요

우리 말고 누구에게 이토록 참혹한 심판을 내리셨는지요(알쉬흐, 레헴 디마, 팔게이 마임, 키플라임 르수쉬야)?

몇몇 주석가들은 다른 해석을 제시했다. "하나님은 진노로 벌을 받은 자가 누구인지 생각해 보라는 탄원을 듣고 있다(자녀를 먹을 정도로 잔인해질 수밖에 없었던 어머니다!)(키플라임 르수쉬야, 이븐 야히아)."

여인들이 어찌 자기 열매를 먹으오며

믿기 힘든 사태에 대한 의문이다. 극도의 고통으로 어미가 자식(자상한 어미가 어르고 달래던 아기들)을 먹어야 하는 극도로 끔찍한 사건이 벌어진 나라가 있었는가? 과연 그것이 정당한 일인가(알쉬흐, 팔게이 마임)?

모친이 자녀를 먹지 않고, 아사로 운명을 달리해도 족하지 않았을까(이븐 야히아)?

[짐작건대, 어미만 그런 잔혹한 지경에 이르진 않았을 것으로 보인다] 라브 요하난은 "아비들도 제1, 2성전이 무너졌을 때 자녀의 살을 먹었다. 예레미야는 이처럼 잔혹한 사태를 통곡하며 '그런즉 네 가운데에서 아버지가 아들을 잡아먹고 아들이 그 아버지를 잡아먹으리라.'라고 했다[겔 5:10](페식타 라바시)."

곧 그들이 낳은 아이들을

애지중지하던 대상(이븐 에즈라).

탈무드는 한 아이에 얽힌 일화를 기록했다. 도엑 벤 요세프라는 아이인데, 일찍이 아버지를 여읜 탓에 어미가 그를 길렀다고 한다. 모친은 매일 아기를 한 뼘 한 뼘 재보며 살이 붙으면 그만한 무게의 금을 성전에 바쳤다. 그러나 원수가 성전을 정복하자 그녀는 아기를 죽이고 그를 먹었다. "여인들이 어찌 자기 열매, 즉 한 뼘, 한 뼘 재곤 했던[티푸힘(애지중지 보살피던)을 테푸힘(뼘으로 재다)으로 읽은 언어유희로 이 일화에서는 사랑의 표시로 봄직하다] 아기를 먹으오며"라고 한 예레미야의 탄식은 그녀를 두고 한 말이었다(요마 38b, 미드라쉬, 라쉬).

제사장들과 선지자들이 어찌 주의 성소에서 죽임을 당하오리이까?

미드라쉬와 탈무드를 인용한 라쉬에 따르면, 본문은 하나님이 이스라엘에 반박한 물음이라고 한다. "'하나님의 영이 임한' 제사장이자 선지자인 스가랴 벤 여호야다를 죽이니 속이 시원하더냐?" 『역대하(24:20)』에 기록된 바와 같이, 그는 우상을 숭배하던 사람을 책망했고 [무리의 음모로] 성전 뜰에서 죽임을 당했다.[7]

"선지자와 제사장이 성소에서 죽임을 당했다손 치더라도, 무고한 여성이 죄가 없는 자녀를 먹을 만큼 야만인이 되어야 한다는 것이 과연 옳은 일입니까? 그러니 여호와여 보소서, 누구에게 이런 일을 행하셨는지 보시고, 주님의 백성인 이스라엘에 자비를 베푸소서." 본문의 맥락에서 몇몇 주석가들은 이같이 풀이했다(키플라임 르수쉬야, 레헴 디마, 콜 여후다).

* * *

늙은이와 젊은이가 다 길바닥에 엎드러졌사오며 내 처녀들과 나 청년들이 칼에 쓰러졌나이다. 주께서 주의 진노의 날에 죽이시되 긍휼히 여기지 아니하시고 도륙하셨나이다(2:21).

---

7) 느부사라단은 살해된 스가랴 선지자의 피가 성전 바닥에서 부글부글 끓는 것을 보고 충격을 받았다. 유대인들은 피에 얽힌 진상을 숨기려 했지만, 결국에는 그 피가 선지자의 것(성전이 무너진다는 것을 예언하여 사람들에게 죽임을 당했다)이라는 사실을 자백해야 했다.
느부사라단은 "내가 그를 달랠 것"이라며 피가 흥건한 현장에서 학자들을 비롯하여, 어린 학생과 젊은 제사장(도합 9만4천명) 순으로 처형하라고 명령했다.
선지자의 피가 계속 끓자, 느부사라단은 언성을 높였다. "스가랴여, 스가랴여, 내가 이미 가장 훌륭한 자를 처형했소. 내가 유대인을 전멸시켜야 직성이 풀리겠소?"
그러자 끓던 피가 멈추었다. 문득 그에게 회개할 마음이 생겼다. "유대인은 한 명을 죽여도 참혹한 심판을 당하니 내 운명은 어찌 될꼬?"
그는 결국 유대교로 개종했다(산헤드린 96b).

늙은이와 젊은이가

참전이 불가능할 만큼 너무 늙거나 어려서 '검'을 피할 수 있었던 자들도 피해를 당했다. 그들 또한 기아의 희생자가 되었다(키플라임 르수쉬야).

다 길바닥에 엎드러졌사오며

죽었다(이븐 에즈라). '여호와가 진노한 결과[렘 6:11]' 굶주림으로 기절, 큰 '대'자로 누웠다(레헴 디마)(미드라쉬).

내 처녀들과 내 청년들이 칼에 쓰러졌나이다

청년은 군에 투입될 나이가 된 자를 일컫는다. 즉, 전장에 투입될 청년과, 사기를 진작시키고 음식이나 보급품을 공급할 여인이다(레헴 디마).

주께서 주의 진노의 날에 죽이시되

가차 없이 처절히 죽이셨다.

'주님이 진노하신 날(아브월 9일)'이 아닌 다른 날에 성전이 무너졌다면 자비와 자제심으로 심판이 경감되었을 것이다. 진노의 날을 확정하고, 이를 벼르고 벼른 때가 왔으니 심판은 온전히 이루어졌다(레헴 디마).

* * *

주께서 내 두려운 일들을 사방에서 부르시기를 절기 때 무리를 부름 같이 하셨나이다. 여호와께서 진노하시는 날에는 피하거나 남은 자가 없나이다. 내가 낳아 기르는 아이들을 내 원수가 다 멸하였나이다 (2:22).

내 두려운 일들을[내 악한 이웃을 사방에서 오게 하셨다]
'악'은 원전에 없지만 라쉬의 역문을 참조하여 덧붙였다.
이븐 에즈라는 "내 두려운 자"로 옮겼다(나를 두렵게 하는 자들).

절기 때 무리를 부름[초대함] **같이 하셨나이다**
'초대함 같다'는 번역은 라쉬의 견해를 따른 것이다. "주님은 마치 절기 때처럼 악한 이웃을 불러 모아 나를 치셨다 ……."

다른 주석가들[라브 알모스니노, 레헴 디마]은 원수의 패망을 간구하는 기도로 해석했다. "그들이 우리를 향해 선포한 바와 같이 [1:5를 참조], 주님께서도 '지정된 날' 악한 원수가 모여들 때 선포하옵소서. 저들의 죄 또한 크니 주님이 진노하실 날이 오면 목숨을 부지하거나 이를 피할 자는 없을 것입니다. 애지중지 기른 자녀를 죽인 대가를 심판하소서."

절기 때 같이

원수가 예루살렘과 성전에 몰려들어 마치 절기 때마다 예루살렘에 모이곤 했던 유대인 순례자의 무리를 연상시켰다(이븐 슈입).

여호와께서 진노하시는 날에는

[이 책에 기록된 '진노의 날'은 아브월 9일을 가리킨다]

피하거나 남은 자가 없나이다

시적 과장법으로 "우리가 거의 멸절될 것"이라는 뜻이다(레헴 디마).

내가 낳아 기르는[어루만진] **아이들**[자들]**을 내 원수가 다 멸하였나이다**

무고한 아이는 살아남는 일반적인 전시와는 달리, 여기서는 아이들도 가차 없이 죽임을 당했다(레헴 디마).

"어루만진 자"는 어린 아이들을, "기른 자"는 성인을 가리킨다(이븐 에즈라).

3장

주님의 분노의 매

1여호와의 분노의 매로 말미암아 고난 당한 자는 나로다 2나를 이끌어 어둠 안에서 걸어가게 하시고 빛 안에서 걸
어가지 못하게 하셨으며 3종일토록 손을 들어 자주자주 나를 치시는도다 4나의 살과 가죽을 쇠하게 하시며 나의 뼈
들을 꺾으셨고 5고통과 수고를 쌓아 나를 에우셨으며 6나를 어둠 속에 살게 하시기를 죽은 지 오랜 자 같게 하셨도
다 7나를 둘러싸서 나가지 못하게 하시고 내 사슬을 무겁게 하셨으며 8내가 부르짖어 도움을 구하나 내 기도를 물
리치시며 9다듬은 돌을 쌓아 내 길들을 막으사 내 길들을 굽게 하셨도다 10그는 내게 대하여 엎드려 기다리는 곰과
은밀한 곳에 있는 사자 같으사 11나의 길들로 치우치게 하시며 내 몸을 찢으시며 나를 적막하게 하셨도다 12활을 당
겨 나를 화살의 과녁으로 삼으심이여 13화살통의 화살들로 내 허리를 맞추셨도다 14나는 내 모든 백성에게 조롱거
리 곧 종일토록 그들의 노랫거리가 되었도다 15나를 쓴 것들로 배불리시고 쑥으로 취하게 하셨으며 16조약돌로 내
이들을 꺾으시고 재로 나를 덮으셨도다 17주께서 내 심령이 평강에서 멀리 떠나게 하시니 내가 복을 내어버렸음이
여 18스스로 이르기를 나의 힘과 여호와께 대한 내 소망이 끊어졌다 하였도다 19내 고초와 재난 곧 쑥과 담즙을 기
억하소서 20내 마음이 그것을 기억하고 내가 낙심이 되오나 21이것을 내가 내 마음에 담아 두었더니 그것이 오히려
나의 소망이 되었사옴은 22여호와의 인자와 긍휼이 무궁하시므로 우리가 진멸되지 아니함이니이다 23이것들이 아
침마다 새로우니 주의 성실하심이 크시도소이다 24내 심령에 이르기를 여호와는 나의 기업이시니 그러므로 내가
그를 바라리라 하도다 25기다리는 자들에게나 구하는 영혼들에게 여호와는 선하시도다 26사람이 여호와의 구원을
바라고 잠잠히 기다림이 좋도다 27사람은 젊었을 때에 멍에를 메는 것이 좋으니 28혼자 앉아서 잠잠할 것은 주께서
그것을 그에게 메우셨음이라 29그대의 입을 땅의 티끌에 댈지어다 혹시 소망이 있을지로다 30자기를 치는 자에게
뺨을 돌려대어 치욕으로 배불릴지어다 31이는 주께서 영원하도록 버리지 아니하실 것임이며 32그가 비록 근심하게
하시나 그의 풍부한 인자하심에 따라 긍휼히 여기실 것임이라 33주께서 인생으로 고생하게 하시며 근심하게 하심
은 본심이 아니시로다 34세상에 있는 모든 갇힌 자들을 발로 밟는 것과 35지존자의 얼굴 앞에서 사람의 재판을 굽
게 하는 것과 36사람의 송사를 억울하게 하는 것은 다 주께서 기쁘게 보시는 것이 아니로다 37주의 명령이 아니면
누가 이것을 능히 말하여 이루게 할 수 있으랴 38화와 복이 지존자의 입으로부터 나오지 아니하느냐 39살아 있는
사람은 자기 죄들 때문에 벌을 받나니 어찌 원망하랴 40우리가 스스로 우리의 행위들을 조사하고 여호와께로 돌아
가자 41우리의 마음과 손을 아울러 하늘에 계신 하나님께 들자 42우리의 범죄함과 우리의 반역함을 주께서 사하지
아니하시고 43진노로 자신을 가리시고 우리를 추격하시며 죽이시고 긍휼을 베풀지 아니하셨나이다 44주께서 구름
으로 자신을 가리사 기도가 상달되지 못하게 하시고 45우리를 뭇 나라 가운데에서 쓰레기와 폐물로 삼으셨으므로
46우리의 모든 원수들이 우리를 향하여 그들의 입을 크게 벌렸나이다 47두려움과 함정과 파멸과 멸망이 우리에게
임하였도다 48딸 내 백성의 파멸로 말미암아 내 눈에는 눈물이 시내처럼 흐르도다 49내 눈에 흐르는 눈물이 그치지
아니하고 쉬지 아니함이여 50여호와께서 하늘에서 살피시고 돌아보실 때까지니라 51나의 성읍의 모든 여자들을 내
눈으로 보니 내 심령이 상하는도다 52나의 원수들이 이유없이 나를 새처럼 사냥하는도다 53그들이 내 생명을 끊으
려고 나를 구덩이에 넣고 그 위에 돌을 던짐이여 54물이 내 머리 위로 넘치니 내가 스스로 이르기를 이제는 멸절되
었다 하도다 55여호와여 내가 심히 깊은 구덩이에서 주의 이름을 불렀나이다 56주께서 이미 나의 음성을 들으셨사
오니 이제 나의 탄식과 부르짖음에 주의 귀를 가리지 마옵소서 57내가 주께 아뢴 날에 주께서 내게 가까이 하여 이
르시되 두려워하지 말라 하셨나이다 58주여 주께서 내 심령의 원통함을 풀어 주셨고 내 생명을 속량하셨나이다 59
여호와여 나의 억울함을 보셨사오니 나를 위하여 원통함을 풀어주옵소서 60그들이 내게 보복하며 나를 모해함을
주께서 다 보셨나이다 61여호와여 그들이 나를 비방하며 나를 모해하는 모든 것 62곧 일어나 나를 치는 자들의 입술
에서 나오는 것들과 종일 나를 모해하는 것들을 들으셨나이다 63그들이 앉으나 서나 나를 조롱하여 노래하는 것을
주목하여 보옵소서 64여호와여 주께서 그들의 손이 행한 대로 그들에게 보응하사 65그들에게 거만한 마음을 주시
고 그들에게 저주를 내리소서 66주께서 진노로 그들을 뒤쫓으사 여호와의 하늘 아래에서 멸하소서

3장

＊＊＊

여호와의 분노의 매로 말미암아 고난당한 자는 나로다(3:1).

그의 분노의 매로

압제자의 매(하나님을 가리킨다(라쉬)).

사람은 나로다

예레미야 자신에 대한 발언으로, 무너질 성전을 예언한 다른 모든 선지자보다 더 많은 고통을 겪었다는 이야기다. 다른 선지자가 아닌 바로 자신이 사역하던 당시에 성전이 무너졌기 때문이다(라쉬). (אֲנִי הַגֶּבֶר(아니 하게베르, 내가 그 사람이다)의 숫자는 도합 271인데 예레미야의 숫자와 일치한다[쯔푸노스 이스라엘])

이븐 에즈라는 본문을 달리 해석하여, 그런 참극이 벌어진 시대에 살아본 유대인만이 본문을 말할 자격이 있다고 주장했다.

반면 미드라쉬의 기록대로, 본문의 1인칭은 온 민족의 고통을 집

합적인 개인일 것으로 간주할 수도 있다.

[3장은 알파벳이 순서대로 3절씩 묶여있다. 3절이 한 단위가 되며 각 절은 같은 문자로 시작한다]

고난당한[고난을 본] 자는 나로다

나보다 더 고난을 많이 당해본 자는 없다(레헴 디마).[8)]

['나는 고난을 보아왔다' 즉, 참극과 고통을 몸소 겪었다(성전 멸망의 절정기)]

---

8 [히다는 『나할 에슈콜』에서 성전을 바라보며 느꼈을 법한 고통을 묘사했다]
그는 필사본(『페식타 라바시』 26장과, 『오짜르 하아가다』 247장에 게재된 일부)에서 읽은 미드라쉬를 인용했다. 크게 귀감이 되는 글인지라, 좀 길더라도 빠진 어구를 채워가며 게재할까 한다.
하나님은 예레미야 선지자에게 아나돗으로 가라고 말씀하셨다[렘 32:8]. 예레미야가 예루살렘에 있는 동안에는 적이 쳐들어올 수 없었기 때문이다. 그가 떠나자 도성은 곧 폐허가 되었다[1:13 주석 참조].
예레미야가 예루살렘에 돌아와 보니 성전에서 연기가 모락모락 피어올랐다. 그는 유대인들이 회개했다고 생각했다. 연기는 번제물에서 올라오는 줄로만 알고 있었다. 좀 더 가까이 가자 쑥대밭이 된 성전과 무너져 내린 예루살렘 성벽이 눈에 들어왔다. 그는 옷을 찢고 애곡했다. …… 예레미야는 서둘러 예루살렘에 갔다. 어릴 적 느부갓네살과 배회할 때, 그는 가난했고 따돌림을 당했지만, "세상의 통치자가 되어 예루살렘을 공격하고 성전과 성을 불사르고 주민을 죽이고 생존자는 포로로 잡아갈 것"이라고 다짐한 기억이 문득 떠올랐기 때문이다.
느부갓네살의 소원이 성취되었다는 것을 깨달은 예레미야는 그에게 당부했다. "예루살렘을 내게 넘기시오." "싫소!"
"그럼 성전이라도 넘기시오." "안되오!"
"그럼 산헤드린과 어린 학생만이라도 넘기시오." "그럴 순 없소!"
"그럼 뭘 넘기실 참이오?"
"오늘 오후부터 밤까지 성에서 옮길 수 있는 것은 모두 구할 수 있을 거요."
하지만 하나님은 성전을 무너뜨릴 요량으로 그에게 아나돗으로 가라고 명령하셨다. 서둘러 봤지만 밤까지 이르진 못했기에, 그는 아무것도 구할 수 없었다!

미드라쉬는 "사람은 나로다"를 "내가 몸소 고통을 겪었다. 하나님이 기뻐하시는 것은 무엇이든 결국에는 내게 이로운 법이다. 당신의 거룩한 이름을 성별하기 위해 사랑으로 고통을 감내하는 법을 배웠다. 하나님이 하시는 일은 무엇이든 선을 위한 것이며, 주님의 법령에 흔쾌히 순복한다."라고 바꾸어 말했다(토라 트미마).

미드라쉬는 "고난을 본 자"가 3인칭으로 기록되었다[즉, '그가 고난을 보았다']는 점을 지적하며 이스라엘 공동체가 하나님을 이야기한 구절이 본문이라고 해석했다. 따라서 "내가 [고통을 겪은] 사람이며, 하나님은 내가 계명을 준행하고 선을 베푸는 데 부족했다는 점을 보셔서 진노의 막대기로 나를 심판하셨다."

* * *

나를 이끌어 어둠 안에서 걸어가게 하시고 빛 안에서 걸어가지 못하게 하셨으며(3:2)

[2-16절에서 고통을 받은 선지자는 별개의 이미지를 연이어 보여주며 고난을 상징적으로 묘사하고 있다. 현인들이 기록한 주석 중 이미 상당부분을 차지하고 있는 번역문으로, 구절을 이해하기 쉽게 풀이했다. 3장에서 난해한 구절은 대부분 게재되지 않았다]

나를 [계속] 이끌어

[그가 나를 이끌고 (의도적으로) 조종했다] 그러니 내가 당한 고난은 우연이 아니었다(이븐 야히아).

[계속되는] 어둠 안에서[빛이 아닌 어둠]

빛에 대한 희망도 위로가 되지 않는 어둠(이븐 에즈라)

[구약성경에서 '어둠'은 시편 107:10에서와 같이 운명과 투옥의 이미지를 연상시킨다("사람이 흑암과 사망의 그늘에 앉으며 곤고와 쇠사슬에 매인 것은 ……")]

빛의 부재와 어둠이라는 두 표현이 쓰인 것은 제1, 2성전이 무너진 사건을 암시한다. 또한 '그리고 빛이 아니다'는 표현은 빛으로 불리는 토라도, 예언도 없었다는 뜻이다(미드라쉬 레카흐 토브).

* * *

종일토록 손을 들어 자주자주 나를 치시는도다(3:3).

종일토록[반복하여] 손을 들어

의인법을 쓴 표현으로, 심판 때 하나님은 마치 지속적으로 심판하시길 바라시는 듯하다는 뜻이다. 한 손이 지키면 다른 손을 들 것이다(토라스 헤세드).

알쉬흐는 "주님은 동정하는 손[보호하심]을 내게서 거두셨다"고 옮겼다.

나를 치시는도다[대적할 뿐]

나만 홀로 주님의 심판을 계속 받고 있다(라쉬).

『시프테이 하하밈』은 위 어구가 예레미야를 가리킨다고 풀이했다. "나 외에 다른 어떤 예언자를 두고도 그러신 적은 없다[3:1 주석 참조]."

"세상의 모든 민족이 죄를 범하지만, 이스라엘만큼 혹독한 심판을 받는 민족은 없다(라브 요세프 카라)."

* * *

나의 살과 가죽을 쇠하게 하시며 나의 뼈들을 꺾으셨고(3:4)

[본문은 사람의 육체적 고통을 이야기한다]

나의 살과 가죽을 쇠하게 하시며[닳아 없애시고]

"살과 가죽"은 고통에 민감하므로 주께서 쓸리게 하시고, 뼈에는 촉감이 없으므로 꺾으신다(이븐 에즈라).

미드라쉬에 따르면, "살"은 공동체를, "가죽"은 산헤드린을 가리킨다고 한다. 가죽이 살을 덮듯[보호하듯] 산헤드린도 이스라엘을 보호한다.

이와 마찬가지로, 미드라쉬는 '뼈'를 공동체의 기둥이 되는 '막강한 장정'으로 간주했다(뼈가 되는 의인이자 현인을 가리킨다)(토라 트미마).

* * *

고통과 수고를 쌓아 나를 에우셨으며(3:5)

그가 나를 포위하셨다['그가 내 위에 세우셨다']

건물을 계획하듯, 성급히 하지 않고 신중히 차근차근 했다(팔게이 마임).

그리고 그가 나를 고통과 수고로 에우셨으며[빠져나갈 구멍이라고는 전혀 남겨두질 않았다]

미드라쉬에 따르면, ראש(로쉬, 고통)은 느부갓네살이 여호야김을 잡아간 것을, ותלאה(우틀로이, 수고)는 시드기야 집권 당시 최후의 일격을 가해 힘을 소진하게 만든 느부사라단을 가리킨다고 한다(라쉬).

아울러 본문은 [제2성전이 무너질 당시의] 베스파시안과 트라얀 예언적으로 암시하는 대목이기도 하다고 미드라쉬는 덧붙였다.

일부 주석가(이븐 에즈라, 미드라쉬 레카흐 토브)는 varo(로쉬)를 일반적인 '머리'로 옮겼다. "그는 내 머리 주변에 건물을 세우셨다." 즉, 예레미야를 옥에 가두었다는 이야기다.

* * *

나를 어둠 속에 살게 하시기를 죽은 지 오랜 자 같게 하셨도다(3:6).

그가 어둠속에 두셨고['나를 거하게 만들었다']

칠흑같은 어둠['어둠 속의 어둠'](이븐 에즈라)

장기간의 유수라는 흑역사를 가리킨다(미드라쉬 레카흐 토브).

죽은 지 오랜 자 같게 하셨도다

미드라쉬는 이 구절에서 맹인[평생 암흑에서 사는 사람]이 망자로 간주된다고 추론했다.

* * *

나를 둘러싸서 나가지 못하게 하시고 내 사슬을 무겁게 하셨으며(3:7)

나를 둘러싸서[울타리를 쳐서]

예레미야 선지자는 장기간의 유수를 암시했다. 하나님이 우리 사방에 울타리를 치신 것과 같다. 유수라는 어두운 과거가 우리를 가두었다. 본문은 그가 압제로 우리를 억누르고 기도로 통하는 문을 닫으셨다고 덧붙인다(레헴 디마).

내 사슬을[구리사슬로] **무겁게 하셨으며**

그는 구리족쇄로 발을 채워 운신할 수 없게 했다(라쉬).

'나를 둘러싸서 내가 빠져나갈 수 없다'는데, 그것도 모자라, 그는 사슬로 나를 무겁게 하셨다. 탈출을 막는다기보다는 고통을 더하기 위해서다(알쉬흐, 콜 여후다).

* * *

내가 부르짖어 도움을 구하나 내 기도를 물리치시며(3:8)

내가 부르짖어 도움을 구하나

라브 엘리에제르에 따르면, "성경에 기록된 바와 같이('내가 부르짖어 도움을 구하나 내 기도가 닫혔도다'), 성전이 무너질 때부터 기도의 문은 닫혔다."고 한다(버라호트 32b).

본문은 가식적인 개인 및 회중기도를 가리킨다. 진실한 기도는 항상 상달된다(토라 트미마).

내 기도를 물리치시며[내 기도를 닫으셨다]

하늘의 '창'을 닫고(라쉬), "철의 장막"을 하나님과 이스라엘 사이에 두심으로써(미드라쉬 레카흐 토브)

미드라쉬에 따르면, 중보기도는 개인기도나 집회가 끝난 후의 기도보다 상달될 가능성이 높다고 한다. ['그가 내 기도를 닫으셨다'에서 1인칭 단수형이 쓰였다는 사실을 근거로 추론한 것이다. 즉, 일정 인원quorum이 기도하면 그들의 간구는 주께서 들으신다는 것이다(토라 트미마)]. "의인 열 명이 기도할 때 악인 한 명이 끼어들었다고 해서 여호와가 '악인 하나 때문에 기도를 듣지 않을 것이다'라고 하시겠는가? 하지만 집회가 끝난 뒤에 한 사람이 혼자 서서 기도하면 그의 생각과 행동은 면밀히 계산된 것이다."

* * *

다듬은 돌을 쌓아 내 길들을 막으사 내 길들을 굽게 하셨도다(3:9).

다듬은 돌을 쌓아 내 길들을 막으사

'내 주변에 울타리를 치고 족쇄를 채우지 않았더라도[7절]' 탈출하게 해달라는 기도가 응답을 받는다손 치더라도 통과할 수 없는 길이라 도망할 수가 없다(레헴 디마).

[다듬은 돌은 통과할 수 없는 구조물을 암시한다]

미드라쉬는 예루살렘에 이르는 길이 좋아 비교적 수월하게 다닐 수 있었다고 증언한다. 예컨대, "리다 여인들은 반죽을 갠 뒤 예루살렘에 가서 기도하고 내려와도 반죽이 발효되지 않았다고 한다."

내 길들을 굽게 하셨도다[그가 내 길을 얽히게 했다]

원수가 거하고 있을 테니 평탄한 곧은길은 (갈 수 있어도) 가지 않고, 구부러진 길[남이 밟지 않은]을 갔다(라쉬).

이븐 에즈라는 נְתִיבוֹת(느티보트, 길)이 익숙한 길이라고 풀이했다. 익숙한 길이 미궁처럼 얽히고설켜 과객은 제자리에서 빙빙 돌게 될 것이다. 길을 빠져나가려 해봐야 절망만 느끼게 될 것이다(레헴 디마).

* * *

그는 내게 대하여 엎드려 기다리는 곰과 은밀한 곳에 있는 사자 같으사(3:10)

그는 내게 대하여 엎드려 기다리는 곰 같으사

[지칭하는 대상이 하나님인지 그의 '대리인'인 적인지 분명치가 않다]

라쉬에 따르면, 주어는 기다리는 곰과 같은, 거룩하신 하나님이라고 한다.

그러나 미드라쉬는 '곰'이 베스파시안을 예언적으로 보여주거나 느부갓네살을 가리킨다고 해석한 반면, '사자'는 [제1성전이 파괴될 당시 최후의 일격을 가한 장수] 느부사라단이나 트라얀[제2성전을 정복한 장수]을 가리킨다고 풀이했다.

수많은 주석가들에 따르면(알쉬흐, 이븐 야히아, 콜 여후다) 본문은 사전 경고 없이 이스라엘을 치려고 숨어있는 원수를 가리킨다고 한다.

은밀한 곳에 있는 사자

곰은 사악해서가 아니라 허기를 채우기 위해 공격하지만, 사자는 자신의 우월한 힘을 보여주기 위해 공격할 것이다. 또한 곰은 주로 개활지에서 움직이기 때문에 공격을 어느 정도 예상할 수 있지만, 사자는 몰래 공격한다. 원수가 곰과 사자로 비유된 까닭은 앞서 언급한 두 가지 특성을 갖고 있기 때문이다(키플라임 르수쉬야).

* * *

나의 길들로 치우치게 하시며 내 몸을 찢으시며 나를 적막하게 하셨도다(3:11).

나의 길들을 치우치게 하시며 내 몸을 찢으셔서[그가 가시로 내 길들을 흩어지게 하셔서 내가 조심스레 걷게 하시도다]

괄호 안은 고전 주석가(라쉬, 알쉬흐, 레헴 디마, 이븐 야히아, 갈란티)의 견해를 따른 번역이며, 그들은 סוֹרֵר(소레이르)가 סִירִים(시림, 가시들)에서 파생되었다고 해석했다["내가 가시로 그 길을 막으며(호세아 2:6)" 참조].

그러나 이븐 에즈라는 라쉬와 다른 견해를 주장했다. 그는 "길을 벗어난 암소처럼[호세아 4:16]"에서 옮긴 כִּי כְּפָרָה סֹרֵרָה(키 크파라 소레이라)에서 본문의 뜻을 찾았다. 즉, 하나님이 곰과 사자처럼 행하신 까닭에(10절 참조) "그가 내 길에서 나를 강제로 벗어나게 하셨다. ……"는 것이다.

탈굼은 "그가 내 길을 흩트려 놓으시고 나를 찢으셨다"고 옮겼다.

『미드라쉬 레카흐 토브』에 따르면, "하나님은 내가 바른 길에서 벗어난 것을 보시고 나를 찢으셨다[나를 심판하셨다]"고 한다.

라쉬는 "발이 가시밭길에서 균형을 잡고자 두 발을 서로 띈 채 걷게 하셨다"고 옮겼다.

* * *

활을 당겨 나를 화살의 과녁으로 삼으심이여(3:12)

활을 당겨 나를 세우심이여

『레헴 디마』는 순서가 거꾸로 되었다는 점에 주목했다. 대개는 과녁을 세우고 나서 조준하게 마련이다. 본문은 적이 활시위를 당기고 나를 조준하여 끊임없는 두려움에 사로잡히게 했다는 것을 암시한다.

[7–9절에서 '빠져나갈 수 없도록 울타리를 치고 사슬로 나를 짓눌렀으니' 맞히기 쉬운 타깃이었을 것이다!]

미드라쉬는 '그리고 나를 세우셨다'는 구절을 '그가 나를 굳게 서게 하셨다. 즉, [모든 고난을] 감내할 수 있도록 힘을 주셨다'고 풀이했다.

화살의 과녁으로

타깃이 화살을 맞고도 목숨을 부지한 듯, 유대인도 그러하다(라브 요나단 에예베슈쯔).

* * *

화살통의 화살들로 내 허리를 맞추셨도다(3:13).

내 허리를 맞추셨도다

[그가 내 간 안으로 가져왔다]

원수는 맞으면 즉사하는 심장이 아니라, 오랫동안 고통을 느끼며 죽어가도록 간을 겨누었다는 이야기다(아케이다트 이쯔학, 알쉬흐, 이븐 야히아).

['적'을 하나님으로 이해한 주석가들은(3:1 주석 참조) 이 구절을 상징적으로 해석했을 공산이 크다. 구약성경에서 כִּלְיוֹת(킬라요트, 간)은 독창적인 이해력이 자리잡은 영역을 묘사할 때 쓰인다(반면 '내장'은 하나님이 사무치게 한 슬픔을 가리킨다(1:20). 요즘에도 유대인은 이 같은 감정을 표현할 때 '내장'을 쓴다]

* * *

나는 내 모든 백성에게 조롱거리 곧 종일토록 그들의 노랫거리가 되었도다(3:14).

나는 내 모든 백성에게 조롱거리가 되었도다

내 백성

"내가 거하는 백성(레헴 디마)"을 가리킨다.

탈굼은 פְּרִיצֵי(프리쩨이)를 내 백성을 (조롱하는) 무례한 자로 옮겼다. 미드라쉬는 본문이 "극장과 서커스 공연장에 앉아있는 세상 민족"을 가리킨다고 풀이했다. 그들은 흥청망청 먹고 마시며, 술에 취한 채 앉아 나를 조롱한다.

『팔게이 마임』에 따르면, 예레미야는 책망과 재앙의 묵시를 예언할 때마다 유대인들이 자신을 비웃고 업신여겼다는 점을 탄식하고 있다고 한다. 결국 그들이 예언에 귀를 기울이지 않아 재앙이 왔다는 것이다.[9)]

종일토록 그들의 노랫거리가 되었다.

[야유가 섞인 노래의 주제가 되었다]

* * *

나를 쓴 것들로 배불리시고 쑥으로 취하게 하셨으며(3:15).

---

9) 이와 같은 맥락에서, 『페식타 라바시』는 감동을 주는 미드라쉬의 일화를 다시 들려주었다. 성전이 파괴된 후, 예레미야가 예루살렘에 서둘러 돌아왔을 때 그는 옷을 찢고 애곡했다. "그들이 끌려갈 때 밟은 길은 어디인가? 죽음이 임박한 자들이 밟은 길은 어디인가? 나도 그들을 따라 죽으련다!"
마침내 피가 낭자한 길이 보였다. 얼굴을 땅에 가까이 대자 포로로 끌려가고 있던 아이들의 발자국이 눈에 들어왔다. 그는 발자국에 입을 맞추었다.
뒤를 좇다가 흩어진 자들을 만나자 모두가 서로 얼싸안고 입을 맞추며 눈물을 쏟았다.
"형제들이여, 여러분에게 닥친 사태는 여호와께서 나를 통해 말씀하신 예언을 청종하지 않아서 벌어진 것이오. ……"
예레미야가 예루살렘에 남아있는 자를 위로하기 위해 떠날 채비를 하자, 그들이 울먹이며 물었다. "예레미야 선지자님, 정녕 우리를 버릴 참이십니까?"
"하늘과 땅을 증인삼아 말하건대, 시온에 거하는 동안 한번이라도 통회한 적이 있었다면 고국에서 쫓겨나진 않았을 것이오."

나를 쓴 것들로 배불리시고 쑥으로 취하게 하셨으며

빵과 물 대신, 쓴 것과 쑥으로(이븐 에즈라)

['쑥'은 쓴 풀을 내는 나무이므로 이 맥락에서는 '쓴 것'과 같다고 볼 수 있다]

미드라쉬는 유월절에 먹는 מָרוֹר(마로르, 쓴 나물)과 '쓴 것'을 같은 어구로 해석하여, "유월절이 오는 주의 밤은 항상 아브월 9일 밤과 같다"고 지적했다.

* * *

조약돌로 내 이들을 꺾으시고 재로 나를 덮으셨도다(3:16).

조약돌로 내 이들을 꺾으시고

라쉬는 잡혀간 자들이 반죽을 구덩이에 묻어야 했기 때문에 빵이 작은 돌과 섞여 있다고 설명했다. 하나님은 포로가 되어 끌려갈 때를 대비하여 쉽게 휴대할 수 있는 식기를 마련하라고 에스겔[겔 12:3]에게 주문했다. 백성이 이동할 때 겪을 애로사항에 대처케 하려는 것이 명령의 목적이었으나, 그들은 이를 지키기는커녕 선지자를 조롱했다. 결국 그들은 돌을 씹어 이가 상했다.

재로 나를 덮으셨도다

그가 나를 재로 덮으셨다(라쉬).

탈무드는 아브월 9일 이브에, 라브가 식사 준비를 마친 후 빵 부스러기를 재에 섞으며 "이것이 말씀을 성취하는 아브월 9일 밤의 정수요. '그가 재로 나를 덮으셨도다(예루샬미 타니스 4:6).'"

* * *

주께서 내 심령이 평강에서 멀리 떠나게 하시니 내가 복을 내어버렸음이여(3:17)

내 심령이 평강에서 멀리 떠나게 하시니

[내 영혼이 평강에 대한 희망을 상실했다. '평강에서 멀리 떠났다'는 직역(2:7에서와 같이 זנח)]

극심한 고통을 당한 뒤 나는 다시 희망을 얻진 못할 거라며 낙심했다. 복[번영]은 먼 과거의 역사로만 남을 듯싶었다(레헴 디마).

탈무드에 따르면(샤보트 25b), 본문은 '안식일에 불을 밝히는 것'을 뜻한다고 한다[그럴 형편이 못된다]. 빛이 없으면 평강도 없을 것이다. 컴컴한 집 안에서는 넘어지기 십상이기 때문이다(라쉬).

몇몇 주석가들[레헴 디마, 미드라쉬 레카흐 토브, 팔게이 마임]은 "샬롬(평강)"이 하나님과 토라의 제목이라고 이해했다. 그들은 본문을 다음과 같이 인과적 진술로 옮겼다. "내가 하나님과 토라를 멀리했기 때문에 번영이 나를 피했다." "평화"는 하나님을, '복'은 토라를 가리키며, 이 둘 또한 인과관계가 있다는 해석도 있다. "내가 하나님을 떠나고 토라를 잊었기 때문에 [다음 절] 내 힘이 끊어졌다."

내가 복을 내어버렸음이여[잊었음이여]

탈무드에 따르면, '복'은 온수로 목욕하는 [여유]와 아름다운 린넨을 걸친 침대, 그리고 잘 차려입은 아내를 가리킨다고 한다(샤보트 25b).

한때 랍비 아키바는 "우리 선조들이 '복을 잊었다'고 말했기에['한때'는 복을 알았지만 이를 잃었기 때문에] 우리가 이를 한 번도 본 적이 없다!"라고 말한 적이 있다(네다림 50b).

* * *

스스로 이르기를 나의 힘과 여호와께 대한 내 소망이 끊어졌다 하였도다(3:18).

스스로 이르기를 '나의 힘이 끊어졌다' 하였도다

[탈굼에 따른 번역이다] 라쉬는 고통 가운데 생각했다. '내 세상[존재]과 희망은 사라졌구나.'

여호와께 대한 내 소망

[엄청난 절망에 사로잡힌 까닭에 고난에서 벗어날 희망이 전혀 보이지 않았다고 생각했다]

『미드라쉬 레카흐 토브』는 וְתוֹחַלְתִּי(버토할르티)의 '바브'를 '접속사(그리고)'가 아니라 '그럼에도'로 해석했다. "모든 희망을 포기 했지만 그럼에도 구원에 대한 희망은 여호와에게서 비롯되었다."

* * *

내 고초와 재난 곧 쑥과 담즙을 기억하소서(3:19).

내 고초와 재난[슬픔] 곧 쑥과 담즙을 기억하소서

['슬픔'은 1:7 주석을 참조]

미드라쉬는 'מְרוּדַי(므루디)'의 어근을 מרד로 보고 '반역하다'로 해석했다. "이스라엘 공동체는 거룩하신 하나님 앞에서 다음과 같이 이야기했다. 우주의 주인이시여, 내가 겪은 시련과 당신을 반역한 죄를 기억하시되, 주께서 쑥과 쓴 것을 채우신 탓에 내가 감내해야 했던 고통도 잊지 마소서. 쑥과 쓴 것으로 앞선 죄를 면케 하소서."

다른 해석에 따르면, 예레미야 선지자는 자신의 형편을 토로했다고 한다. "내 고초와 슬픔을 떠올릴라치면 마음이 쓰라릴 따름입니다(레헴 디마)."

* * *

내 마음이 그것을 기억하고 내가 낙심이 되오나(3:20)

내 마음[내 영혼]이 그것을 [잘] 기억하고

괄호 안의 번역문은 '내 영혼'을 주어로 본 라쉬의 견해에 따른 것이다. "내 영혼이 내 고초와 슬픔을 잘 기억하니 내가 낙심할 따름입니다."

본문이 하나님 앞에 아뢰는 간청이라고 풀이한 해석도 있다. "하나님, 내 영혼이 내 안에서 낙심해 있다는 것을 기억하소서[아소서]."

한편, 미드라쉬의 해석은 다음과 같다. תִּזְכּוֹר זָכוֹר(티즈코르 자코르, 당신은 분명히 기억하실 것입니다). "주님은 세상의 민족을 분명히 기억하셔서 나를 핍박한 그들을 심판하실 것입니다. 그러나 심판을 기다리는 동안 '내 영혼'은 낙심하고 있습니다[더는 기다릴 인내심이 남아있지 않습니다]. 옛말에 '살찐 자가 야위는 동안, 야윈 자는 죽는다'고 했으니까요."

* * *

이것을 내가 내 마음에 담아 두었더니 그것이 오히려 나의 소망이 되었사옴은(3:21).

[그러나] 이것을 내가 내 마음에 담아 두었더니[직역하면, 내 마음에 대답했다]

내 마음이 '여호와께로부터 나오는 기대를 잃어버렸다[2:38].' 이를 가슴에 담고 나니 믿음이 회복되었다(라쉬).

[19–21절은 낙심(18절이 절정)에서, 하나님의 자비를 기억함으로써(22–38절) 희망으로 바뀌는 전환점을 보여준다]

"구원의 때가 오면 하나님은 이스라엘에 말씀하실 것이다. '내 아들아, 숱한 세월동안 나를 어떻게 기다렸는지 모르겠구나.' 이때 백성은 '우주의 주인이시여, 우리에게 주신 토라가 없었다면 이방민족이 오래전에 우리를 멸망시켰을 것입니다.'라고 대답할 것이다." 따라서 "이것을 내가 마음에 담아 두었더니"에서 '이것'은 다름 아닌 토라를 가리킨다. 성경에 기록된 바와 같이, "그리고 이것이 그 토라니라(신명기 4:44)(미드라쉬)."

그것이 오히려 나의 소망이 되었사옴은

주님의 이름이 하나라는 것은 매일 두 번 선포한다. "들으라, 이스라엘아, 여호와는 우리 하나님이시오, 여호와는 오직 한 분이시니라[라브 S. R. 허쉬의 번역](미드라쉬)."

* * *

여호와의 인자와 긍휼이 무궁하시므로 우리가 진멸되지 아니함이니이다(3:22).

[본문은 앞 절에서 38절까지 이어지는, 믿음과 소망을 표현했다]

여호와의 인자가 무궁하시므로[분명 끝이 없으시다]

괄호 안의 번역은 라쉬의 견해에 따른 것이다. 그는 본문을 다음과 같이 풀이하기도 했다. "우리가 죄를 범했지만 여호와의 인자 덕분에 진멸을 당하진 않았다. 주님의 긍휼이 무궁하기 때문이다[민수기 17:28 참조]."

다음은『미드라쉬 레카흐 토브』의 설명이다. 인자(여호와가 세대를 거듭할 때마다 유대인에게 행하셨던)는 무궁하다. 즉, 하나님이 유대인을 위해 하신 일은 그들의 공로가 아니라, 주님의 인자에서 비롯된 것이다.

* * *

이것들이 아침마다 새로우니 주의 성실하심이 크시도소이다(3:23).

이것들이 아침마다 새로우니[직역하면, 그들이 아침에 새롭다]

주님의 인자는 아침마다 새롭다(라쉬). 알쉬흐는 본문의 목적어를 인간의 생명으로 보았다. '하나님은 인간의 생명을 아침마다 새롭게 하시므로, 주님이 앞으로도 그러시리라(그리고 우리를 구원하시리라) 믿는다.'

반면, 탈무드는 매일 주님 앞에서 노래하다가 없어질 천사를 하나님이 창조하신다며 본문을 신비적으로 해석키도 했다(하기가 14a).

주의[당신의] 성실하심이 크시도소이다

주님의 약속이 크시므로, 주님이 무엇을 약속하시든 당신께서 이를 인도하시고 이루시리라 믿는 것도 훌륭한 일이다(라쉬).

하나님을 믿는 것도 큰 공로로 인정된다(레헴 디마).

* * *

내 심령에 이르기를 여호와는 나의 기업이시니 그러므로 내가 그를 바라리라 하도다(3:24).

내 심령에 이르기를 여호와는 나의 기업이시니

내 자신에 이르기를(이븐 에즈라). [나를 강하게 하려는 영혼이 내 자신에게 본문을 귀띔했다(이븐 에즈라)]. 하나님을 믿는 것과, 우상을 숭배하지 않는 것, 그리고 거룩하신 하나님만을 섬기며 주님이 하나임을 매일 두 번씩 선포하는 것[쉐마를 낭독함으로써]은 내가 감당해야 할 의무다(미드라쉬).

[본문은 כֵּן אוֹחִיל לוֹ עַל (케인 오힐 로 알, 따라서 내가 그를 바라리라)로 끝을 맺는 데, 이는 21절("이것을 내가 내 마음에 담아 두었더니 그것이 오히려 나의 소망이 되었다")을 부연한다]

라브 S. R. 허쉬가 기록한『시편(16:5)』주해를 보면 "여호와가 나의 기업"이라는 구절을 분명히 이해할 수 있을 것이다. 이를테면, 'חֶלְקִי 헬키'는 '물질적인 유산'을 가리키므로, 세상에서 무엇을 갖게 되든, 그것의 진정한 의미는 그 가치가 아니라 내 운명을 인도하는 여호와 하나님이라는 것이다. …… 이 유산은 하나님에게서 비롯되었다는 사실 때문에 내게 소중한 것이다.

* * *

기다리는 자들에게나 구하는 영혼들에게 여호와는 선하시도다(3:25).

기다리는 자들에게[주님을 믿는 자들에게] **여호와는 선하시도다**

미드라쉬는 『시편(145:9)』에서 본문과는 대조적인 듯 보이는 구절을 인용했다. 즉, 여호와는 주님을 믿는 자뿐 아니라 모든 이에게 선하시다는 것이다. 미드라쉬는 예화를 들어 이를 풀이했다. 과수원에 물을 대면 물이 골고루 공급되지만, 괭이질은 좋은 작물만 골라서 하게 마련이다. [따라서 평소에는 모두가 같은 은혜를 받다가 심판의 날이 오면 하나님은 당신에게 희망을 건 자만 만나주실 것이다(토라 트미마)]

그를 구하는 영혼에게

본문은 전체적인 맥락에서 이해해야 한다. "주님의 인자가 무궁하기 때문에 여호와를 바라고, 주님은 나의 기업이시니 내가 당신을 믿을 것"이라는 뜻이지만, 하나님의 계명을 준행함으로써 당신을 적극적으로 구하는 자들에게 복이 돌아가기 때문에 주님이 무정하다는 인상을 받게 될 것이라는 뜻이다(키플라임 르수쉬야).

『나할 에슈콜』에 따르면, "여호와는 주님을 믿는 모든 이에게 선하시다"는 말씀은 전체적인 개념이고, "각 사람[영혼]에게 선을 베푸신다"는 말씀은 개별적으로 수용과 헌신의 정도에 따라 개인차가 있다는 뜻이라고 한다.

* * *

> 사람이 여호와의 구원을 바라고 잠잠히 기다림이 좋도다 사람은 젊었을 때에 멍에를 메는 것이 좋으니(3:26–27)

26–27 "하나님께서 우리를 영원히 버려두진 않으시리라는 점을 확신하기에, 잠잠히 체념하되 하나님의 궁극적인 구원을 기대하며 하나님이 주시는 고초에 순복하는 편이 나을 것이다. 그간 주님이 주시는 시련에 대해 말하자면 …… 젊을 때(노쇠하여 기력이 쇠할 때보다는 시련을 겪을 만한 체력이 있을 때) 멍에를 메는 것이 좋다(알쉬흐)."

잠잠할 것은[의역하면, 유순하게]

이븐 에즈라에 따르면, 위 구절은 예레미야 선지자가 당시 젊었다는 점을 암시하거나, 젊은 세대를 격려하기 위한 메시지라고 한다.

반면, 미드라쉬는 본문을 가리켜, 사람이 젊었을 때 메는 멍에(토라 및 결혼과 직장의 멍에)를 감당하는 것이 낫다고 주장했다. [이른 시기에 감당해야 할 의무로, 연기해선 안 된다]

* * *

혼자 앉아서 잠잠할 것은 주께서 그것을 그에게 메우셨음이라(3:28).

혼자 앉아서 잠잠할 것은

불행으로 고통을 감내해온 사람은 마치 버림받은 사람처럼 앉아 있으면서도, 앞으로 받을 복을 기대해야 한다는 뜻이거나, 혹은 "고초를 겪고 홀로 남은 사람[가족을 잃은 등, 여러 가지 이유로]도 묵묵히 고난을 감내해야 한다." 그가 결국에는 상을 받게 될 테니까(라브 알모스니노).

주께서 그것을 그에게 메우셨음이라

'법령의 주인[하나님]'이 그에게 이 같은 법령을 선포했기 때문에(라쉬) 그는 운명을 기꺼이 받아들여야 한다(알쉬흐).

하나님이 고난을 일으키셨고 주님의 자비가 모두를 아우르기 때문에 시련이 지정된 시간을 넘지 않으리라는 점을 확신할 수 있다. 그러니 구원의 날을 기다리자(미드라쉬 레카흐 토브).

『레헴 디마』는 "고초를 겪고 있는 자에게 가만히 앉아 자신의 운명을 돌아볼 기회를 준다면, 그는 자신이 범한 숱한 죄 때문에 고난을 겪는다는 점을 깨달을 것"이라고 풀이했다.

* * *

그대의 입을 땅의 티끌에 댈지어다. 혹시 소망이 있을지로다(3:29).

그대의 입을 땅의 티끌에 댈지어다

창조주 하나님께 운명을 온전히 맡겨야 한다. 흙먼지가 있는 땅바닥에 넙죽 엎드린 사람처럼 말이다(이븐 야히아, 이븐 에즈라). 구원을 위해 끊임없이 기도하라는 뜻이 될 수도 있다(미드라쉬 레카흐 토브).

혹시 소망이 있을지로다

하나님께서 그를 용서하시리라(알쉬흐).

미쉬나를 집대성한 랍비 하나시는 본문[29-31절]을 읽다가 눈물을 흘렸다(미드라쉬). 이스라엘에 치욕이 누적된 후에도 여전히 '희망'이 회의적인 듯 선지가가 '혹시'를 붙였기 때문이다(토라 트미마).

* * *

자기를 치는 자에게 뺨을 돌려대어 치욕으로 배불릴지어다(3:30).

자기를 치는 자에게 뺨을 돌려대어

좀 더 흔쾌히 순복하라(이븐 에즈라) 그리고 하나님을 원망하지 말라(이븐 야히아).

[이사야 50:6("나를 때리는 자들에게 내 등을 맡기며 나의 수염을 뽑는

자들에게 나의 뺨을 맡기며 모욕과 침 뱉음을 당하여도 내 얼굴을 가리지 아니하였느니라.")이 연상되는 구절이다]

＊＊＊

이는 주께서 영원하도록 버리지 아니하실 것임이며(3:31)

[마지막 몇 구절에서 예레미야는 하나님 앞에 운명을 맡기라고 종용하고 있다. 이때 그는 이 같은 훈계가 정당하다는 점을 하나님의 동정심에서 찾았다]

주께서 영원하도록 버리지 아니하실 것임이며

[하나님의 진노는 일정한 기간이 있다] 때문에 시련에 [잠잠히] 순복하는 것이 바람직하다(라쉬).

하나님은 사람이 회개하기만을 기다리신다(알쉬흐).

＊＊＊

그가 비록 근심하게 하시나 그의 풍부한 인자하심에 따라 긍휼히 여기실 것임이라(3:32).

그가 비록 근심하게 하시나 그의 풍부한 인자하심에 따라 긍휼히 여기실 것임이라

[난해한 구절로 탈굼에 근거한 번역이다]

라쉬는 "주께서 사람에게 슬픔을 주시는 것은 그의 죄악 때문이나, 그 후로는 풍성한 자비하심으로 동정하신다."라고 옮겼다.

알쉬흐는 32-33절을 엮어 다음과 같이 풀이했다. "죄 때문에 여호와가 사람을 근심하게 하는 것을 보거든 머지않아 주님이 동정하시리라는 점도 믿으라. 하나님은 변덕스레 고생시키지 않기 때문이다."

* * *

주께서 인생으로 고생하게 하시며 근심하게 하심은 본심이 아니시로다(3:33).

주께서는 변덕스럽게 고생시키지 않으시며

주님은 변덕스러운 심판을 기뻐하지 않으신다. 죄를 지으면 반드시 대가를 치르게 되어 있다(라쉬, 알쉬흐).

* * *

세상에 있는 모든 갇힌 자들을 발로 밟는 것과(3:34)

세상에 있는 모든 갇힌 자들을

이 어구는 모든 인류를 시적으로 묘사한 것이다. 우리는 주님의 섭리에서 벗어날 수 없는, 하나님의 땅에 '투옥된' 자가 아니더냐(알쉬흐)?

『레헴 디마』는 죄인은 모두 '세속적인 욕망 때문에 투옥된 자다.'라고 풀이했다.

발로 밟는 것과[도 아니다]

이 구절은 앞 절의 연장으로 봄직하다. "하나님은 변덕스럽게 심판하지 않으시고 …… 변덕스럽게 발로 밟지도 않으신다(라쉬)."

* * *

지존자의 얼굴 앞에서 사람의 재판을 굽게 하는 것과(3:35)

지존자의 얼굴 앞에서

사람을 공의로 보호하는 하나님의 임재 안에서 심판하는 랍비 법정을 두고 한 말이다. 하나님이 재판을 굽게 하는 것을 허락지 않으셨다면 주님에게 책임을 물을 수는 없을 것이다(알쉬흐)!

사람의 재판을 굽게 하는 것과[도 아니다]

라쉬에 따르면, 이 구절 또한, (여호와는 변덕스럽게 무언가를 하거나 허용하지 않는다는) 33절에서 시작된 주제와 연결된다고 한다.

* * *

> 사람의 송사를 억울하게 하는 것은 다 주께서 기쁘게 보시는 것이 아니로다(3:36).

사람의 송사를 억울하게 하는 것은 주께서 기쁘게 보시는 것이 아니로다

천상의 재판소가 사람에게 송사를 억울하게 하는 것은 하나님께서 용납지 않으신다(라쉬).

하나님은 공정한 보응을 위한 노력을 원하신다. 하나님은 유대인이 고국에서 영원히 살기를 바라실 것이다. 그들이 포로로 끌려간 까닭은 '억울한 누명' 때문이 아니라 그들의 '죄' 때문이다(레카흐 토브).

『레헴 디마』는 본문을 앞 절의 원인이라고 해석했다. "하나님은 지존자 앞에서 재판을 굽게 하지 않으신다. 사람의 송사를 억울하게 하는 것을 용납지 않기 때문이다."

* * *

> 주의 명령이 아니면 누가 이것을 능히 말하여 이루게 할 수 있으랴. 화와 복이 지존자의 입으로부터 나오지 아니하느냐. 살아 있는 사람은 자기 죄들 때문에 벌을 받나니 어찌 원망하랴(3:37–39).

37–40. 라쉬는 넉 절을 하나로 묶어 다음과 같이 해석했다. "시련을 우연으로 생각해서는 안 된다. 하나님 외에 누구에게서 화와 복이 나오겠는가? 그런데 왜 불평하는가? 자신의 죄를 탓하라! 그리고 [40절] 자신의 행위를 돌아보고 회개하라."

화와 복이

『팔게이 마임』은 라쉬의 견해와는 대조적으로 해석했다. 즉, 화와 복이 하나님에게서 나오지만 행위에 대한 선택(선과 악)은 하나님이 아니라 인간이 하는 것이다.

따라서 람밤[힐호스 테슈바 및 '8장'에서]은 하나님께서 화를 유도하셨다고 보는 것(마치 하나님의 강요에 의해 끌려가듯)은 잘못이라고 규정했다. 그에게 정의가 적용된다면 어찌 강요를 당했다고 불평할 수 있겠는가? 그는 죄를 이길 수 있는 '유능한 사람'이 아닌가! 악한 길을 정복하라! 하나님을 아는 지식이 있는 곳에 자유의지가 있다.

살아 있는 사람이 어찌 원망하랴? 유능한 자는 자기 죄 때문에 벌을 받게 마련이다!

살아있다는 데 감사하라! 라브 레비는 "거룩하신 하나님은 다음과 같이 선포하셨다. '네 목숨은 내 손에 있는데, 살아있다는 이유로 불만을 늘어놓는구나!' 다음은 라브 후나의 해석이다. '용감한 자처럼 일어나 당당히 죄를 인정하고 불평하지 말라!' 반면, 라브 버라히야는 '왜 영원히 사시는 하나님께 불만을 늘어놓는가? 불평하려면 자신의 죄에 대해 불평하라!;'라고 풀이했다(미드라쉬)."

חֶטְאוֹ(헤트오)는 '그의 죄[단수]'라는 뜻이다. 샤아르 바트 라빔은 첫 죄를 범하지 않도록 각별히 주의해야 한다고 지적했다. 죄를 가볍게 넘기거나 간과해서는 안 된다. '한 가지 죄가 다른 죄를 낳기 때문이며' 그의 미래는 첫 죄를 어떻게 대처하느냐에 따라 달라질 것이다.

라브 요나단 에예베슈쯔는 한 가지 죄도 가볍게 넘겨선 안 된다(아무리 사소하게 보여도)고 주장했다. 사람은 모름지기 모든 죄에 대해 '불평'할 줄 알아야 한다.

* * *

우리가 스스로 우리의 행위들을 조사하고 여호와께로 돌아가자(3:40).

우리가 스스로 우리의 행위들을 조사하고

앞 절의 절정을 이루는 구절이다. 사람은 자신이 죄를 지어 하나님에게서 비롯된 화를 입는다. 그러므로 불평하거나 비난해서는 안 된다. '고난의 원인을 파헤치려면 자신의 행위를 돌아보고 회개해야 한다(키플라임 르수쉬야).'

"고통과 시련이 찾아오거든 자신의 행위를 돌아보라. 성경에 기록된 바와 같이, '우리가 스스로 우리의 행위를 조사하고 여호와께로 돌아가라(버라호트 5a)'는 것이다." 탈무드는 이렇게 조언한다.

본문은 『스바냐(1:12)』를 연상시킨다("등불로 두루 찾아 벌하리니"). 회개가 '여호와께(영광의 보좌) 상달될 수 있도록' 자신의 행위를 돌아봐야 한다(미드라쉬 레카흐 토브).

…… 라브 갈란티는 '자기성찰'이 '등불로' 세심히 살펴보는 것과 비슷한 맥락에서 이루어져야 한다고 주장했다. 유월절 전, 누룩을 제거할 때 모든 틈새를 구석구석 살펴야 하듯 말이다. 이는 빛에 비유되는 영혼을 가리키기도 한다[하나님의 빛은 인간의 영혼이다]. 이를테면, 영혼의 안내를 받으며 존재의 '구석구석(생각이 거의 미치지 못하는 곳까지)'을 전부 '살핀다면' 결국에는 죄와 악행을 상징하는 '누룩'을 찾게 될 것이다. 그가 자신의 행위를 고치고 '누룩'을 없애고자 한다면 회개는 여호와의 보좌에까지' 이를 것이다.

알쉬흐는 본문을 다음과 같이 해석했다. "우선 '우리가 살아온 길을 살펴보고(이를테면, 선한 것이든 악한 것이든, 우리의 행위를 면밀히 조사하고)' 심판을 '고찰해 본다면' 우리가 정당한 대가를 받았다는 사실을 깨닫게 될 것이다. 엄격한 잣대로 말이다."

여호와께로 돌아가자[혹은 그리고 회개하자]

미드라쉬와 여러 주석가들은 탈무드의 금언[요마 86b]을 인용하며, אֶל(엘, 까지)보다 'עַד(아드, 까지)'의 뉘앙스가 좀 더 강하다는 점을 지적했다. "회개는 영광의 보좌에까지[아드] 이르기 때문에 위대하다." 때문에 이 구절은 현인이 자주 강조하는 개념(회개하는 사람은 이상에 미치지 못한 죄인의 지위를 능가하게 된다. 회개는 사람을 의인의 수준까지 끌어올린다)을 암시하고 있다.

* * *

우리의 마음과 손을 아울러 하늘에 계신 하나님께 들자(3:41).

우리의 마음과 손을 아울러 들자[손으로(직역하면 손에) 마음을 들자]

괄호 안의 번역문은 라쉬의 두 가지 해석 중 첫 번째를 따른 것이다. 우리가 [기도하며] 손을 하나님께 들 때, 주님 앞에서 상한 심령으로 마음도 들자[가장 신실한 마음으로]. 구름을 손에 빗댄 것처럼(왕상 18:44) '구름에[하늘에]' 들자는 해석도 있다.

기도는 겉으로는 '손을 들고' 안으로는 마음을 들 때만이 역사하는 힘이 크다(알쉬흐).

탈무드의 기록처럼 사람의 기도는 마음을 손에 둘 때[신실해야]만 응답받는다(타니스 8a).

다음은 『미드라쉬 레카흐 토브』에서 발췌한 것이다. "우리는 손으로 범한 악에 집중해야 한다. 회개하며 '악을 손에서 떨쳐버릴 때'

기도는 응답받을 것이다. 비유컨대, 기어 다니는 부정한 생물을 손에 쥐고 있는 부정한 자(타호르)가 자신을 성찰하는 모습을 떠올려보라. 악을 아주 제거해 버리기 전에는 세상의 어떤 물도 그를 순결하게 만들 수는 없을 것이다. [선한 의도만으로는 부족하다. 선의는 적극적인 표현과도 일치해야 한다]

(라브 벨벨 마골리스는 이를 자선에 비유하기도 했다. 손이 순수한 마음과 짝을 이룬다면 자선은 '마음으로 손을 든' 자가 행한 것이므로, 그의 공로가 '하늘에 계신 하나님'께 상달된다는 것이다)

[구약성경에서 손과 마음은 의로움과 신실한 마음을 가리킬 때 쓰인다. 의인은 "손이 깨끗하고 마음이 정결한 자(시편 24:4)"와 비교해보라]

* * *

우리의 범죄함과 우리의 반역함을 주께서 사하지 아니하시고(3:42)

우리의 범죄함과 …… 주[당신]께서 사하지 아니하시고

죄를 지을 때 사람은 자신의 천성과 악한 본성에 집착하게 되나, 하나님은 자비를 베풀지 않으신다. 즉, 용서하지 않으신다는 이야기다(미드라쉬, 라쉬, 알쉬흐).

이븐 에즈라는 이 구절을 별개의 탄식으로 해석했다. 즉, 우리가 죄를 범하고 (회개하지 않았다) 결국 하나님은 용서하지 않으셨다.

* * *

진노로 자신을 가리시고 우리를 추격하시며 죽이시고 긍휼을 베풀지 아니하셨나이다(3:43).

진노로 자신을 가리시고 우리를 추격하시며

[기도가 자비하신 주님의 속성에 이르지 못하도록] 당신과 우리 사이에 진노를 두시고, 분노로 우리를 추격하셨다(라쉬).

『미드라쉬 레카흐 토브』는 적을 방어하기 위해 방패를 둔 용사에 비유했다. 이때 그는 검으로 적을 공격할 것이다.

이븐 에즈라는 이스라엘을 간접목적어로 해석했다. 하나님은 분노의 덮개를 유대인에게 펼치셨다(주님의 추격에서 빠져나갈 구석은 없다).

* * *

주께서 구름으로 자신을 가리사 기도가 상달되지 못하게 하시고(3:44)

주께서 구름으로 자신을 가리사 기도가 상달되지 못하게 하시고

[8절에서 언급한 바와 같이, 주님은 내 기도를 닫으셨다(기도로는 하나님을 만날 수 없게 하셨다)]

본문에 기록된 '구름'은 기도와 여호와 사이에 막을 형성한 구름을 연상시킨다(이븐 에즈라).

탈무드에 따르면, 라바Raba는 구름이 낀 날이면 금식을 선언하지 않았다고 한다. "주께서 구름으로 자신을 가리사 기도가 상달되지 못하게 하셨기" 때문이다(버라호트 32b).

미드라쉬는 랍비 아키바가 티네이우스 루푸스[유대를 통치하던 로마 총독] 앞에서 재판을 받은 일화를 소개했다. 하루는 조슈아 하가르시[빻은 옥수수 중개인]가 랍비 아키바와 함께 서서 기도하고 있을 때 구름이 내려와 그들을 에워쌌다. 이때 조슈아가 이야기했다. "구름이 내려와 우리를 에워싸니 [마치] 랍비 아키바의 기도가 상달되지 않았다는 점을 [하나님이 암시하는 것 같군요]. '주께서 구름으로 자신을 가리사 기도가 상달되지 못하게 하시고'라는 말씀처럼 말입니다."

* * *

우리를 뭇 나라 가운데에서 쓰레기와 폐물로 삼으셨으므로(3:45)

쓰레기와 폐물로

알쉬흐는 이웃이 우리를 업신여기게 만들었다고 풀이했고, 라쉬는 두 어구를 "가래와 콧물"이라고 옮겼다.

미드라쉬는 "당신이 우리를 혐오스런 소외자로 만들었다"라고 번역했다.

반면, 이븐 에즈라와 아울러 탈굼은 '주께서 우리를 실향민으로 만들었다'고 풀이했다.

대다수의 주석가들은 앞 절과 관련하여 위의 두 어구를 하나님이 이스라엘에 실망한 결과라고 해석했다. 즉, 하나님이 주님의 백성에게서 '당신을 감추어' 그들이 하나님의 은혜를 아주 잃어버린 탓에 이교도가 기회를 틈타 유대인을 더욱 멸시했다는 것이다.

* * *

우리의 모든 원수들이 우리를 향하여 그들의 입을 크게 벌렸나이다 (3:46).

[פ(페이)로 시작하는 46-48절은 사실상 [ע(아인)으로 시작하는 49-51절보다 나중에 와야 한다(2:16 주석)]

우리를 향하여 그들의 입을 크게 벌렸나이다

대개는 '쓰레기와 폐기물' 다루듯 했지만, 원수는 우리를 무시하지 않고 온갖 조롱과 모욕으로 평안할 틈을 주지 않았다. 심지어는 비극에 젖어있을 여유도 없었다(이븐 야히아).

* * *

두려움과 함정과 파멸과 멸망이 우리에게 임하였도다(3:47).

두려움과 함정이 우리의 것이로다

[원수가 두려워 도망치다가 함정에 빠졌다(이사야 24:17, 18)("땅의 주민아 두려움과 함정과 올무가 네게 이르렀나니, 두려운 소리로 말미암아 도망하는 자는 함정에 빠지겠고 함정 속에서 올라오는 자는 올무에 걸리리니")]

파멸과 멸망이

성전이 파괴된 후 유다가 느끼는 비참한(정치적으로나 물질적으로) 심정을 묘사하고 있다(알쉬흐).

『토라스 헤세드』는 '파멸과 멸망'이 두려움과 함정의 결과라기보다는 네 가지가 동시에 유대인에게 닥쳤다는 점을 암시한다.

이븐 에즈라는 שֵׁאת(쉐이트)를 שׁוֹאָה(쇼아, 갑작스런 재앙)로 보았다.

* * *

딸 내 백성의 파멸로 말미암아 내 눈에는 눈물이 시내처럼 흐르도다 (3:48).

내 백성의 파멸로 말미암아

내 고통이 아니라 백성의 파멸 때문에 눈물을 흘린다(알쉬흐).

내 눈에는 눈물이 시내처럼 흐르도다

하나님의 동정심으로 상황이 나아지리라 희망해봄직한 문제를 두고는 눈물을 자제하지만 이번에는 하나님의 동정심을 자극하기 위해 눈물을 흘리고 있다. 이 눈물은 여호와께서 하늘에서 살피시고 돌아보실 때까지[50절] 이스라엘이 하나님을 믿고 의지한다는 점을 상징적으로 암시한다(키플라임 르수쉬야).

'눈'은 단수다. 한 눈에서 그렇게 많은 눈물을 흘렸으니, 두 눈이라면 얼마나 많았겠는가(알쉬흐)!

* * *

> 내 눈에 흐르는 눈물이 그치지 아니하고 쉬지 아니함이여 여호와께서 하늘에서 살피시고 돌아보실 때까지니라(3:49–50).

내 눈에 흐르는

하염없이 흘러 눈이 건강해 보이지 않는다(라브 알모스니노).

여호와께서 하늘에서 살피시고 돌아보실 때까지니라

[앞 절과 연결된다. 여호와께서 살피시고 돌아보실 때까지 눈물은 그치지 않을 것이다!] 본문은 하나님이 내려다보는 창이 하늘에 달려 있는 듯한 인상을 준다(이븐 에즈라).

주석가들에 따르면[레헴 디마, 알쉬흐, 키플라임 르수쉬야] יַשְׁקִיף(야쉬키프, 내려다본다)는 악을, יִרְאֶה(이르에, 돌아본다)는 선을 가리킨다고 한다. 따라서 본문은 '여호와께서 원수의 악을 내려다보시고, 우리의 선을 돌아보실 때까지'라는 뜻이다.

* * *

나의 성읍의 모든 여자들을 내 눈으로 보니 내 심령이 상하는도다(3:51).

나의 성읍의 모든 여자들을[로부터/보다]

해석이 다양한 구절이다.

a. 라쉬는 위와 같고, b. "내가 사는 성읍의 여느 딸보다 훨씬 더 많은 눈물을 흘리고 고통을 겪었다. 물론 여성이 더 잘 울지만 말이다(이븐 에즈라)." c. 내 눈물은 성에 사는 여느 딸보다 내게서 더 많은 회개를 불러일으킨다(알쉬흐). d. 백성의 "딸과 그들의 비참한 상황 때문에[모든 딸로부터]" 내가 괴롭다. 그에 비하면 내 고통은 부차적인 문제다(이븐 슈입)."

[룻기에서 이와 비슷한 문제가 있다. "나는 너희로 말미암아 더욱 마음이 아프도다(룻기 1:13)(아트스크롤 주석 מְאֹד מִכֶּם כִּי מַר לִי 모에드 미켐 키 마르 리, 페이지 참조)"]

내 눈으로 보니 내 심령이 상하는도다[내 눈이 내게 슬픔을 안겨다 주었다]

내 처지를 돌아볼 때 내 눈은 마음이 상한다(키플라임 르수쉬야).

귀족 선지자 가문 출신의 예레미야가 개인적으로 탄식하는 구절이다. 그는 눈물을 쏟고 있는 눈에 얼굴이 일그러지고, 성읍의 여느 주민보다 예레미야 자신의 마음이 훨씬 상해 있다는 점 때문에 번민하고 있다. 그의 가족은 제사장으로서 하나님을 섬기고 거룩한 삶을 이어가야 했기에 다른 이웃보다 훨씬 더 큰 고초를 겪어야 했다(라쉬).

* * *

나의 원수들이 이유 없이 나를 새처럼 사냥하는도다(3:52).

나의 원수들이 이유 없이

이븐 에즈라에 따르면, חִנָּם(히남, 이유 없이)는 אֹיְבַי(오여바이, 나의 원수)를 꾸며준다고 한다. (본문은 "나를 이유 없이 증오하는 원수들이 놓은 덫에 내가 새처럼 빠졌다"는 뜻이다)

알쉬흐는 חִנָּם(히남)이 동사 צָדוּנִי(짜두니, 내가 덫에 빠졌다)를 꾸며준다고 보았다. 즉, 아무런 이유 없이(그들에게나, 나에게도 아무런 유익이 없는데) 원수가 나를 끊임없이 덫에 빠뜨린다는 것이다.

내가 끊임없이 덫에 빠진다

[이중 동사를 직역하면 '빠지게 하고, 그들이 나를 빠지게 한다'는 뜻이다. 때문에 알쉬흐는 '그들이 계속해서 나를 덫에 빠뜨렸다'고 옮겼다]

["내가 나의 그물을 그 위에 쳐서 공중의 새처럼 떨어뜨리고(호세아 7:2)"를 참조하라]

* * *

그들이 내 생명을 끊으려고 나를 구덩이에 넣고 그 위에 돌을 던짐이여(3:53)

그들이 내 생명을 끊으려고 나를 구덩이에 넣고

토굴이나 지하감옥(라쉬)

요셉[창세기 39:20]과 예레미야[예레미야 38:6] 및 다니엘[다니엘 6:18]의 고통을 연상시키는 대목이다.

그 위에[내게] **돌을**[돌 하나] **던짐이여**

다니엘에게 했듯이, 큰 돌을 토굴 어귀에 굴렸다는 뜻[다니엘 6:18]. 예레미야가 이를 예언적으로 보여주고 있다. 그리고 '생명을 끊으려고 나를 구덩이에 넣었지만' 직성이 풀리지 않았다. 즉, 바위로 입구를 막아버릴 때까지 만족하지 않았다(라쉬).

[나를 가두거나 질식시키기 위해] 거대한 돌을 구덩이 위로 굴렸거나, 내가 살아있나 보려고 돌을 던졌다(이븐 에즈라).

* * *

물이 내 머리 위로 넘치니 내가 스스로 이르기를 이제는 멸절되었다 하도다(3:54).

물이 내 머리 위로 넘치니 내가 스스로 이르기를 이제는 멸절되었다 하도다

물이 엉덩이에까지 차면 희망이 있지만, 물이[이방 민족을 비유적으로 표현] 머리 위로 넘치면 희망을 포기하게 된다. 그러나 다음 절에서는 그래도 희망을 잃지 않았다고 한다. "내가 당신의 이름(여호와, 하쉐임)을 불렀나이다(라쉬)."

내가 스스로 이르기를 이제는 멸절되었다 하도다

"세상에서 끊어졌도다(탈굼)."

* * *

여호와여 내가 심히 깊은 구덩이에서 주의 이름을 불렀나이다(3:55).

내가 주[당신]의 이름을 불렀나이다

라쉬는 앞 절과 연결된 것으로 보았다[위를 참조하라].

알쉬흐와 『키플라임 르수쉬야』 및 『레헴 디마』는 이 구절을 앞 절 및 56-58절과 연결시켜 구원의 기도로 해석했다. 예레미야 선지자는 과거에 큰 위기를 겪었을 때 그가 하나님을 불렀다가(장황한 기도가 아니었다) 응답받았다는 사실을 자신 있게 기억해냈다.

주[당신]의 이름

기력이 소진되고 큰 고통에 시달릴 때 행인의 이름을 부르면 그가 사태의 심각성을 감지하고 서둘러 도와주듯, 본문에서도 그는 하나님의 이름을 불렀다. "주께서 내 목소리를 들으셨사오니, 내가 구원을 위해 부르짖을 때 주는 귀를 가리지 마소서(키플라임 르수쉬야)."

요나가 바다 깊은 곳, 물고기 뱃속에서 하나님을 찾았듯이, 이스라엘도 기도를 들으시고 구원해 주십사는 뜻으로 이방 민족(깊은 구덩이에 비유) 가운데서 주님을 불렀다(미드라쉬 레카흐 토브).

* * *

주께서 이미 나의 음성을 들으셨사오니 이제 나의 탄식과 부르짖음에 주의 귀를 가리지 마옵소서(3:56).

주께서[당신께서] **이미 나의 음성을 들으셨사오니**
과거에 주께서 내 소리는 들으셨지만 내 간청은 무시하셨다(랄쉬흐).

이제 나의 탄식과 부르짖음에[위안을 위한 기도로부터]
[직역하면, 나를 위로하기 위해]
탈굼과 대다수의 주석가의 견해에 따라 번역문을 풀이한 문장이다[에스더 4:14(위안과 구원)을 비교].

『팔게이 마임』은 רַוְחָתִי(라브하티)가 רְוָחָה(르바하, 틈, 공간)와 관계가 있다고 설명했다. 즉, 이스라엘은 하늘의 아버지와 우리를 가로

막은 장벽에서 "틈을" 만드사 기도가 통하게 해달라고 간구하고 있다는 것이다.

주의[당신의] 귀를 가리지 마옵소서

실의에 빠져 주님을 부를 때(하나님의 이름을 부를 뿐 아니라, 끊임없이 간청도 하고 울부짖기도 할 때) 내 통곡을 외면하지 마옵소서(레헴 디마).

* * *

> 내가 주께 아뢴 날에 주께서 내게 가까이 하여 이르시되 두려워하지 말라 하셨나이다(3:57).

내가 주께 아뢴 날에 주께서 내게 가까이 하여

즉시, 내가 주께 아뢰자마자 하나님은 가까이 오셔서 "두려워하지 말라"고 위로하셨다(알쉬흐).

『레헴 디마』는 "내가 당신을 불렀다."라는 과거시제가 아니라, 미완료 미래시제(내가 당신을 부를 것이다)를 썼다는 점을 강조했다. 그에 따르면, 하나님은 '내 목소리를 들으시고' 응답하실 뿐 아니라 '내가 주님을 부르기 전'에도 가까이 오실 거라고 한다. 하나님은 이미 내 기도를 예상하시고 미리 위로하시기 때문이다.

두려워하지 말라
['두려워하지 말라'는 성경 전체를 통틀어 후렴구처럼 반복되고 있다. 개별적인 사건에 국한되기도 하지만, 각 조상에게 "이스라엘은 두려워할 필요가 없다"는 하나님의 약속으로 봄직하다. 이를테면, "아브라함아 두려워하지 마라, 내가 네 방패가 될지니라(창세기 15:1)," "(이삭아) 두려워 말라(창세기 26:24)," "(야곱아) 두려워 말고 애굽으로 내려가라(창세기 46:3)," "(모세야) 두려워하지 말라(민수기 21:34), (이스라엘 백성들아) 두려워하지 말고 낙심하지 말라(신명기 1:24)," "(여호수아야) 두려워하지 말고 실망하지 말라(여호수아 8:1)" 외에도 하나님은 기드온(사사기 6:23)과 히스기야(왕하 1:15), 이사야(이사야 7:4), 예레미야(예레미야 1:8), '나의 종 야곱(예레미야 30:10),' 다니엘(다니엘 10:12)에게도 두려워하지 말라고 말씀하셨다]

* * *

주여 주께서 내 심령의 원통함을 풀어 주셨고 내 생명을 속량하셨나이다(3:58).

주여 주께서 내 심령의 원통함을 풀어 주셨고[당신은 항상 나의 대의를 위해 싸워주셨고][직역하면, 당신은 싸우셨습니다. 오, 주님, 내 영혼의 전투에서]

전 시대에서 주님은 내게 가까이 오사 나를 위로하셨고, 나를 대신하여 전쟁에서 싸우시곤 했습니다(레헴 디마)!

좀더 깊이 살펴보면, 본문은 하나님이 '영혼의 전투'에서 도우셨다고 한다. 즉, 내면의 선한 본성과 악한 본성이 벌이는 영원한 투쟁에서 선한 본성이 승리하도록 도와 '생명을 속량하신다(이븐 슈입)'는 이야기다.

본문의 함축적인 의미는 여호와가 과거에 유대인과 '가까웠듯이' 지금도 그들의 기도에 응답하시고 그들을 동정하신다는 것이다(레헴 디마).

* * *

여호와여 나의 억울함을 보셨사오니 나를 위하여 원통함을 풀어주옵소서(3:59)

여호와여 나의 억울함을 보셨사오니

[직역하면, 여호와여, 당신은 일그러진 내 모습을 보셨나이다]

원수가 내게 행한 억울한 만행을 보셨사오니(라쉬).[10)]

---

10 미드라쉬는 억울한 점을 묘사할 요량으로 제2성전이 무너질 때 벌어진 사건을 기록했다.

한 유대인이 하드리안[당시 로마 황제] 앞을 지나가며 예를 차렸다. "너는 누구냐?" "유대인입니다." 그가 대답하자, "뭣이라고! 일개 유대인이 하드리안 앞에서 감히 목을 숙여! 저 놈을 당장 잡아 참수하라!"

얼마 후, 이 사건을 들은 유대인이 하드리안 앞을 지나갔다. 그는 황제를 애써 외면했다. 황제가 물었다. "너는 누구냐?" "유대인입니다." "아니, 유대인 나부랭이가 감히 황제 앞에서 예도 갖추지 않다니! 당장 저 놈을 잡아 목을 자르라!"

원로원 의원은 그의 모순된 처사를 이해할 수 없어 이유를 물었다. "혐오스런 족속을 어떻게 처리해야 하는지 귀띔이라고 해주려는 거요?" 황제가 화를 내며 대꾸했다.

나를 위하여 원통함을 풀어주옵소서[나의 대의를 판단하소서] [직역하면, 그는 내 판단을 판단하셨다]

동사는 과거형으로 되어 있지만 탈굼과 라쉬를 비롯한 대다수의 주석가들은 이를 청유형으로 해석했다[1:21 주석을 참조].

"하나님! 주님 외에는 심판할 자가 없습니다(미드라쉬 레카흐 토브)."

* * *

그들이 내게 보복하며 나를 모해함을 주께서 다 보셨나이다(3:60).

[당신은] **그들이 내게 보복하는 것을 다 보셨나이다**

그들이 공공연히 행한 보복과 계획을 둘 다 보셨다(이븐 에즈라).

『팔게이 마임』은 다음과 같이 풀이했다. "우리 유대인은 심판을 받아 마땅하지만, 그럼에도 간구하오니 하나님이 직접 저희를 심판하시고 원수의 손에 이를 돌리지 마옵소서. '하나님은 그들이 우리에 대해 모해하고 보복하는 것을 모두 보셨기 때문입니다(주님만이 정의를 행하시니 저희를 원수가 아닌 주님의 손에 맡깁니다).'"

* * *

여호와여 그들이 나를 비방하며 나를 모해하는 모든 것 곧 일어나 나를 치는 자들의 입술에서 나오는 것들과 종일 나를 모해하는 것들을 들으셨나이다. 그들이 앉으나 서나 나를 조롱하여 노래하는 것을 주목

하여 보옵소서(3:61–63)

여호와여, [당신은] **그들이 나를 모욕하는 것을 들으셨나이다.**

알쉬흐는 그들이 여호와의 이름을 모욕했다고 풀이했다. "그들이 하쉐임인 당신을 모욕한 경위와 나를 대적하기 위해 모략을 세운 경위를 들으셨나이다."

그러나 대다수의 주석가들은 이스라엘이 모욕의 대상으로 보고, 61–63절을 (생각과 말과 행동에 대한) 원수의 모략으로 해석했다.

따라서 '나를 모해하는 모든 것'은 '생각'을 상징하고, '원수의 입술'은 '말'을, 그리고 '앉으나 서나'는 '행동'을 가리킨다(키플라임 르수쉬야).

[내 원수들의(직역하면, 나를 대적하여 일어난 자들의)] **입술에서 나오는 것과 생각**[직역하면, 묵상]**들**

[앞 절과 연결된 구절이다. 여호와여, 당신은 들으셨나이다. ……]

하루종일

악한 계획 중 다수를 이미 저질렀지만, 그들의 마음은 편치가 않다. 그래서 하루 종일 나에 대해 모략을 짜고 전략을 나누고 있다. 마치 나를 조롱하기 위해 언어구사력을 받았다는 인상을 준다(레헴 디마).

[그들이 하는 모든 것 안에서] **주목하여 보옵소서**

[직역하면, 그들의 앉고 서는 것을 보소서] 하나님, 인생의 일거

수일투족을 주목하여 보소서. 그들의 증오가 잔혹하고 모든 것을 빼앗아버릴 기세입니다(이븐 슈입).

나는 그들의 웃음거리로소이다

[직역하면, 나는 그들의 노래이다(이븐 에즈라)] 조롱이 담긴 노래의 주제(미드라쉬).

[3:14와 비교하라]

[따라서 이스라엘은 끊임없이 야유를 보내는 원수에 대한 저들의 대의를 듣고, 보고, 그에 가담해달라며 하나님께 간청하고 있다]

* * *

> 여호와여 주께서 그들의 손이 행한 대로 그들에게 보응하사 그들에게 거만한 마음을 주시고 그들에게 저주를 내리소서. 주께서 진노로 그들을 뒤쫓으사 여호와의 하늘 아래에서 멸하소서(3:64–66).

64–66 [이어지는 절에서, 이스라엘은 죄질의 정도에 따라 원수를 보응해달라고 간청하고 있다]

그들의 (손이) 행한 대로

이스라엘을 심판하겠다는, 하나님의 뜻을 위해 파견된 사절로서 그에 걸맞게 행했다는 이유로 그들의 죄는 면제된다. 그러나 여기에 '손이'이 덧붙여졌으니(원수에게 기대한 바와는 달리 지나치게 사악하고 열성적이었기에) 하나님께 그들을 심판해달라고 기도한 것이다[1:9 주석을 참조하라](레헴 디마).

그들에게 거만한 마음을 주시고[비통한 심정을 주소서]

라쉬와 미드라쉬 및 알쉬흐도 이렇게 [비애로 가득한 심정으로] 옮겼다.

'마음의 경직성(미드라쉬)'으로 해석하며, 마음이 굳어져 더 큰 심판을 받게 된다는 해석도 있다(이븐 야히아). 하나님이 고난의 원인이라는 사실을 깨닫지 못하고 마음이 경직되어 회개하지 않기 때문이다(라브 요나단 에예베슈쯔).

그들에게 저주를 내리소서

토라에 기록된 모든 저주를 그들에게 내리소서(알쉬흐).

주께서 진노로 그들을 뒤쫓으사

[주께서 우리를 추격할 때(43절)와 같은 진노로]

[그리고] **여호와의 하늘 아래에서** [그들을] **멸하소서**

우리에게 하신 것처럼 유수로 심판하지 마시고, 지면에서 멸절시키소서(라브 갈란티).

완전히 근절되어 자손이 더는 태동할 수 없게 된다. 결국 "이 나무나 약대 혹은 양이 그의 것이다[신분의 자취조차 남지 않을 것이다]"라는 말은 누구도 하지 않을 것이다(미드라쉬).

[3장은 원수를 멸절시켜달라는 간구로 막을 내린다]

4장

슬프다 어찌하여

1슬프다 어찌 그리 금이 빛을 잃고 순금이 변질하였으며 성소의 돌들이 거리 어귀마다 쏟아졌는고 2순
금에 비할 만큼 보배로운 시온의 아들들이 어찌 그리 토기장이가 만든 질항아리 같이 여김이 되었는고
3들개들도 젖을 주어 그들의 새끼를 먹이나 딸 내 백성은 잔인하여 마치 광야의 타조 같도다 4젖먹이가
목말라서 혀가 입천장에 붙음이여 어린 아이들이 떡을 구하나 떼어 줄 사람이 없도다 5맛있는 음식을
먹던 자들이 외롭게 거리 거리에 있으며 이전에는 붉은 옷을 입고 자라난 자들이 이제는 거름더미를 안
았도다 6전에 소돔이 사람의 손을 대지 아니하였는데도 순식간에 무너지더니 이제는 딸 내 백성의 죄가
소돔의 죄악보다 무겁도다 7전에는 존귀한 자들의 몸이 눈보다 깨끗하고 젖보다 희며 산호들보다 붉어
그들의 윤택함이 갈아서 빛낸 청옥 같더니 8이제는 그들의 얼굴이 숯보다 검고 그들의 가죽이 뼈들에
붙어 막대기 같이 말랐으니 어느 거리에서든지 알아볼 사람이 없도다 9칼에 죽은 자들이 주려 죽은 자
들보다 나음은 토지 소산이 끊어지므로 그들은 찔림 받은 자들처럼 점점 쇠약하여 감이로다 10딸 내 백
성이 멸망할 때에 자비로운 부녀들이 자기들의 손으로 자기들의 자녀들을 삶아 먹었도다 11여호와께서
그의 분을 내시며 그의 맹렬한 진노를 쏟으심이여 시온에 불을 지르사 그 터를 사르셨도다 12대적과 원
수가 예루살렘 성문으로 들어갈 줄은 세상의 모든 왕들과 천하 모든 백성이 믿지 못하였었도다 13그의
선지자들의 죄들과 제사장들의 죄악들 때문이니 그들이 성읍 안에서 의인들의 피를 흘렸도다
14그들이 거리 거리에서 맹인 같이 방황함이여 그들의 옷들이 피에 더러워졌으므로 그들이 만질 수 없
도다 15사람들이 그들에게 외쳐 이르기를 저리 가라 부정하다, 저리 가라, 저리 가라, 만지지 말라 하였
음이여 그들이 도망하여 방황할 때에 이방인들이 말하기를 그들이 다시는 여기서 살지 못하리라 하였
도다 16여호와께서 노하여 그들을 흩으시고 다시는 돌보지 아니하시리니 그들이 제사장들을 높이지 아
니하였으며 장로들을 대접하지 아니하였음이로다 17우리가 헛되이 도움을 바라므로 우리의 눈이 상함
이여 우리를 구원하지 못할 나라를 바라보고 바라보았도다 18그들이 우리의 걸음을 엿보니 우리가 거
리마다 다 다닐 수 없음이여 우리의 끝이 가깝고 우리의 날들이 다하였으며 우리의 종말이 이르렀도다
19우리를 뒤쫓는 자들이 하늘의 독수리들보다 빠름이여 산 꼭대기까지도 뒤쫓으며 광야에서도 우리를
잡으려고 매복하였도다 20우리의 콧김 곧 여호와께서 기름 부으신 자가 그들의 함정에 빠졌음이여 우
리가 그를 가리키며 전에 이르기를 우리가 그의 그늘 아래에서 이방인들 중에 살겠다 하던 자로다 21우
스 땅에 사는 딸 에돔아 즐거워하며 기뻐하라 잔이 네게도 이를지니 네가 취하여 벌거벗으리라 22딸 시
온아 네 죄악의 형벌이 다하였으니 주께서 다시는 너로 사로잡혀 가지 아니하게 하시리로다 딸 에돔아
주께서 네 죄악을 벌하시며 네 허물을 드러내시리로다

4장

* * *

슬프다 어찌 그리 금이 빛을 잃고 순금이 변질하였으며 성소의 돌들이 거리 어귀마다 쏟아졌는고(4:1)

슬프다! 어찌 그리 금이 빛을 잃고

'금'은 예루살렘 백성을 상징한다. 금이 무언가에 의해 '덮이게 되었다.' 즉, 외관과 빛깔은 바래졌지만 본질은 변하지 않았다(미드라쉬, 라쉬, 이븐 야히아).

라쉬는 이 애가가 본디 『역대하(35:25)』에 기록된 바와 같이, 요시야 왕 때 선포되었다고 주장했다. 예레미야도 시온에 대한 기록을 그 안에 포함시켰다.

미드라쉬는 본문을 다음과 같이 풀이했다. 슬프다! 어찌 금이(백성에게 금 장신구 같았던 요시야 왕) 빛을 잃었는고.

금
얼굴의 광채를 가리킨다(라쉬).

순금이 변질되었으며
역시 외관이다(라쉬).

성소의 돌들이[신성한 돌들이] **흩어졌는고**[직역하면, 쏟아졌는고]
'신성한 돌'은 보화의 광채가 나는 백성을 가리킨다. 미드라쉬에 따르면, '쏟아진' '신성한 돌들'은 요시야가 화살에 맞은 자리에서 쏟아진 피(약 반 잔)에 대한 예레미야의 탄식을 암시한다고 한다. 그는 피를 모아 이를 흘린 전장에 묻었다(라쉬).

또한 '신성한 돌'은 토라 학자['토대'가 되는 '돌'이라 부른다(토라 트미마)]를 암시한다고 미드라쉬는 덧붙였다. 학자들은 가난한 형편 때문에 밖에 나가 생업을 찾아야 했기에 그들이 '거리 어귀마다 쏟아졌다'는 것이다.

『미드라쉬 레카흐 토브』는 돌을 의인의 피라고 해석했다. 그들은 거리 어귀마다 쏟아진 '신성한 돌'에 비유된다.

* * *

순금에 비할 만큼 보배로운 시온의 아들들이 어찌 그리 토기장이가 만든 질항아리 같이 여김이 되었는고(4:2).

순금에 비할 만큼

그들의 아름다움은 순금에 비유된다(라쉬).

보배로운 시온의 아들들

[시온의 귀한 주민들이 한때는 지극히 존경을 받았지만, 지금은 흔한 흙 취급을 받고 있다는 탄식이다]

『미드라쉬 레카흐 토브』는 예루살렘 주민의 고매한 성품을 언급했다. 그들은 앉아 음식을 먹을라치면, 문에 가난한 자들이 볼 수 있도록 "음식을 함께 나누자"는 표지를 달았다고 한다[바바 바트라 93b 참조].

어찌 그리 토기장이가 만든 질항아리 같이 여김이 되었는고 쉽게 부서지는데, 일단 부서지면 복원이 불가능하여 무용지물이 된다(알쉬흐).

* * *

들개들도 젖을 주어 그들의 새끼를 먹이나 딸 내 백성은 잔인하여 마치 광야의 타조 같도다(4:3).

들개들도['타님'도] 젖을 주어 그들의 새끼를 먹이나

['타님'은 야생짐승을 뜻하지만 구체적으로 무엇을 가리키는지는 알려지지 않았다. 대개는 '파충류'나 '어류'를 의미하지만, 현대 히브리어에서 תַּן(탄)은 '자칼'을 뜻한다. 탈무드 문헌에도 참고할 만한 기록은 거의 없기 때문에 주석 원문에는 번역을 삼갔다]

'타님'은 사악하지만 새끼를 기를 때는 온정을 보이게 마련이다. 예레미야는 평소 자비한 유대인 어머니들이 기근의 고통과 압박으로 포악해지고 아이보다 자신의 목숨을 더 중히 여기고 있는 실태를 탄식하고 있다. 음식을 가리지 않고 먹는 데다, 아이는 굶든 말든 내버려두고 있으니 말이다(라쉬).

많은 주석가들에 따르면, '타님'은 가슴을 벗긴 사악한 원수를 가리킨다고 한다. 이를테면, 그들은 유대인 여인의 젖을 제 자녀에게 물렸기 때문에 정작 친 자식에게는 줄 젖이 없었다는 것이다. 유대인 딸들은 광야의 타조처럼 울부짖는 자녀의 필요를 충족시켜줄 수가 없어 잔인한 것처럼 보인다(알쉬흐, 팔게이 마임).

유대인 동포가 젖을 먹였으니 원수의 자녀라면 그래도 유대인들에게 동정을 베풀 것 같지만 이 또한 현실과는 거리가 멀었다. 그들은 광야의 타조처럼 잔인했다(레헴 디마).

마치 광야의 타조 같도다

광야에서 태어난 타조는 새끼에게 포악하기로 유명했다(이븐 슈입).

[욥기 39:16을 비교하라. "그 새끼에게 모질게 대함이 제 새끼가 아닌 것처럼 한다"]

* * *

젖먹이가 목말라서 혀가 입천장에 붙음이여 어린 아이들이 떡을 구하나 떼어 줄 사람이 없도다(4:4).

젖먹이가 목말라서 혀가 입천장에 붙음이여

앞 절에서는 '딸 내 백성은 잔인하여' 젖을 위해 어미를 의존하는 젖먹이가 목이 말라 죽어가고 있고, 어린 자녀(걸음마를 배우는 단계)는 빵을 달라며 애원하고 있다(키플라임 르수쉬야).

미드라쉬는 적이 수도를 파괴한 경위도 기록했다. 목이 타는 아이를 수도에 데려간 아비는 물을 찾지 못했다고 한다.

어린 아이들이 떡을 구하나

원수의 자식에게 젖을 물린 어미는 대가로 빵을 구했으나, 아무런 응답이 없었다. 심지어는 한 조각도 받지 못했다(알쉬흐).

떼어 줄 사람이 없도다

[탈굼에 따른 번역문이다] 알쉬흐와 이븐 에즈라는 미드라쉬의 해석을 따라 פֹּרֵשׂ(포레이스)를 פְּרוּשָׂה(프루사, 빵 조각)와 결부시켜 "그들은 한 조각도 먹지 못했다"거나 "그들에게 한 조각도 주는 이가 없었다."라고 옮겼다.

『샤아르 바트 라빔』에 따르면, 기근 당시 빵을 구하던 큰 아이들은 빵이 없는 이유를 알았지만, 나이가 어린 아이는 아무리 설명해봐야 소용이 없었다고 한다. 때문에 פֹּרֵשׂ(포레이스)를 "므파리이쉬"로 보고 본문을 풀이한 학자도 있다. 그러면 "아주 어린 자녀는 빵을 구하지만 누구도 그들에게 상황을 설명할 수 없었다"는 뜻이 된다.

* * *

맛있는 음식을 먹던 자들이 외롭게 거리 거리에 있으며 이전에는 붉은 옷을 입고 자라난 자들이 이제는 거름더미를 안았도다(4:5).

본문에서 예레미야는 정상에 있다가 끝이 보이지 않는 나락으로 몰락해 간 백성에 대해 탄식하고 있다. 가장 좋은 음식을 먹고 가장 좋은 옷을 입고 자란 백성이 지금은 굶주려 의식을 잃고 거리에 쓰러져 있으며, 부스러기라도 먹기 위해 쓰레기더미를 뒤지고 있다(레헴 디마).

맛있는 음식을 먹던 자들이[흥청망청 먹던 자들이]

주석가들에 따르면, 위 구절의 뜻은 '맛있는 음식을 먹던 자(허기를 채우기 위해 미식을 즐기던)'가 아니라고 한다. 접두사 'ל(라메드)'는 단어를 부사로 바꾸어주는 역할을 한다. 즉, 배가 고프지도 않은 데 '흥청망청' 먹어댔다는 이야기다. 성전이 무너지기 전에는 그토록 풍성히 지낸 까닭에 지금은 기아로 의식을 잃고 있다(알쉬흐)!

이전에는 붉은 옷을 입고 자라난 자들이

אֱמֻנִים(에무님, 자라난)은 "그가 하닷사를 길렀더라(에스더 2:7)"의 'אֹמֵן(오멘)'과 관계가 깊다.

거름더미를 안았도다[거름더미에 뒹굴렀다]

'안았도다'는 직역이다. 그들이 쓰레기 더미를 뒤졌다. 미식이나 좋은 옷에는 관심이 없었다(버려진 음식을 찾고 있었다)(레헴 디마). 미드라쉬에 따르면, 그들은 거름더미에 [죽은 채] 누워있었다고 한다.

＊＊＊

> 전에 소돔이 사람의 손을 대지 아니하였는데도 순식간에 무너지더니
> 이제는 딸 내 백성의 죄가 소돔의 죄악보다 무겁도다(4:6).

사람의 손을 대지 아니하였는데도

[구약성경에 '사람'은 없지만 문맥상 넣어야 옳다] 즉, 소돔은 시온과는 달리, 적이 아니라 천사가 파괴했다(라쉬). 적이 장기간 고통을 안겨준 탓에 백성은 죽을 '자유'를 더는 기다릴 수 없었다(알쉬흐).

탈굼은 ['손(야드)'을 '예언적 환상(야드 하)'으로 이해하여] 본문을 다음과 같이 번역했다. "그리고 어떤 선지자도 소돔의 몰락을 예언하여 회개를 촉구하진 못했다[이와는 달리, 시온은 많은 선지자의 예언을 무시했다]"

순식간에 무너지더니

소돔은 장기간의 포위에 따른 고통 없이 순식간에 무너졌다. 때문에 소돔의 죄는, 기근과 포위 및 전쟁으로 심판을 받은 예루살렘의 죄만큼 무겁진 않은 것으로 간주되었다(그들은 여전히 포로로 끌려가 고난을 당하고 있다!).

이제는 딸 내 백성의 죄가 소돔의 죄악보다 무겁도다

시온에 대한 심판은 소돔이 당한 것보다 더 무거웠으므로[다음 절 주석을 참조하라] 그들의 죄 또한 소돔의 죄보다 더 컸다(라쉬).

* * *

> 전에는 존귀한 자들의 몸이 눈보다 깨끗하고 젖보다 희며 산호들보다 붉어 그들의 윤택함이 갈아서 빛낸 청옥 같더니 이제는 그들의 얼굴이 숯보다 검고 그들의 가죽이 뼈들에 붙어 막대기 같이 말랐으니 어느 거리에서든지 알아볼 사람이 없도다(4:7–8).

7–8 ['전과 지금'을 비교한 것은 귀족에게 닥친 기근과 전쟁의 참상을 묘사한다. 전에는 왕세자처럼 존귀하고 영화로운 존재였다면 지금은 '숯보다 더 검게 되었다']

그의 존귀한 자들

[히브리어, "느지레하"](라쉬를 비롯한 대다수 주석가의 견해에 따른 번역문) 라쉬는 '존귀한 자'를 '그의 나실인'으로 봐야 한다고 덧붙였다. 그들은 외모가 매우 출중했기 때문이다.

어쨌든 위 어구의 주어는 [소돔인이 아니라] 유대인이다.

젖보다 희며

미드라쉬는 "그들은 [마시는] 젖으로 하얗게 되었다"고 옮겼다.

(그래서 탈무드는 딸아이의 용모를 위한다면 젖을 먹여야 한다고 권했다[케투보트 59b]).

그들의 윤곽이 청옥 같더니

대다수의 주석가가 내놓은 견해에 따른 역문이다. 미드라쉬는 "גִּזְרָתָם(기즈라탐)"을 "גְּזֵרוֹת(그제이로트)"로 보고, '예루살렘에 선포된 법령은 모두 청옥처럼 단단했다'고 풀이했다.

숯보다

[미드라쉬에 따른 번역문이다]

어느 거리에서든지 알아볼 사람이 없도다

미드라쉬는 라브 사독에 얽힌 일화를 거론했다. 그는 성전이 무너진 후에도 수년을 살았지만 피해가 너무도 컸기 때문에 몸이 정상으로 회복되진 못했다고 한다.

* * *

칼에 죽은 자들이 주려 죽은 자들보다 나음은 토지소산이 끊어지므로 그들은 찔림 받은 자들처럼 점점 쇠약하여 감이로다(4:9).

칼에 죽은 자들이 주려 죽은 자들보다 나음은

혹은 '나은 [자들]은 칼에 죽은 자들이었다.' 이를테면, 그들이 즉

사했기 때문에 기근으로 서서히 죽은 자보다는 나았다는 이야기다 (알쉬흐).

(나의) **토지소산이 끊어지므로 그들은**[기근의 희생자] **찔림 받은 자들처럼 점점 쇠약하여**[야위어] **감이로다**

[난해한 구절이다. 문자대로 보면 '그들이 야위어갔고 토지소산으로부터 찔렸다'고 볼 수도 있다. 라쉬와 탈굼 및 알쉬흐는 기아가 너무 심해 그들이 엉겅퀴를 먹어 장이 상해 큰 고통을 호소하며 야위어갔다고 풀이했다]

라브 사디아 가온과『레헴 디마』및 미드라쉬는 "토지소산이 부족하여 말라갔기 때문에," "기아가 '뚫어' 서서히 죽어갔기 때문에"라고 설명했다.[11)]

알쉬흐는 비극의 아이러니를 강조하기 위해 "토지"가 아니라 "나의 토지"를 썼다고 주장했다. '그의 토지'임에도 그의 백성이 열매를 먹을 수 없었다.

---

11 미드라쉬의 상세한 설명은 아래와 같다.
제1성전이 무너질 때 백성들은 [포위된 동안 먹어야 했던] 상한 음식의 냄새로 목숨을 잃었다(제2성전이 파괴될 무렵에는 그마저도 없었다). 이때 적이 그들에게 무슨 짓을 저질렀는지 아는가? 성읍 서편에서 아이를 불에 구웠다고 한다[냄새가 바람을 타고, 포위되어 굶주린 백성에게 흘러갔다]. 냄새가 식욕을 자극한 까닭에 그들은 목숨을 잃고 말았다. "토지소산이 끊어지므로 그들은 찔림 받은 자들처럼 점점 쇠약하여 감이로다"가 성취된 것이다.

* * *

딸 내 백성이 멸망할 때에 자비로운 부녀들이 자기들의 손으로 자기들의 자녀들을 삶아 먹었도다(4:10).

[도덕이 땅에 떨어진 정도를 보여준다(2:20 참조)]

부녀들이 자기들의 손으로 자기들의 자녀들을 삶아 먹었도다

성전 붕괴를 앞두고, 어미들은 전쟁의 피해와 기근으로 타락하여 제 손으로 자녀를 삶아 먹었다(이웃에게 남겨주지도 않았다).

라브 알모스니노는 그들이 죽은 자녀를 삶았다고 주장했다. 즉, 일부러 죽이진 않았다는 것이다.

셸라는 과잉보호하는 어미에 대한 윤리적인 비판도 담겨 있다고 해석했다. 예컨대, 그들은 자녀를 회당이나 학교에 보내지 않고 늦잠을 자게 내버려두었다는 것이다. "잘못된 사랑"으로 그들은 자녀를 '삶아' 영혼을 파괴하고 말았다.

* * *

여호와께서 그의 분을 내시며 그의 맹렬한 진노를 쏟으심이여 시온에 불을 지르사 그 터를 사르셨도다(4:11).

여호와께서 그의 분을 내시며

수년간 주님의 마음을 태운 분노를 가리키며, 이는 그들을 심판할 때 해소되었다.

시온에 불을 지르사

소멸하는 불에 비유되는, 하나님의 진노를 가리킨다[2:3](이븐 에즈라).

그 터를 사르셨도다

아삽의 시를 참조하라. "하나님이여 이방 나라들이 주의 기업의 땅에 들어와서 주의 성전을 더럽히고 예루살렘이 돌무더기가 되게 하였나이다(시편 79:1)."

"하나님이 성전과 성소를 파괴하시고 나니 더는 여기에 앉아 노래를 부르고 있구나!" 사람들은 아삽에게 이야기했다. "거룩하신 하나님께서 이스라엘이 아닌, 숲과 돌에 진노를 쏟아 부으셨기에 노래를 하고 있는 거요. 기록된 바와 같이, '(주께서 시온에 불을 지르사 그 터를 사르셨다)'함과 같소이다[하지만 백성은 건재했다. 2:5-6 주석과 개요 참조](미드라쉬)."

* * *

대적과 원수가 예루살렘 성문으로 들어갈 줄은 세상의 모든 왕들과 천하 모든 백성이 믿지 못하였었도다(4:12).

세상의 모든 왕들과 천하 모든 백성이 믿지 못하였었도다

산헤립이 기적적으로 패했다는 사실은 예루살렘이 난공불락이라는 인상을 준다(미드라쉬 레카흐 토브).

그들은 신성이 더럽혀진 까닭에 취약해졌다는 점을 깨닫지 못했다(알쉬흐).[12]

* * *

그의 선지자들의 죄들과 제사장들의 죄악들 때문이니 그들이 성읍 안에서 의인들의 피를 흘렸도다(4:13).

12 미드라쉬는 하나님께 간구한 왕이 넷 있는데, 그들은 취약한 수준별로(오름차순으로) 다윗과 아사, 여호사밧 및 히스기야라고 기록했다.
다윗은 "내가 이 군대를 추격하여 따라잡겠나이다."라고 하자 하나님이 그에 동의하셨다[삼상 30:8]." …… 아사는 일어나 간구했다. "저희에게는 그들을 칠 힘이 없습니다만, 추격하오니 '주님께서 그들을 치소서.'라고 하자 하나님께서 이를 허락하셨다[대하 14:11]." …… 여호사밧도 일어나 하나님께 아뢰었다. "저희에게는 원수를 칠 힘도, 추격할 힘도 없사오나 찬송을 부르면 주께서 그들을 치시고 추격하소서." 이때 하나님은 그에 동의하셨다[대하 20:22] …… 히스기야 또한 일어나 간구했다. "원수를 칠 힘도, 추격할 힘도 없고 노래를 부를 기력도 남아있지 않아 침소에서 잠을 청하오니, 주님께서 이를 다 행하시옵소서." 이때 주님은 그러겠다고 응답하셨다[왕하 19:35].
느부갓네살은 이 전쟁에서 생존한 자 중 하나였다. 하나님이 "올라가 성전을 무너뜨리라"고 명령하자, "당신이 내 조상[산헤립]에게 행하신 것처럼 내게도 그리 하시겠지." 때문에 그는 예루살렘을 무너뜨리기 위해 느부사라단을 보냈다. 그는 3년 반 동안 하루도 빠짐없이 예루살렘을 포위했으나 주민을 진압할 수는 없었다. 결국 실의에 빠진 채 돌아가려 하자, 하나님이 그에게 영감을 주셨다.
그는 성벽을 재기 시작했고, 성벽이 매일 두 뼘 반씩 낮아진다는 사실을 알아냈다. 결국 성벽은 아주 가라앉고 말았다. 이를 두고 성경은 "대적과 원수가 예루살렘 성문으로 들어갈 줄은 세상의 모든 왕들과 천하 모든 백성이 믿지 못하였도다."라고 기록했다.

그의 선지자들의 죄들 때문이니

시온은 거짓 선지자들의 죄 때문에 이 같은 재앙에 취약해졌다(라쉬).

미드라쉬에 따르면, 본문은 선지자 겸 제사장이었던 스가랴의 죽음을 가리킨다고 한다[대하 24:21]. 요아스 왕이 우상을 들이고자 할 때 스가랴는 과감히 이에 맞섰고, 결국 왕은 성전에서 그를 돌로 쳐 죽이라고 명령했다[2:20에 대한 미드라쉬 주석 참조]. 따라서 본문은 "선지자의 예언에 맞선 죄 때문이었다. …… 제사장에 맞서다가 그들은 그 가운데서 의인의 피를 흘렸다"라고 옮겨야 한다.

『팔게이 마임』은 12-13절을 연이어 설명했다. "예루살렘의 몰락을 둘러싼 예견은 믿기가 어려웠기 때문에 '선지자가 범한 죄'의 결과로 볼 수밖에 없었다."

[그들은 거짓된 묵시에 집착함으로써 방심을 조장하고 회개를 권하지 않았다(2:14 주석 -여기서 거짓 선지자는 느부갓네살이 예루살렘을 침략하지 않는다거나, 성전이 무너질 리 없다는 궤사로 이스라엘을 안일하게 만든 장본인이다 - 참조)] "그러므로 내가 그들의 아내를 타인에게 주겠고 그들의 밭을 그 차지할 자들에게 주리니 그들은 가장 작은 자로부터 큰 자까지 다 욕심내며 선지자로부터 제사장까지 다 거짓을 행함이라. 그들이 딸 내 백성의 상처를 가볍게 여기면서 말하기를 평강하다, 평강하다 하나 평강이 없도다. 그들이 가증한 일을 행할 때에 부끄러워하였느냐? 아니라, 조금도 부끄러워하지 않을 뿐 아니라 얼굴도 붉어지지 아니하였느니라. 그러므로 그들이 엎드러

질 자와 함께 엎드러질 것이라. 내가 그들을 벌할 때에 그들이 거꾸러지리라 여호와의 말씀이니라(예레미야 8:10–12).”]

라브 알카베쯔는 12–13절을 풀이하며 다른 견해를 주장했다. “이스라엘의 선지자와 제사장은 전 세계에서 거룩과 진실함으로 정평이 나있었다. 따라서 ‘대적과 원수가 예루살렘 성문으로 들어갈 줄은 세상의 모든 왕들과 천하 모든 백성이 믿지 못하였지만, 설령 정복을 당하더라도 그것은 제사장이나 선지자의 잘못일 리는 없었다.’”

* * *

> 그들이 거리거리에서 맹인 같이 방황함이여 그들의 옷들이 피에 더러워졌으므로 그들이 만질 수 없도다. 사람들이 그들에게 외쳐 이르기를 저리 가라 부정하다, 저리 가라, 저리 가라, 만지지 말라 하였음이여 그들이 도망하여 방황할 때에 이방인들이 말하기를 그들이 다시는 여기서 살지 못하리라 하였도다(4:14–15).

거리거리에서 맹인이 방황함이여

라쉬의 견해에 따른 역문이다. 그는 “맹인들은 거리거리를 방황할 때 성 전역에 즐비하게 깔린 유대인 주검의 피에 미끄러졌다.”고 풀이했다.

이븐 에즈라는 עִוְרִים(이브림)을 부사로 보고 “그들이 거리거리를 맹목적으로 방황했다"고 옮겼다.

[이븐 에즈라의 견해를 따르자면, 본문은 재앙의 원흉을 거짓 선지자의 탓으로 돌린 앞 절과 연결될 수 있다. 즉, 민족의 '눈'이었던 선지자들(혹은 그들을 맹목적으로 따르던 사람들)은 어디로 가야 할지 몰라 피로 더러워졌다는 것이다]

피에 더러워졌으므로

피범벅이 되어 남에게 손을 대기가 망설여졌다[더러워질까봐]. 대신 그들은 서로를 불렀다. "피범벅이 되었으니, 부정하다, 저리 가라, 저리 가라(라쉬)!"

저리 가라 부정하다

라쉬는 [앞에서] 사람들이 피범벅이 된 맹인에게 직접 건넨 말이라고 해석했다.

알쉬흐는 행인에게 건넨 간접적인 경고로 풀이했다. "저리 가라! 부정하다! 주검으로 더러워진 부정한 자에게서 멀리하라!"

그들이 도망하여[그들이 혐오스럽기 때문에]

[괄호 안의 번역문은 라쉬와 대다수 주석가들의 견해를 따른 것이다(레위기 1:16 주석, 라쉬의 견해 참조). 피와 더러운 얼룩으로 그들이 혐오스러워졌다]

이븐 에즈라는 "그들에게는 새처럼 깃털이 있었고[그들은 정처 없이 날아다녔다], 방황하기도 했다"고 주장했다.

미드라쉬는 이 어구를 '모독했다'로 보고 "유대인은 신성을 모독하기 전에는 포로로 잡혀가지 않았다"고 해석했다. [즉, 그들이 신성을 모독했기 때문에 죽음과 피와 부정과 파괴가 닥쳤고, 어쩔 수 없이 유랑자가 되었다는 것이다]

방황할 때에

피에 미끄러졌다(라쉬).

행인들은 피가 묻은 사람이 맹인이기 때문에 혹시라도 부딪치면 더러워질지 모른다고 생각했다. 따라서 볼 수 있는 사람은 그들을 경계해야 했다(알쉬흐).

이방인들이 말하기를 그들이 다시는 여기서 살지 못하리라 하였도다

이방인들은 유대인이 다시는 고국에서 전처럼 살 수 없으리라 예견했다(이븐 에즈라, 아케이다트 이쯔학). [다음 절] 하나님이 그들을 추방했기 때문이다(알쉬흐).

다른 주석가들에 따르면, 이방 민족은 이스라엘의 부정을 목격한 뒤 그들이 고국 땅에서 [평화롭게] 살지 못하도록 하자고 결의했다고 한다. 그래서 유대인을 방황하게 만들었다(레헴 디마).

＊＊＊

여호와께서 노하여 그들을 흩으시고 다시는 돌보지 아니하시리니 그들이 제사장들을 높이지 아니하였으며 장로들을 대접하지 아니하였음이로다(4:16).

여호와께서 노하여[여호와의 얼굴이] **그들을 흩으시고**

분노에 찬 하나님의 얼굴이 그들을 이방인 사이에 흩으셨다. 그들이 평안할 때 제사장을 존중하지 않았기 때문이다(라쉬).

에이게르 후마쉬는 본문이 (앞절에서) 이방인의 말과 연결된다고 해석했다[앞 절의 알쉬흐 주석 참조].

[이 장에서도 פ(페이)로 시작하는 절이 [ע(아인)으로 시작하는 절을 앞섰다. 2:16 주석 참조]

다시는 돌보지 아니하시리니

[직역하면, 그는 더 이상 그들을 보지 않으실 것이다] 즉, 포로를 모으지 않으실 것이다(미드라쉬 레카흐 토브).

『레헴 디마』는 "하나님이 이방인 중에 그들을 흩으셨기 때문에 더는 관심을 두지 않아도 되었다(그들은 흩어지면 함께 모여 회개할 리가 없었기 때문이다)."

또한 본문은 기도문으로 해석할 수도 있다고 『레헴 디마』는 덧붙였다. "그들을 흩으신, 하나님의 얼굴이 다시는 진노로 그들을 보지 않으시길 원합니다. 진노의 얼굴은 제사장과 장로를 선대하지 않기 때문입니다(하나님은 차별없이 모두를 흩으셨다)."

그들이 제사장들을 높이지 아니하였으며[직역하면, 그들은 제사장의 얼굴을 높이지 않았다] 구절 마지막을 보면 하나님이 유대인을 흩으시고 나서 돌보지 않으시는 이유를 알 수 있다. 제사장과 장로를 존중하지 않았기 때문에 하나님도 그들을 똑같이 대접한 것이다(알쉬흐).

* * *

우리가 헛되이 도움을 바라므로 우리의 눈이 상함이여 우리를 구원하지 못할 나라를 바라보고 바라보았도다(4:17).

우리가 헛되이 도움을 바라므로 우리의 눈이 상함이여

[본문은 포위 마지막 날에 팽배해진 상태를 재진술하고 있다. 이때 백성들은 외세의 도움이 있으리라 기대했었다. 『예레미야(34:21–22, 37:5–11)』에서 알 수 있듯이, 애굽 군대가 바벨론 군대를 예루살렘에서 퇴각시켰지만, 이는 예레미야의 예언대로 일시적인 것이었다. 애굽이 예루살렘을 구하러 오지 못한 탓에 바벨론은 다시 쳐들어왔다]

라쉬는 "기록된 바와 같이[이사야 30:7], 비극이 닥쳤을 때, 우리는 애굽 군대를 허망하게 기다리고 있었다. '애굽의 도움[도와주리라는 약속]은 헛되고 무익했다. 그들이 약속했지만 여기에 이르진 못했다. 예레미야의 말마따나[예레미야 37:7] "너희를 도우려고 나왔던 바로의 군대는 자기 땅 애굽으로 돌아갈 것이다."라고 풀이했다.

『미드라쉬 레카흐 토브』는 애굽 군대가 돌아간 이유를 다음과 같이 서술했다.

애굽 군대가 해로를 통해 이스라엘로 가고 있을 때 하나님이 해골을 수면에 띄우셨다. "이건 우리 조상의 해골이다. 출애굽 당시 유대인 때문에 수장된 조상 말이다! 저들이 우리 선조에게 이런 짓을 저질렀는데, 우리가 도우러 가야 하는가?" 그들은 즉시 뱃머리를 돌렸다.

* * *

그들이 우리의 걸음을 엿보니 우리가 거리마다 다 다닐 수 없음이여 우리의 끝이 가깝고 우리의 날들이 다하였으며 우리의 종말이 이르렀도다(4:18).

갈대아인의 식민지가 된 유대 땅에 남은 유대인들의 비참한 상태를 묘사하는 구절이다(이븐 슈입).

그들이 우리의 걸음을 엿보니 우리가 거리마다 다 다닐 수 없음이여

그들이 우리에게 매복공격을 감행했다(라쉬). 유대인이 시장에 갈라치면 그들이 덮치며 "여기에 유대인이 있다!"고 소리를 질렀다(레카흐 토브).

우리의 끝이 가깝고

하나님이 우리를 종말(이스라엘에서 진멸) 가까이로 데려가셨다. "우리의 날들이 다했다"는 것은 죽음이 임박했다는 뜻이고, "우리의 종말이 이르렀다"는 것은 갈대아인이 남은 것을 모조리 파괴했다는 뜻이다(알쉬흐).

『미드라쉬 레카흐 토브』에 따르면, "우리의 끝이 가까운" 이유는 고통의 시간이 다가왔고 때가 찼기 때문이라고 한다.

[종말이 가까이 왔다는, 세 어구는 성전 붕괴가 마침내 임박했다는 점을 강조하는 수단으로 이해할 수도 있겠다][13]

* * *

> 우리를 뒤쫓는 자들이 하늘의 독수리들보다 빠름이여, 산꼭대기까지도 뒤쫓으며 광야에서도 우리를 잡으려고 매복하였도다(4:19).

---

13 [포위 막바지에 접어들 당시 기록은 『예레미야』 52:6-28을 참조했다]
4월[타무즈] 9일, 예루살렘에 기근이 닥쳤다. 주민들이 먹을 양식은 전혀 없었다. 성벽이 파괴되고 모든 군인이 …… 평원으로 도망쳤다. 이때 갈대아 군대는 시드기야를 추격하다가 …… 여리고에서 그를 따라잡았다. …… 바벨론 왕은 시드기야가 보는 앞에서 그의 아들들을 죽이고, 시드기야의 눈을 뽑고는 그를 바벨론으로 압송하여 죽을 때까지 옥에 가두었다. …… 5월[아브] 10일이 되자 …… 사령관 느부사라단은 …… 예루살렘에 이르러 여호와의 전을 불사르고 예루살렘 성벽을 허물었다. 남은 백성은 포로로 잡아갔다. …… 그리하여 유다 백성은 타국으로 끌려가고 말았다.

우리를 뒤쫓는 자들이 하늘의 독수리들보다 빠름이여

성경에서 독수리는 빠른 속도를 암시할 때 종종 쓰인다["독수리가 날아오는 것 같이(신명기 28:49)"와 "말이 독수리보다 빠르다(예레미야 4:13)"].

본문은 원수가 산이든, 광야든, 불철주야 유대인(탈출을 시도한)을 추격하는 열성을 기술하고 있다(이븐 야히아).

* * *

우리의 콧김 곧 여호와께서 기름 부으신 자가 그들의 함정에 빠졌음이여. 우리가 그를 가리키며 전에 이르기를 우리가 그의 그늘 아래에서 이방인들 중에 살겠다 하던 자로다(4:20).

우리의 콧김 곧 여호와께서 기름 부으신 자가

탈무드(타니스 22b)와 라쉬, 알쉬흐 및 대다수 주석가들은 여기서 가리키는 대상을 요시야 왕으로[애굽 궁수에게 죽임을 당한] 간주하여, 본문을『역대하(35:23)』에 기록된 애가로 해석했다[4:1 주석 참조].

『미드라쉬 레카흐 토브(또 다른 해석)』와 이븐 에즈라는 유다 왕 시드기야[첫 포위 때는 살아남았다가 여리고 평지에서 필사적으로 도망하다가 갈대아인에게 붙잡혔다. 그는 눈이 멀고 사슬에 매인 채 바벨론으로 압송되었다(왕하 25:5-7). 18절 주석에 인용된『예레미야』5장 발췌문도 참조하라]라고 주장했다.

['우리의 콧김'은 여기에만 기록되어 있으며, 하나님이 기름 부으신 군주에 집중된 민족의 희망과 정체성(생존과 '생명의 호흡')의 정수를 시적으로 표현할 때 쓰인다]

우리가 그를 가리키며 전에 이르기를 우리가 그의 그늘 아래에서 이방인들 중에 살겠다 하던 자로다

왕이 살아있었다면 바벨론 왕이 치리하던 속국을 이끌 수 있을 뿐 아니라, 이방인들과도 평화롭게 공존할 수 있었을 것이다. 그러나 왕이 잡히자 희망도 사라져버렸다(미드라쉬 레카흐 토브).

* * *

우스 땅에 사는 딸 에돔아 즐거워하며 기뻐하라. 잔이 네게도 이를지니 네가 취하여 벌거벗으리라(4:21).

우스 땅에 사는

[에돔의 경계를 이루는 아람 땅[예레미야 25:20 참조]으로, 초기 에돔 정착민인 세일의 아들 우스의 이름을 땄다(창 36:28)]

딸 에돔아, 즐거워하며 기뻐하라

비아냥거리는 어조다. "죄에 대한 심판을 피할 수 없을 테니 기뻐할 수 있을 때 기뻐하라"고 말하는 듯하다(미드라쉬 레카흐 토브).

이븐 에즈라는 에돔이 이스라엘을 확고부동하게 증오하기 때문에 여기에 언급되었다고 주장했다. 그들은 예루살렘의 몰락을 즐거워했다. "여호와여 예루살렘이 멸망하던 날을 기억하시고 에돔 자손을 치소서. 그들의 말이 헐어 버리라 헐어 버리라, 그 기초까지 헐어 버리라 하였나이다(시편 137:7)[예루살렘이 화를 당했을 때 에돔이 보여준 악의는『오바댜』1:10–14를 참조하라]."

라쉬와 미드라쉬에 따르면, 본문은 당시의 에돔이 아니라, 예레미야가 제2성전을 무너뜨린 장본인으로 지목한 로마군[현인들은 성경에 기록된 에돔과 동일하다고 본다]을 예언적으로 가리킨다고 한다.

알쉬흐는 몇 가지 해석을 통합했다. 이를테면, "즐거워하라"는 제1성전 당시의 에돔을, '기뻐하라'는 제2성전 때의 에돔[로마]을 가리킨다는 것이다.

잔이 네게도 이를지니

심판의 잔(라쉬)

네가 취하여 벌거벗으리라[토하리라]

[심판과 진노의 잔을 너무 많이 마셔서 취객처럼 취기가 돌며 토할 것이다]

라브 요나단 에예베슈쯔에 따르면, 구토의 저주란 '토해낸' 탓에 심판의 잔보다 더 많이 '마실 수 있는' 여지가 생겼다는 것이라고 한다.

'토하리라'는 라쉬의 견해에 따른 역문이나, 이븐 야나흐[레헴 디마 또한]는 "버티트아리"를 "벌거벗으리라"고 옮겼다[עֶרְוָה(에르바,

벌거벗음)]. 즉, 취한 사람처럼 벗을 거라는 이야기다.

["너도 마시고 너의 할례 받지 아니한 것을 드러내라. 여호와의 오른손의 잔이 네게로 돌아올 것이라. 더러운 욕이 네 영광을 가리리라(하박국 2:16)."와도 대응된다]

['버티트아리'가 예루살렘에 대항하는 에돔인을 두고 한 말일 가능성도 있다(시편 137:7, 헐어 버리라, 헐어 버리라!). "너희 에돔인이 예루살렘의 멸망을 요구했듯이, 너희도 파괴의 잔이 넘치게 마셔서 멸망할 것이다."]

* * *

> 딸 시온아, 네 죄악의 형벌이 다하였으니 주께서 다시는 너로 사로잡혀 가지 아니하게 하시리로다. 딸 에돔아 주께서 네 죄악을 벌하시며 네 허물을 드러내시리로다(4:22).

딸 시온아, 네 죄악의 형벌이 다하였으니

죗값을 모두 치렀다(라쉬).

누적된 모든 죄에 대한 대가를 단번에 치렀다(알쉬흐).

미드라쉬에 따르면, '애가'에 기록된 [재난과 불행]은 예레미야가 훈계하고 예언했던 40년보다 더 낫다고 한다. 성전이 파괴된 덕에 이스라엘의 모든 죄의 대가가 당일에 치러졌으니 말이다.

주께서[그가] **다시는 너로 사로잡혀 가지 아니하게 하시리로다**

에돔[로마] 외의 어느 누구에게도(라쉬)

[라쉬는 주어 '그'를 하나님으로 간주했다]

이븐 에즈라는 주어를 '네 죄악'으로 보았다[네 죄악 때문에 네가 다시는 잡혀가지 않을 것이라는 뜻이다].

딸 에돔아 주께서 네 죄악을 벌하시며[기억하셨으며]

이븐 에즈라는 "딸 에돔아! 네 죄악이 기억을 떠올렸다[때문에 너를 심판하게 될 것이다]."라고 해석했다.

"פָּקַד(파카드, 기억하다)"는 하나님의 규정을 가리킨다. 즉, 하나님은 정당하거나 마땅한 바를 선포한다(S. R. 허쉬, 출애굽기 20:5 주석).

[사건이 이미 벌어진 것처럼 '예언적 과거시제'가 쓰였다]

네 허물을 드러내시리로다

[그가 너를 심판하실 것이다(하나님이 죄를 덮으신다는 것은 심판을 보류하신다는 뜻이다)]

『미드라쉬 레카흐 토브』에 따르면, "그가 네 죄악을 기억하셨다"는 제1성전 때 에돔인을, "그가 네 허물을 덮으시리로다"는 제2성전 때의 에돔인[로마인]을 가리킨다.

[본문은 유대인에 대한 하나님의 진노는 지나갔고, 에돔인이 심판이 남았다는 예언적인 위로로 장을 마감한다]

5장

치욕을 살피소서

1여호와여 우리가 당한 것을 기억하시고 우리가 받은 치욕을 살펴보옵소서 2우리의 기업이 외인들에
게, 우리의 집들도 이방인들에게 돌아갔나이다 3우리는 아버지 없는 고아들이오며 우리의 어머니는 과
부들 같으니 4우리가 은을 주고 물을 마시며 값을 주고 나무들을 가져오며 5우리를 뒤쫓는 자들이 우리
의 목을 눌렀사오니 우리가 기진하여 쉴 수 없나이다 6우리가 애굽 사람과 앗수르 사람과 악수하고 양
식을 얻어 배불리고자 하였나이다 7우리의 조상들은 범죄하고 없어졌으며 우리는 그들의 죄악을 담당
하였나이다 8종들이 우리를 지배함이여 그들의 손에서 건져낼 자가 없나이다 9광야에는 칼이 있으므로
죽기를 무릅써야 양식을 얻사오니 10굶주림의 열기로 말미암아 우리의 피부가 아궁이처럼 검으니이다
11대적들이 시온에서 부녀들을, 유다 각 성읍에서 처녀들을 욕보였나이다 12지도자들은 그들의 손에 매
달리고 장로들의 얼굴도 존경을 받지 못하나이다 13청년들이 맷돌을 지며 아이들이 나무를 지다가 엎
드러지오며 14노인들은 다시 성문에 앉지 못하며 청년들은 다시 노래하지 못하나이다 15우리의 마음에
는 기쁨이 그쳤고 우리의 춤은 변하여 슬픔이 되었사오며 16우리의 머리에서는 면류관이 떨어졌사오니
오호라 우리의 범죄 때문이니이다 17이러므로 우리의 마음이 피곤하고 이러므로 우리 눈들이 어두우며
18시온 산이 황폐하여 여우가 그 안에서 노나이다 19여호와여 주는 영원히 계시오며 주의 보좌는 대대
에 이르나이다 20주께서 어찌하여 우리를 영원히 잊으시오며 우리를 이같이 오래 버리시나이까 21여호
와여 우리를 주께로 돌이키소서 그리하시면 우리가 주께로 돌아가겠사오니 우리의 날들을 다시 새롭
게 하사 옛적 같게 하옵소서 22주께서 우리를 아주 버리셨사오며 우리에게 진노하심이 참으로 크시니
이다

5장

* * *

여호와여 우리가 당한 것을 기억하시고 우리가 받은 치욕을 살펴보옵소서(5:1).

[5장도 1, 2, 4장과 같이 22절로 이루어져있으나, 알파벳 순서로 정렬되어 있지 않다는 점에서 앞선 석 장과는 다르다]

여호와여 우리가 당한 것을 기억하시고[우리에게 일어난 일]

작금의 치욕스런 상황뿐 아니라, 성전이 무너지기 전에 우리가 겪었던 고난을 기억하소서(이븐 에즈라).

이스라엘은 거룩하신 하나님 앞에서 이야기하고 있다. "저희는 잘 잊는 백성이지만 주님은 그렇지 않습니다. 하나님 앞에서는 망각이 없사오니 부디 기억하소서 …… (미드라쉬)."

알쉬흐는 이전의 고초가 아니라 영화를 암시한다고 풀이했다(아래를 참조).

우리가 받은 치욕을 살펴보옵소서

하나님, 원수의 손에서 죽어간 자들을 기억하소서. 그리고 생존자가 당한 치욕을 살펴보소서(레헴 디마).

알쉬흐에 따르면, 부를 누려본 적이 없는 가난한 자의 시련은 가난뱅이가 된 부자(지금은 연명을 위해 공공연히 구걸을 해야 한다)가 느끼는 크나큰 고초와는 비교할 수 없다고 한다. 때문에 지극한 영광에서 굴욕적인 밑바닥 신분까지 전락한 포로들은 자신의 운명을 탄식했다. "여호와여, 우리가 당한 것을 기억하소서(귀족일 당시). 과거의 영화를 기억하시듯, 포로가 된 지금의 형편도 살피시고, 과거의 영광과 비교하며, 작금의 치욕도 보소서."

* * *

우리의 기업이 외인들에게, 우리의 집들도 이방인들에게 돌아갔나이다(5:2)

우리의 기업이 외인들에게 돌아갔나이다

미드라쉬에 따르면, '우리의 기업'은 성전을 가리킨다고 한다. 아삽은 "이것은 우리의 유산도 아니고, 거룩하고 아름다운 우리 집도 아니다(원수는 주님의 집에 들어간 것이다). '하나님이여 이방 나라들이 주의 기업의 땅에 들어와서 주의 성전을 더럽히고 예루살렘이 돌무더기가 되게 하였나이다(시편 79:1)!'"라며 탄식했다.

이븐 에즈라는 "우리 밭과 포도원이 이방인들에게 넘어갔나이다."라고 옮겼다. 한편, 『레헴 디마』는 "이전되었다"거나 "주었다"가 아니라 "נֶהֶפְכָה(네헤프하, 전복되었다)"를 썼다는 점을 강조하며, 이방인들의 손에 넘어갔을 때 이스라엘은 마치 전복된 성과도 같았다고 풀이했다.

우리의 집들도 이방인들에게[외국인들]

알쉬흐는 이방인과 외국인의 차이를 밝혔다. 유대인은 이방인으로서 애굽의 속박에서 해방되어 이스라엘로 돌아갔다. 이때 유산[가나안]은 원주민인 가나안 사람에게서 당시에는 이방인이었던 유대인에게 넘겨졌다는 것이다. 반면, 우리의 집들이 돌아갔다는 것은 '이방인'이 아니라, 땅의 소유권이 전혀 없던 '외국인'에게로 넘겨진 것이라고 한다.

* * *

우리는 아버지 없는 고아들이오며 우리의 어머니는 과부들 같으니(5:3)

우리는 아버지 없는 고아들이오며[그리고 아버지는 없다]

이방인 중에서도 우리는 고아만큼이나 비참한 신세다. '아버지가 없다'는 것은 관습상 부친의 가족이 고아를 돌보기 때문에 언급된 것이다(이븐 에즈라).

'아버지가 없다'는 것은 '우리 아버지'라 불리는 하나님과의 관계를 일컫는다. 즉, 어떤 의미에서 하나님이 우리에게서 떠나셨기에 '아버지가 없다'는 것이다(알쉬흐).

『레헴 디마』(아버지를 '하나님'으로 해석)는 אֵין אָב(에인 아브, 아버지가 없다)에 접두어인 '바브(그리고)'가 연결되지 않았다는 점을 지적했다. 즉, 별도의 절로 생각해야 한다는 것이다. 따라서 전쟁의 참상이 우리를 아버지로부터 '고아'로 만들었고, 그와 더불어 '아버지 또한 부재중이었다.' 하나님이 우리에게서 당신을 숨기셨기 때문이다. 그러나 하나님이 더는 이스라엘의 아버지가 아니었다고 이해하면 곤란하다. 하나님이 백성의 아버지로서 가까이 있지 않고 멀리 계셨다는 점에서 '현장에 없었다'고 보는 편이 타당할 것이다.

"라브 버라히야는 라브 레위의 이름으로, 다음과 같이 가르쳤다. 거룩하신 하나님께서 이스라엘에 하신 말씀은 '너는 울며 내 앞에서 "우리는 고아들로 아버지가 없습니다."라고 말하라는 것이었다. 너희 생명을 걸고 맹세하니, 메디아[에스더]에 사는 너희 중에서 내가 세운 구원자 또한 부모가 없는 사람일 것이다.' "그의 삼촌의 딸 하닷사 곧 에스더는 부모가 없었으나 용모가 곱고 아리따운 처녀라 그의 부모가 죽은 후에 모르드개가 자기 딸 같이 양육하더라(에스더 2:7)." [그럼에도 에스더에게 기적이 벌어졌다. 하나님은 유대인들이 고아처럼 살아도 소망을 잃지 않도록 그들을 위로하셨다(토라 트미마)]"

우리의 어머니는 과부들 같으니

복수형인 'אִמֹּתֵינוּ(이모테이누, 우리 어머니들)'로 미루어 두 어머니를 가리킨다. 첫째는 생물학적으로 친어머니를, 둘째는 셰히나(이스라엘 총회이자, 백성의 '어머니')다. 둘은 미망인으로 비유되었지만 실제로 미망인은 아니다. 잠시 '숨어있다가' 언젠가는 다시 나타나실 셰히나는 더더욱 미망인이라 보기 어려우며, 친모 또한 미망인이라기보다는 그보다 더 암울한 신세로 봄직하다. "아구나(Agunah, 남편들에게 버림받거나 남편의 죽음을 공식적으로 확인할 수 없는 여인으로 재혼이 금지된 사람이다—옮긴이)"를 두고 하는 말인데, 아구나는 남편이 적에게 죽임을 당했다손 치더라도 재혼을 선언하는 데 필요한 증인이 없는 여인을 가리킨다. 모친이 아구나로 재혼이 불가하기 때문에 새 아버지를 둘 소망이 없다는 뜻으로 해석할 수도 있다(레헴 디마).

[1:1 주석을 참조하라]

* * *

우리가 은을 주고 물을 마시며 값을 주고 나무들을 가져오며(5:4)

우리가 은을 주고 물을 마시며[직역하면, 은을 대가로 우리의 물을 우리가 마셨다]

원수 때문에 강에서 물을 길러오기가 두려웠기에 하는 수 없이 높은 값을 치르고 우물을 장악한(알쉬흐) 원수에게서 물을 사야 했다(라쉬).

우물과 나무는 공유재산이었음에도 포위가 된 탓에 웃돈을 주고 샀다(이븐 에즈라).

『미드라쉬 레카흐 토브』는 '물'을 토라로 해석했다. [탈무드 금언에 "물은(특정 맥락에서) 다름 아닌 토라를 가리킨다(바바 카마 17a)"는 구절이 있다] 그러면 "우리는 돈을 주고 토라를 연구했다"는 이야기가 된다(뇌물을 주지 않으면 토라 연구도 금지했다는 뜻).

값을 주고 나무들을 가져오며[직역하면, 우리의 나무도 값을 치르고 나서 가져오곤 했다]

그들은 숲도 장악하여 우리 목재에 대해서도 돈을 요구했다(미드라쉬).

『레헴 디마』는 본문과 다음 절을 연결하여, 본문은 풍족했던 과거를, 5절은 현재의 고난을 가리킨다고 해석했다. 우리는 은을 주고 물을 마시곤 했다. 한가하게 집에 앉아있노라면 대가를 받은 사람이 목재를 작업하여 건네주곤 했다. 하지만 지금은[5절] 극심한 핍박 속에서 우리가 스스로 물과 목재를 가져와야 하지만 적은 우리의 열매를 보관하지 못하게 했다. 그는 목전에서 물과 나무를 빼앗았다(후반은 5절에 대한 이븐 에즈라의 견해와 동일하다, 아래를 참조하라).

* * *

우리를 뒤쫓는 자들이 우리의 목을 눌렀사오니 우리가 기진하여 쉴 수 없나이다(5:5).

우리를 뒤쫓는 자들이 우리의 목을 눌렀사오니

중노동의 부담으로(라쉬)

이븐 에즈라는 물과 목재를 목에 걸치고 운반할 때도 이를 허락지 않는 원수의 추격을 받았다(알쉬흐).

많은 주석가들(이븐 야히아, 라브 알모스니노, 레헴 디마 및 토라 트미마)은 다른 문맥의 탈무드[메길라 16b]를 보면 '목'이 성전을 암시한다는 점을 지적키도 했다. 따라서 그들은 "자기 아우 베냐민의 목을 안고 우니 베냐민도 요셉의 목을 안고 우니라[창세기 45:14]"는 그가 성전(둘 다 베냐민 영토에 있었다)이 무너진 사실에 대해 통곡한 것이라고 해석했다. 여기서도 그들은 '목'이 성전을 암시한다고 주장했다. 미드라쉬에 따르면, "뒤쫓는 자들이 우리의 목을 눌렀다." 즉, '목[성전]'을 배반하여 추격을 당했다는 것이다.

떼어 줄 사람이 없도다[우리에게 남은 것이 하나도 없도다]

그들은 세금과 추가 부담금을 요구함으로써 우리가 가진 모든 것을 손에 넣었다(라쉬).

미드라쉬는 위 구절을 "그리고 우리에게 안식은 주어지지 않았다"고 해석했다.[14)]

---

14) 하루는 저주받은 느부갓네살이 느부사라단에게 명령했다. "이 백성의 신은 회개를 인정하니, 유대 백성을 정복하면 그들에게 기도할 여유를 주어선 안 된다. 혹시라도 회개하여 하나님이 동정하게 되면 나는 패배하고 말 테니까." 마침내 느부사라단은 이스라엘을 정복했다. 이때 걸음을 멈추고 기도하는 사람이 눈에 띌라치면 당장 잡아다가 사지를 찢어 이를 백성들 앞에 던졌다. 그렇게 걸음은 계속 이어졌다.

유브라데에 이르고 나서야 휴식이 허용되었다. "여기부터는[이스라엘 바깥] 하나님이 그들을 돌보지 않으실 것이다(미드라쉬)."

* * *

우리가 애굽 사람과 앗수르 사람과 악수하고 양식을 얻어 배불리고자 하였나이다(5:6).

우리가 애굽 사람과 악수하고[손을 뻗고]

도움을 구하기 위해서다. 넘어진 자가 주변 사람에게 도움을 청하려고 손을 뻗는 것처럼(라쉬).

"애굽과 조약을 맺었다(이븐 에즈라)"는 점을 암시한다.

그리고 앗수르에는 양식을 얻어 배불리고자 하였나이다

[접속사 '그리고'는 히브리어 성경에는 없지만 라쉬가 이로써 구절을 연결했다] "그리고 앗수르는 빵으로 우리를 배불려야 한다(라쉬)."

미드라쉬에 따르면, 유대인들은 식량을 얻는 대가로 석유를 교환했다고 한다. 이때 식량은 적이 전진하면 애굽과 앗수르가 도움을 줄지도 모른다는 생각에 앗수르로 보냈다. 하지만 조약은 수포로 돌아갔다(적이 쳐들어왔을 때 '동맹국'이 유대인을 외면했기 때문이다[4:17 참조]). 예레미야 선지자는 실패한 조약의 허탄함을 탄식하고 있다(토라 트미마).

이븐 야히아는 본문을 두 절로 나누어 해석했다. "대개 핍박을 받은 사람은 원수 앞에서 자긍심을 되찾기 위해 노력한다. 하지만 우리는 애굽과는 조약을 체결하고, 앗수르로부터는 식량을 구해야 하는 처지로 전락했다."

* * *

우리의 조상들은 범죄하고 없어졌으며 우리는 그들의 죄악을 담당하였나이다(5:7).

우리의 조상들은 범죄하고 없어졌으며 우리는 그들의 죄악을 담당하였나이다

중요한 구절인 만큼 견해가 분분하다. 보편적인 해석은 다음과 같다.

이븐 에즈라는 "[나를 미워하는 자의] 죄를 갚되 아버지로부터 아들에게로 삼사 대까지 이르게 하거니와 …… (출애굽기 20:5)"에 상응하는 벌을 받지 않은 선조의 죄가 우리의 죄와 얽혀 이 같은 불행이 찾아왔다고 언급했다. [람반은 탈무드(산헤드린 27b)를 인용하며 자녀가 죄를 고집할 때만 아버지의 죗값을 묻는다고 설명했다]

아리Ari는 성경 구절 "죄를 갚되 아버지로부터 아들에게로 삼사 대까지 이르게 하거니와(출애굽기 20:5)"와 에스겔 선지자의 "각 사람은 자신의 죄로 죽을 것"이라는 대립된 듯한 말씀의 합의점을 찾았다. 그에 따르면, 『출애굽기』 구절은 후손이 조상의 전철을 고집할 때만 적용된다는 앞서 인용한 탈무드의 해명에 덧붙여, "아본(죄악)"과 "헤이트(죄)"의 차이가 있다고 한다. '아본'은 [출애굽기 구절에 해당] 고의적인 죄에 적용되며, 이는 토라에 따라 자녀가 죄를 공유하게 되는 반면, 에스겔 선지자는 자손이 처벌을 받지 않는, 의도성이 없는 죄를 가리켰다는 것이다. 따라서 아리는 "우리 선조가 고의성 없이 죄를 저질렀기에 우리에게는 책임이 없으나, 고의적인 죄를 두고는 우리가 심판을 받게 될 것이다."라고 본문[이븐 야히아와 레헴 디마와 같이]을 풀이했다.

[여기서 주목해야 할 점은 유대인들도 자신의 고통이 모두 선조의 죄로 벌어진 결과라고 간주하진 않는다는 것이다. 물론 16절에서는 "오호라, 우리의 범죄 때문이니이다"라며 공범임을 시인하지만 말이다. 이븐 에즈라의 주장대로(위 글 참조) 그들 또한 죄에 대해 일부는 책임이 있다는 점을 시인했다. 즉, 선조의 죄가 더해져 책임이 누적된 것이 고난의 원인이라는 것이다]

『레헴 디마』는 선조가 자신의 죗값을 받는 것이 더욱 합당하리라 설명했지만, 그가 세상을 떠나면 자녀가(할라하에 의거하여, "제가 부친의 영면에 대한 죗값입니다"라고 고백해야 한다) 책임을 감수해야 한다. 알쉬흐의 말마따나, 부모의 죄라도 고의성이 없다면 자녀가 죗값을 치러야할 필요는 없으나, 고의적인 죄를 저질렀다면 죽음만으로는 부족하여 시련도 감내해야 하는 것이다. 따라서 자녀는 부모의 죄에 대해 대가를 치러야 한다는 의무를 인정해야 한다.

이븐 슈입은 (본문이 신의 심판이라는 점을 가리키는 것이 아니라) 앞서 빗댄 애굽과 앗수르와의 동맹이 수포로 돌아간 원인이라는 점을 지적했다. 이를테면, 유대인의 조상이 애굽인의 선조에 대해 저지른 죄 때문에 우리가 고난을 당하고 있다는 것이다. 홍해에서 애굽 군대를 수장시키고, 앗수르 군대와 더불어 산헤립을 죽인 죄 말이다[4:17 주석에 인용된 미드라쉬 레카흐 토브를 참조].

다음은 『미드라쉬 레카흐 토브』에서 발췌한 기록이다. "선조들이 [정탐꾼 사건이 있던 아브월 9일(1:2 주석과 개요를 참조)] 쓸데없이 눈물을 쏟은 탓에, 수 세대에 걸쳐 하염없는 눈물로 그들의 죗값을 치러야 한다."

라브 이스라엘 살란테르는 도덕적인 관점에서 본문을 해석했다. "자녀에게 토라의 길을 가르치지 않은 아버지는 (세상을 떠나 더는 죄인이 아니다손 치더라도) 죄인으로 간주된다. 부친이 대가를 치러야 할 죄악을 자녀가 계속 이어가기 때문에 그들이 부친의 죄(부친이 치러야 할 고난)도 감내하게 되는 것이다."

* * *

종들이 우리를 지배함이여 그들의 손에서 건져낼 자가 없나이다(5:8).

종들이 우리를 지배함이여 ……

바벨론이 정복하기 전에 유다에 공물을 바쳤던 에돔을 가리킨다. 이제는 점령 세력이 되었다(이븐 에즈라).

솔로몬 왕의 혜안이 내다본 바와 같이(잠언 30:21) 이는 "세상을 진동시키며 세상이 견딜 수 없게 하는 것 서넛" 중 하나를 일컫는다(키플라임 르수쉬야).

미드라쉬에 기록된 다양한 견해에 따르면, 본문은 애굽인이나 '4대 왕국[바벨론, 페르시아, 그리스 및 로마]'을 가리킨다고 한다("거룩하신 하나님이 없었다면 누구도 그들의 손에서 우리를 구원해내지 못했을 것이다").

알쉬흐는 본문의 "지배자들"도 앞선 권력자의 통치에 속한 종이었다고 풀이했다. 즉, 권력자가 동의하지 않았다면 우리가 해방될 수 없었기 때문에 "그들의 손에서 건져낼 자가 없었으리라"는 것이다.

* * *

광야에는 칼이 있으므로 죽기를 무릅써야 양식을 얻사오니(5:9)

광야에는 칼이 있으므로

광야에서 손에 칼을 들고 기습을 기다리고 있는 자들 때문에(알쉬흐)

『미드라쉬 레카흐 토브』는 살짝 유머를 가미하여 풀이했다. "요즘에도 유대인은 사업차 먼 길을 떠날 때 이방인의 '칼'을 조심해야 한다."

죽기를 무릅써야[우리의 영혼과 함께] 양식을 얻사오니

밭에서 양식을 가져올 때 광야의 무뢰한에게 죽임을 당할 수 있어 위험을 무릅써야 한다는 이야기다(라쉬, 이븐 에즈라).

『레헴 디마』는 기근이 심하고 위기가 극에 달한 까닭에 연명을 위해 필요한 최소한의 양식을 얻기 위해서라도 위험을 감수하고 빵을 가져와야 한다고 했다. 광야의 칼이 호시탐탐 노리고 있었기 때문이다.

라반 쉬몬 벤 감리엘[제2성전이 무너지는 것을 목격한 탄나]은 "선조들은 우리가 당한 고난의 일부만을 겪었음에도[본문을 비롯하여 여러 구절이 인용됨] 조바심을 냈으니 시련 가운데서 수년을 지낸 우리라면 더더욱 조바심을 내야 마땅하다(미드라쉬 쉬르 하쉬림 3:3)"고 했다.

* * *

굶주림의 열기로 말미암아 우리의 피부가 아궁이처럼 검으니이다 (5:10).

굶주림의 열기[와 함께]로 말미암아

직역하면, 굶주림의 열기 때문에

우리의 피부가 아궁이처럼 검으니이다

이븐 에즈라는 9절과 10절을 연결하는 구절로 본문을 덧붙였다. "위험을 감수하며 양식을 얻지 않았더라면 우리는 죽었을 것이다.

'굶주림의 열기로 피부가 아궁이처럼 검었기 때문이다.'"

* * *

대적들이 시온에서 부녀들을, 유다 각 성읍에서 처녀들을 욕보였나이다(5:11).

대적들이 시온에서 부녀들을, 유다 각 성읍에서 처녀들을 욕보였나이다

기근의 고통만으로는 부족했는지 종들은[8절] 유부녀를 강간키도 했다(이븐 에즈라).

거룩한 곳일수록 죄악은 더욱더 참람했다. 유다에서는 미혼여성만 겁탈했지만, 예루살렘과 성전을 둘러싼, 좀 더 거룩한 시온에서는 하나님 앞에서 유부녀까지도 강간하고 멸시하는 대담함을 보였다(키플라임 르수쉬야).

『레헴 디마』는 바벨론 군대가 시온에서 행진할 때 처음에는 유다 성읍을 지나갔다고 한다. 전력을 아직 모르던 때라 미혼여성만 겁탈했지만, 예루살렘에 입성할 무렵에는 전세가 그들 쪽으로 기울어 승리를 확신했기에, 그들은 멈추지 않고 유부녀까지도 서슴지 않고 겁탈했다.[15)]

---

15 어느 날, 느부사라단은 다음과 같이 군대에 명령했다. "이 백성의 신은 음란을 매우 싫어하니 유부녀에 손을 대지 않도록 유의하라."

반면, 탈굼은 본문을 다음과 같이 옮겼다. "시온의 기혼여성"은 아람인[에돔 사람, 탈굼의 이븐 야히아 및 레헴 디마 버전에서는 '로마인'으로 기록되어 있다]에게 치욕을 당했고, 유다 성읍의 미혼여성은 갈대아인(바벨론인)에게 당했다.

* * *

지도자들은 그들의 손에 매달리고 장로들의 얼굴도 존경을 받지 못하나이다(5:12).

지도자들은 그들의 손에 매달리고

'손에'를 두고는 여러 가지 해석이 가능하다.

"여성을 구원할 지도자들이 없다. 원수가 팔로 지도자를 매달았기 때문이다[고문을 당하고 공개적으로 수치를 당했다]." 또한 8절에 언급된 "종의 손에" 그들이 매달려 있었다는 해석도 있다(이븐 에즈라).

알쉬흐는 적에게 고문을 당하느니 차라리 제 손으로 목을 매달았다고 주장했다.

이를 들은 미혼 여인들은 한 남성에게 접근하여 말을 걸었다. "우리가 손수 마련한 것을 먹고 입을 때 당신의 이름으로 하겠소. '그 날에 일곱 여자가 한 남자를 붙잡고 말하기를 우리가 우리 떡을 먹으며 우리 옷을 입으리니 다만 당신의 이름으로 우리를 부르게 하여 우리가 수치를 면하게 하라 하리라(이사야 4:1)라는 말씀 때문이오.'"
세 명의 여인만 이에 신경을 쓰지 않았다가 군대에 겁탈을 당하고 말았다(미드라쉬).

장로들도[장로들의 얼굴도] 존경을 받지 못하나이다

총독이 성에 들어가면 유능한 사람을 잡아 목을 매달았다. 장로들은 그에게 다가가 교수형을 면케 해달라고 설득했지만 그는 이를 거절했다. 그래서 "지도자들이 그들의 손에 매달렸고 장로도 존경을 받지 못했다"고 기록한 것이다(미드라쉬).

알쉬흐에 따르면, 지도자들은 아직 철이 들지 않은지라 "노인을 존경하는 얼굴이 아니었다"고 한다. 또한 그들은 자결하려들 때도 (라브 요나단 에예베슈쯔의 설명에 따르면) 노인의 경고를 무시했다.

『레헴 디마』는 "장로들의 얼굴도 존경을 받지 못했다"를 젊은 지도자 못지않게 장로도 잔인하게 매달려 처벌을 받았다고 풀이했다.

라브 알모스니노는 지도자가 예전에 장로를 존경하지 않은 탓에 "교수형"을 당한 것이라고 주장했다.

* * *

청년들이 맷돌을 지며 아이들이 나무를 지다가 엎드러지오며(5:13)

청년들이 맷돌을 지며

적은 고문으로써 청년의 기력을 소진시키기 위해 맷돌을 이게 했다(라쉬).

미드라쉬에 따르면, 바벨론에는 방앗간이 없었다고 한다[맷돌로 쓸 큼직한 돌이 없었기 때문이다]. 그래서 느부갓네살은 이스라엘을 점령했을 때 주민들에게 맷돌을 바벨론에 옮기게 했다.

이븐 에즈라는 젊은이들이 강제로 옥수수를 갈아야 했는데, 이는 큰 힘을 쏟아야 하는 중노동이었다고 주장했다[삼손도 투옥되었을 때, 옥에서 맷돌을 돌렸다는 기록도 참조하라(사사기 16:21, 주석)]. 젊은이는 힘에 겨워 실족키도 했다.

아이들이 나무를 지다가 엎드러지오며

라브 여호수아 벤 레비는 한 나뭇가지에 300명의 어린이를 매달았다고 풀이했다(미드라쉬).

알쉬흐에 따르면, 아이들은 길에 널린 나뭇가지 하나에 걸려 넘어질 정도로 쇠약해졌다고 한다.

라브 알모스니노도 어린이들이 쇠약해져 '나무에' 걸려 넘어졌다고 한다. 심지어는 목발을 사용해도 일어서서 돌아다닐 수가 없었다.

* * *

> 노인들은 다시 성문에 앉지 못하며 청년들은 다시 노래하지 못하나이다(5:14).

노인들은 다시 성문에 앉지 못하며 청년들은 다시 노래하지 못하나이다

[노인은 관습적으로 성문에 앉아 있곤 했다(룻기 4:1, 에스더 2:21 참조). 때문에 성문이 황량해졌다(1:4 참조)]

'노인들'은 탈무드의 기록대로('노인은 지혜를 갖춘 사람만을 지칭한다') 학자를 가리킨다[키두쉰 32b]. 그들은 '할라하의 문'에서 떠났다. 이와 마찬가지로, '청년'은 미쉬나를 연구하며, 암송을 위해 곡조를 붙이던 젊은 학생을 가리킨다. 그들의 노래도 더는 들리지 않았다(레헴 디마).

11–14절을 보면 적이 사회적인 계층을 골고루 공격했다는 점을 알 수 있다(기혼여성과 미혼여성, 지도자와 장로들, 청년과 아이들)(라브 알모스니노).

* * *

> 우리의 마음에는 기쁨이 그쳤고 우리의 춤은 변하여 슬픔이 되었사오며 우리의 머리에서는 면류관이 떨어졌사오니 오호라 우리의 범죄 때문이니이다(5:16).

우리의 마음에는 기쁨이 그쳤고

제사가 그쳤기 때문이다(이븐 에즈라).

"노인들이 성문에 앉지 못하고 청년들이 다시 노래하지 못할 때" 내면의 정서적인 공백이 느껴졌다. "마음의 기쁨이 그친 것이다." 밖으로 표출되는 즐거움도(춤) 슬픔이 되었다(키플라임 르수쉬야).

미드라쉬는 산헤드린의 가동이 중단되자 연회장에서 노래가 그쳤다고 했다. 하지만 지금은 노래와 연회장이 더 이상 존재하지 않았다. "마음에도 기쁨이 그쳤다."

우리의 춤

춤꾼과 가수를 가리킨다(이븐 에즈라).

기쁨이 그친 이유는 '머리에 쓴 면류관(성전)이 떨어졌기 때문이다(알쉬흐, 이븐 에즈라).'

라브 알모스니노는 '머리에 쓴 면류관'이 셰히나(하나님의 임재)를 가리킨다고 주장했다. 때문에 그는 본문을 "죄 때문에 셰히나가 우리를 떠났다. 오호라, 우리가 죄를 범했도다!"라고 옮겼다.

오호라 우리의 범죄 때문이니이다

성전이 무너졌으니 어떻게 속죄할 수 있을까? 전에는 죄인이 죗값으로 제물을 바쳤지만, 이제는 성전이 없어졌으니 오호, 통재라(레헴 디마)!

[백성이 처한 모든 사태가 죄악의 길을 택한 결과(대가)라는 점을 자각했다는 고백이다(7절 주석 참조)]

* * *

이러므로 우리의 마음이 피곤하고 이러므로 우리 눈들이 어두우며 시온산이 황폐하여 여우가 그 안에서 노나이다(5:17–18).

17–18. 이러므로 우리의 마음이 피곤하고

다음 절에 기록된 바를 두고(여우가 돌아다니는 시온산의 황량함)(라쉬)

알쉬흐는 위 구절의 절반은 성전의 파괴를 초래한 죄에 대한 뉘

우침을, 나머지 절반은 시온산의 황량함을 가리킨다고 풀이했다.

미드라쉬의 해석은 다음과 같다. "불결한 이유로 며칠 간 남편과 떨어져 있어야 하는 여인을 가리켜 '병이 들었다(다바)'고 하니[레위기 15:33], 생명의 집인 성전과 수년을 떨어져 있어야 한다면 우리도 '병이 들었다'고 봐야 옳지 않겠는가?"

우리 눈들이 어두우며

하염없이 눈물을 흘린 탓에(이븐 에즈라)

"시온산이 황폐하여 여우가 그 안에서 논다"는 사실보다 마음이 곤고하고 눈을 흐리게 하는 사태는 없을 것이다(라브 요세프 카라, 팔게이 마임).

시온 산이 황폐하여 여우가 그 안에서 노나이다

너무도 황폐해진 까닭에, 주로 잔해더미에서 산다는 여우가 누군가의 방해도 받지 않은 채 놀고 있다(알쉬흐, 이븐 에즈라).

[이 맥락에서 시온산은 모리아산이 있던 곳을 상징한다(성전이 있던 자리)][16]

---

16 탈무드(마코스 24b)와 미드라쉬는 제2성전이 무너진 후에 벌어진 일화를 기록했다.
하루는 라반 감리엘과 랍비 엘라자르 벤 아사랴, 랍비 여호수아 및 랍비 아키바가 예루살렘에 가고 있었다. 스코푸스산에 근접해지자 여우 한 마리가 지성소[의 잔해]에서 나오는 것이 보였다. 이때 그들은 모두 울기 시작했으나, 랍비 아키바는 웃었다.
"자넨 왜 그리 기분이 좋은 건가?"
"왜 우는가?" 랍비 아키바가 반문했다.
"울어야 마땅하지 않겠는가? 토라에 '외인이 가까이 오면 죽이라(민수기 1:51)'고 한

* * *

여호와여 주는 영원히 계시오며 주의 보좌는 대대에 이르나이다. 주께서 어찌하여 우리를 영원히 잊으시오며 우리를 이같이 오래 버리시나이까(5:19–20).

여호와여 주는 영원히 계시오며[그러나 주는 영원히 왕좌에 계시오며]

왕권을 보여준 성전이 잔해더미가 되었으나, 주님의 영역은 무궁합니다. 주님은 영원히 왕좌에 계십니다. 형체가 없으신 주님이 무궁하시고, 우리의 죄가 하나님의 거룩함을 물질적으로 보여주는 실체에만 영향을 줄 따름이라면 "어찌하여 우리를 영원히 잊으시옵나이까(알쉬흐)?"

[여호와의 왕권이 영원하기 때문에 주님의 보좌도 결국에는 회복될 것이다] "보좌가 없는 왕권이 있으며, 왕비가 없는 왕이 있는가?[예루살렘은 '보좌'요, 이스라엘은 '왕비'를 가리킨다(토라 트미마)](미드라쉬)"

성소에 여우가 나왔다는 것은 '황량해진 시온산에 여우들이 기웃거린다'는 구절이 성취된 것이 아니겠는가?"

"바로 그 때문에 웃은 걸세! '신실한 증인인 우리아'의 예언이 성취되었으니, '시온은 밭 같이 경작지가 될 것이며, 예루살렘은 돌무더기가 되며 이 성전의 산은 산당의 숲과 같이 되리라(예레미야 26:18)'뿐 아니라, 머지않아 또 다른 신실한 증인인 스가랴의 예언도 실현될 것이 아니겠는가! '예루살렘 길거리에 늙은 남자들과 늙은 여자들이 다시 앉을 것이라. 다 나이가 많으므로 저마다 손에 지팡이를 잡을 것이요, 그 성읍 거리에 소년과 소녀들이 가득하여 거기에서 뛰놀리라(스가랴 8:4).' 즉, 우리야의 예언이 성취되었듯이 스가랴의 예언도 그렇게 될 걸세."

"아키바, 자네 말을 들으니 위안이 되는 군. 아무렴 그렇고말고."

주께서 어찌하여 우리를 영원히 잊으시오며

주님 자신을 걸고 맹세하셨나이다! 주님이 영원하시듯, [우리 조상에게 하신] 맹세 또한 영원합니다(라쉬)!

[왜 당신은] **우리를 이같이 오래**[긴 나날들 동안] **버리시나이까?**

오랜 유수기간 동안(알쉬흐)

주님과 주님의 왕권은 영원하므로, 당신의 성전도 영원할 것입니다. 저희가 이해하지 못하는 것은 너무도 오랫동안 저희를 외면하고 버리신 이유입니다(키플라임 르수쉬야).

* * *

여호와여 우리를 주께로 돌이키소서. 그리하시면 우리가 주께로 돌아가겠사오니 우리의 날들을 다시 새롭게 하사 옛적 같게 하옵소서.(개정개역에는 없다—옮긴이)(5:21).

여호와여 우리를 주께로 돌이키소서. 그리하시면 우리가 주께로 돌아가겠사오니[혹은 회개하겠사오니]

이스라엘이 하나님께 아뢰었다. "하나님이 도와주시기만을 구할 따름입니다. 주님께서 역사를 개시하사 저희를 당신 가까이로 이끄시면 저희가 죄를 회개하고 주님께 전심으로 돌아가겠나이다(레헴 디마)."

미드라쉬는 여호와 하나님과 이스라엘 사이에서 실랑이가 끊이지 않았다고 한다. "[먼저] 내게 돌아오면 내가 너희에게 돌아가리라(말라기 3:7)." 이때 이스라엘은 "[먼저] 주께로 돌이키시면 저희가 주께로 돌아가겠나이다."라고 대꾸했다는 것이다. 누가 먼저 시작하느냐를 두고 팽팽한 줄다리기가 계속 되었다. ……

코즈니쯔의 마기드는 그 때문에 우주를 다스리시는 하나님께 우리가 "승리를 위해 당신의 백성인 저희를 잊으시려는 것입니까? 도대체 누구와 겨루어 이기시려는 것입니까? 당신의 완고한 백성이니이까? 오, 자비하신 하나님, 이번 한 번만이라도 저희를 여호와 하나님께 돌이키셔서 저희가 돌아가게 하소서!"라고 역설했다고 한다.

이븐 에즈라는 물리적인 의미에서 "저희를 돌이키소서."라고 풀이했다. "하나님의 이름이 거하는 성[예루살렘]으로 우리를 돌아가게 하시면 저희가 전처럼 하나님을 다시 섬기겠나이다."

우리의 날들을 다시 새롭게 하사 옛적 같게 하옵소서

기록된 바와 같이, "그 때에 유다와 예루살렘의 봉헌물이 옛날과 고대와 같이 나 여호와께 기쁨이 되려니와(말라기 3:4)(미드라쉬)" 우리를 애굽에서 인도해내신 때처럼 우리의 날을 새롭게 하소서(이븐 슈입).

『레헴 디마』는 신비적인 설명을 피력했다. 주께서 악한 본성을 금하시고 우리를 악한 본성이 있기 전으로 돌아가게 해달라는 염원이 본문의 뜻이라는 것이다. 그러면 우리의 회개가 순결해질 것이다.

* * *

주께서 우리를 아주 버리셨사오며 우리에게 진노하심이 참으로 크시니이다(5:22).

주께서 우리를 아주 버리셨사오며[버리셨을지라도][직역하면, 버리시고, 당신이 우리를 버리셨다]

우리에게 진노하심이 참으로 크시니이다[당신은 이미 충분히 우리에게 진노하셨나이다]

우리가 죄를 범했을지라도 주님은 예전과 같이 격분하진 않으셨다(라쉬).

"버리시고, 당신께서 우리를 버리셨다"며 이중 동사를 쓴 것은 제1, 2성전을 예언적으로 가리킨 것이라고 해석할 수 있다(알쉬흐).

반면, 『페식타 드라브 카하나』는 다음과 같이 옮겼다. "버리신 것이라면 당신은 우리를 아주 버리신 것이겠지만 (그것이 아니라) 격노하셨을 뿐이다." 즉, 하나님이 이스라엘을 버리셨다면 희망이 없겠으나, 하나님이 분노하신 거라면 희망은 있다는 것이다. 분은 곧 푸시기 때문이다.

베르디체프의 라브 레비 이쯔호크는 22절을 다음과 같이 풀이했다.

아내와 이혼하는 이유는 둘 중 하나다. 아내에게서 부덕한 점을 발견했다거나, 사랑하는 마음이 없어서일 것이다(원문을 직역하면, 아내가 남편의 눈에서 은혜를 발견하지 못해서일 것이다). 도덕적인 문제로 헤어진다면 재결합은 불가능하지만, 사랑 문제라면 재결합이 가능하다. '우리를 돌이키소서'도 이런 맥락에서 이해할 수 있다. 이를테면, 이스라엘의 행실이 부덕해서 우리를 돌이키시지 않으시는 그런 '이혼'이 아니라, 우리가 주님의 눈에서 은혜를 발견하지 못했기 때문에(우리를 아주 버리셔서) '이혼'하셨다는 이야기다. 그런 경우라면 하나님이 우리를 돌이키실 가능성은 있다.

여호와여 우리를 주께로 돌이키소서

관습적으로 22절은 책망이 끝이 아니라 21절을 반복한다. 『이사야』와 『말라기』 및 『전도서』의 결말도 이와 비슷하다[위안을 삼을 글로 마감한다(라쉬)].[17]

---

17 예레미야가 들려준 이야기다. "예루살렘으로 돌아갈 때 눈을 들어 보니 한 여인이 산 정상에 앉아 있었다. 검은 옷을 입고 머리는 산발을 한 채 오열하며 누군가의 위로를 청했다. 나도 울며 탄원했다. '누가 나를 위로할꼬?' 나는 여인에게 다가가 말을 걸었다. '사람이면 이야기하고 혼이면 내게서 떠나라.'"

여인이 입을 열어 "나는 시온산이다."라고 자신을 밝혔다. 이때 나는 "하나님께서 당신을 위로하실 것이오. …… 혈과 육이 당신을 지었고, 혈과 육이 당신을 파괴했소만, [주님께서는] '내가 너를 다시 세울 것'이라고 했소. 게다가 일렀으되, '여호와께서 예루살렘을 세우시며, 이스라엘의 흩어진 자들을 모으시며(시편 147:2), 여호와의 속량함을 받은 자들이 돌아오되 노래하며 시온에 이르러 그들의 머리 위에 영영한 희락을 띠고 기쁨과 즐거움을 얻으리니 슬픔과 탄식이 사라지리로다(이사야 35:10)(페식타 라바시 26 끝)'라고 했잖소."

1, 2차 성전 연대기

(아래 연대표는 1, 2차 성전이 무너지기까지의 대략적인 사건을 열거한 것이다. 랍비 슐로모 로텐베르그의 저서 〈톨도트 암 올람Toldos Am Olam〉에서 발췌했음을 알린다)

제1성전

3316　요시야의 아들 여호야김, 유다 왕으로 추대된다(왕하 23:36).

3320　바벨론 왕 느부갓네살이 유다 정복. 성전 그릇 얼마를 취하고, 귀족을 바벨론으로 압송된다(단 1).

3327　여호야김의 아들 여호야긴이 왕이 되어 3개월간 통치. 느부갓네살이 1만 명의 백성과 토라 학자와 함께 그를 바벨론으로 끌고 간다(왕하 24:16).

3327　여호야김의 아들 시드기야가 유다의 마지막 왕이 된다(24:18).

3338　제 1성전이 410년 만에 파괴된다.

제2성전

3768　로마(3648년 이후 유다를 통치)가 유다 왕을 지명. 초대 분봉 왕으로 아리토블루스의 아들 아그립바가 추대된다.

3788　산헤드린 이전(아보다 자라 9b). 힐렐 장로(3768년 사망)의 제자인 라반 요하난 벤 자카이가 산헤드린의 수장이 된다(제마흐 다비드 910).

3804　아그립바 2세가 최후의 분봉 왕이 되고 라반 쉬몬 벤 감리엘이 나시가 된다.

38284　20년 만에 제2성전이 무너진다.

참고문헌 및 인물 적요

기울임체와 〈 〉는 문헌의 제목을 표시할 때 썼으며, 해설 중간의 굵은 기울임체는 본 주석에서 인용된 저자의 문헌을 나타낸다.

별표(*)는 현존하는 인물 앞에 붙였다.

Alkabetz, Rav Shlomo haLevi:

(1505년 Salonica에서 출생, 1576년 Safed에서 사망)

위대한 카발리스트이자 신비주의 시인. 금요일 저녁마다 낭독하는 〈Piyyut L'cha Dodi〉의 작자인 동시에 〈Shulchan Aruch〉의 저자인 Rav Yosef Karo와는 친구지간이다.

그가 쓴 〈룻기〉 주석 〈Shoresh Yishai〉는 1561년에 발행되어 그를 뒤따른 〈룻기〉 주석가라면 거의 모두가 인용해온 작품이다.

〈Iggeres Shmuel〉에서는 그를 〈Rashba haLevi〉나 〈Rav Shlomo haLevi〉 혹은 〈Harav ibn Alkabetz haLevi〉로 다양하게 소개했다.

그는 대부분의 구약성경을 비롯하여 〈Kabbalah〉와 〈the Passover hagaddah〉에 대한 주석을 썼으며 유명한 Paytan이기도 했다.

Piyyut 〈L'cha Dodi〉에서 그는 유대 백성의 고난과 구원에 대한 열망을 이야기한다. 〈L'cha Dodi〉보다 더 인기있는 Piyyut는 아마 없을 것이다. 이는 매일 금요일 저녁에 전 세계에 흩어진 유대인 집회에서 낭독된다.

Almosnino, Rav Moshe:

저명한 라브이자 주석가. 1516년 Salonica에서 태어나 1580년경 Constantinople에서 사망했다.

그의 가족은 본디 Aragon에서 터를 잡았다. Rav Moshe의 조부모는 종교재판에 회부되었다가 화형대에서 생을 마감했고, 그의 부모는 탈출에 성공하여 그가 태어난 Salonica에 정착했다.

그는 스페인의 Neve Shalom 공동체에서 라브로 섬기다가 후에는 Livyas Chen 공동체로 사역지를 옮겼다.

아울러 Rav Almosnino는 토라와 세상물정에 박식하기로 유명했다. 1565년 당시 그는 Sultan Selim 2세 앞에서 유대인 공동체 대표로서 시민권 승인을 청원, 여섯 차례의 담판 끝에 결국 Sultan의 승인을 받아냈다고 한다. 그리하여 유대인에게도 동등한 권리를 보장하는 포고문이 발표되었다.

또한 히브리어와 스페인어로 쓴 저작도 다수 출간되었다. 생전에 발표된 서적이 있는가 하면 사후에 발간된 것도 더러 있는데, 필본으로 남아있는 저작이 많지만 그 외에는 소실되고 없다.

Chumash에 관하여 쓴 〈Tefilah I'Moshe〉를 비롯하여 Avos에 관한 〈Pirkei Moshe〉, 설교집 〈M'ametz Koach〉, 스페인어로 쓴 〈Regimento de la Vida(인생의 도리)〉가 주요 작품으로 꼽힌다. The Five Megillos(오축)에 대한 주석은 **<Yedei Moshe>**라는 제목으로 1572년에 출간되었다.

Rav Almosnino의 가르침은 〈Lechem Dim'ah〉에서 널리 인용되고 있다.

Alshich, Rav Moshe:

[Alshekh로도 표기한다]

Rav와 Posek를 겸한 성경 주석가이다. 1508년 Andrionople에서 태어나 Rav Yosef Karo의 Yeshiva에서 토라를 공부했다. Safed에 정착하여 여생을 대부분 거기서 보냈으며, Rav Yaakov Berav가 재도입한 〈Semichah〉로써 Rav Karo가 성직자로 임명했다. 제자 중에는 1590년에 그가 임명한 Rav Chaim Vital가 있다.

1600년이 되기 전에 방문했던 Damascus에서 숨을 거둔 그는 대부분의 성경 주석을 썼으며 〈halachic〉 Responsa 140 가지를 엮어 펴내기도 했다.

그가 쓴 〈애가〉 주석 **<Devarim Nichumim>**(위안을 주는 말)은 본디 1601년에 발행되었다. 다양한 성경버전에 수록된 주석 축약판은 〈Kittzur Alshich〉로, Rav Elazar Tarnigrad가 1697년 Amsterdam에서 편집했다. Tarnigrad는 Alshich를 원작자로 밝히며 축약판에 내용을 덧붙였으나 정작 그의 주석에서는 찾을 수가 없다.

Alter, Rav Yitzchak Meir

(1789–1866)

Gerrer Rebbe, Gerrer Chassidic 왕조를 창립한 인물이다. Rav Yitzchak Meir는 Koznitz Maggid의 제자가 되었다가 나중에는 Rav Simcha Bunem of Pshyscha를 거쳐 Rav Menachem Mendel of Kotzk의 제자가 된다.

1859년 Kotzker가 사망한 후 그는 대다수의 Kotzk Chassidim에게서 Rebbe로 인정된다.

그의 영향력은 파급효과가 대단했다. 7년간 리더십을 발휘했지만 폴란드의 Chassidus를 발전시키는 데 중대한 영향력을 발휘한 바 있다. 그 결과 Gerrer Chassidus는 폴란드 정통 유대인의 강력한 실세로 부상하게 되었다.

그는 탈무드에 대한 혁신novellae인 **<Chiddushei haRim>**과 〈Shulchan Aruch〉로 유명하며 작품 제목인 "The Chiddushei haRim"으로 빈번하게 인용되어왔다.

Alter, Rav Yehudah Aryeh Leib:

(1847–1903)

Gerrer, 〈Sefas Emes〉로 알려졌다. 그의 부친 Rav Avraham Mordechai는 위인이었지만 Yehudah Leib가 열두 살 때 지병으로 세상을 떠나고 만다. 그리하여 당대의 걸출한 조부 Chidushei haRim이 그를 양육했다. 그는 소싯적 하루에 18시간 공부했다고 한다. Chiddushei haRim을 위한 적합한 후계자가 준비되고 있다는 소문이 자자했는데, 아니나 다를까, 조부는 그가 19세 때 세상을 떠났다. chassidim의 청원에도 그는 Gerrer Rebbe가 되기에는 자격이 미달된다며 이를 뿌리쳤다. 수년 후, Alexandrow의 Rav Henach가 사망하자 그는 청을 받아들여 Ger를 폴란드 최대의 chassidus로 변모시켰다.

근면한 데다 범상치 않은 학자였음에도 그는 시간을 내어 매년 수만 명의 제자에게 조언을 아끼지 않았으며 영향력 있는 토라의 지도자가 되었다. 그의 담론은 독창성과 심오한 귀감으로 유명했다.

발행을 목표로 저술활동은 하지 않았지만 탈무드에 관한 별도의 저작물을 비롯하여 **<Sefas Emes>**와, 토라 및 절기에 관한 chassidic 담론이 사후에 출간되었다.

Altschuller, Rav Yechiel Hillel ben David

18세기 성경 주석가.

성경 연구를 장려하기 위해 Reb Yechiel Hillel의 부친인 Reb David는 쉽게 읽을 수 있는 (이전 주석가의 견해를 토대로 한) 선지서와 성문서 주석을 기획한 결과, 시편과 잠언 및 욥기 주석이 1753년 그가 죽기 전에 발간되었다.

Rav Yechiel은 부친의 남은 필본을 스스로 편집하고 소실된 책은 복원하여 1780년경에 주석 총서를 완간했다. 이는 크게 둘로 구분되는데, 첫째는 각 어구를 설명해 놓은 **<Metzudas Zion>**이요, 둘째는 본문에 대한 주석을 실은 **<Metzudas David>**다. 단순하고 간결한 글 덕분에 두 주석은 성경 연구에 거의 빠지는 법이 없었다. 찾는 이가 많아지자 거의 모든 성경 버전으로 재발행되었다.

Rav Yechiel Hillel이 집필한 〈애가〉 주석의 제목은 〈Rishon Letzion〉이다.

Anaf Yosef

Rav Chanoch Zundel ben Yosef 참조

Arama, Rav Yitzchak b. Moshe:

(1420–1494)

스페인 출신 랍비이자 철학자 겸 설교자. 그는 대부분의 작품을 집필했던 Calatayud에서 랍비로 봉직했다가 1492년 스페인에서 유대인 추방령 이후 Naples에 정착한 이후 거기서 여생을 보냈다.

그는 토라를 알레고리로 풀이한 **<Akeidas Yitzchak>**로 유명해졌는데, 본서는 1522년에 초판이 출간되었고 재판을 여러 차례 찍어 유대인 사상에 큰 영향력을 행사했다. 그 작품 덕분에 〈Baal Akeidah[Akeidah의 저자]〉로 종종 소개되기도 했다.

아울러 그는 1573년 Salonica에서 〈Commentary to the Torah〉와 함께 간행된 **<Commentary on the Five Megillos>**뿐 아니라, 혼인 직후 세상을 떠난 사위 Avshalom을 기리며 〈잠언〉 주석인 〈Yad Avshalom〉를 쓰기도 했다.

ARIzal

〈Luria, Rav Yitzchak〉 참조

Ashkenazi, Rav Shmuel Jaffe:

16세기 Constantinople의 라브.

〈Midrash〉 주석에 만족을 느끼지 못한 Rav Shmuel은 포괄적인 〈Midrash Rabba〉와 〈Talmud〉의 〈Aggados〉 주석을 집필하는 데 헌신했다.

첫 저작물은 Jerusalem 〈Talmud〉의 〈Aggados〉에 관한 〈Yefe Mar'eh〉였고(1597), 이후로 〈Yefe To'ar to Midrash Rabba: Genesis, Exodus, and Leviticus(1606)〉를 비롯하여, **<Yefe Anaf to Ruth>**, 〈Yefe Anaf to Esther〉, 〈Yefe Anaf to Lamentations(1691)〉과 〈Yefe Kol to Song of Songs(1739)〉를 집필했다.

〈Eccesiastes〉 주석과 〈halachic〉은 지금도 필본 형태로 남아있다.

Avodah Zarah

〈Seder Nezikin〉에 담긴 탈무드 책

Azulai, Rav Chaim Yosef David:

히브리 약칭 CHIDA으로 알려져 있다.

1724년 Jerusalem에서 태어나 1806년 Leghorn에서 사망. 율법학자, 카발리스트 겸 전기사학자인 그는 탁월한 지력과 다방면의 재능을 겸비했다. 밀사로 해외로 나갔다가 이스라엘에 거액을 헌납했으며, 1778년 Leghorn에서 사명을 마치며 그곳에서 여생을 보냈다.

율법학자로서의 명성은 〈Shulchan Aruch〉 주해뿐 아니라, 후대 권위자들이 즐겨 인용한 〈Birkei Yosef〉에도 담겨있다.

또한 그는 유명한 서지학 작품인 〈Shem haGedolim〉뿐 아니라, 〈Five Megilos〉에 대한 **<Nachal Eshkol>**과 〈룻기〉의 **<Simchas haRegel>**도 집필했다.

Baal haTurim:

〈Rav Yaakov ben Asher〉 참조

Bais Aharon

Karlin–Stolin의 Perlow, Rav Aharon 참조

Bass, Rav Shabsai ben Yosef

1641년 Kalisz에서 태어나 1718년Krotoschin에서 세상을 떠났다. 부모는 1655년 Kalisz 대량살상사건 당시 "Al Kiddush Hashem"으로 처형당했다. 그러고 난 후 Prague로 건너와 우수한 성적으로 Yeshivah를 다니다가, 목소리도 좋아 Prague에서 유명한 Altneuschul 찬양대원으로 섬기기도 했다. 때문에 성이 Bass가 된 것이다.

1674년과 1679년 사이, 그는 유럽 전역의 도서관을 다니며 서지 연구에 큰 관심을 보였다. Breslau에 인쇄소를 세웠을 때 거기서 발간된 책은 겉모양이 화려하기로 유명했는데, 그가 발행한 첫 서적은 Even haEzer에 대한 주석인 〈Beis Shmuel〉였다.

1680년에는 자신의 저작인 〈Sifsei Yesharim〉을 출간했다. 이는 그때까지 발행된 서적을 서지학적으로 분류한 책이다. 가장 유명한 서적은 단연 〈**Sifsei Chachamim**(Chumash와 The Five Megillos을 Rashi가 풀이한 주석)〉을 꼽는다. 이는 난해한 듯 보이는 Rashi의 주석을 단순명료하게 풀이하였기에 Rashi를 이해하고 그의 사상을 음미하는 데 없어서는 안 될 참고서가 되었다. 라쉬의 대형판 성경 주석과 아울러 발행되어 **<Ikkar Sifsei Chachamim>** 등의 다양한 버전으로 압축되기도 했다.

Bava Basra:

〈Seder Nezikin〉에 담긴 탈무드 책

Bava Kamma:

〈Seder Nezikin〉에 담긴 탈무드 책

Behold a People:

*〈Miller, Rav Avigdor〉 참조

Binyan Ariel:

〈Amsterdam의 Rav Shaul ben Aryeh Leib〉 참조

Rav Chanoch Zundel Ben Yosef

(1867년 사망)

Rav Chanoch는 Bialystock, Poland에 살면서 〈Midrash〉와 〈Ein Yaakov〉에 관한 주석을 집필하는 데 평생을 바쳤다.

〈Midrash Rabba〉와 〈Ein Yaakov〉는 큰 글 에디션으로 나란히 출간되었으며 텍스트의 의미를 평이하게 풀이하려고 애를 쓴 흔적이 보인다. **<Anaf Yosef>**도 이야기가 방대하다.

또한 Rav Chanoch는 〈Pirkei Avos〉의 주석을 발행키도 했으나 〈Yalkut Shim'oni〉와 〈Mechilta〉는 필본으로 되어 있다.

Chidah:

〈Azulai, Rav Chaim Yosef David〉 참조

Chidushei haRim:

〈Alter, Rav Yitzchak Meir〉 참조

Chafetz Chaim:

〈Rav Yisrael Meir haKohen〉 참조

Derech Hashem:

〈Luzatto, Rav Moshe Chaim〉 참조

Dessler, Rav Eliyahu Eliezer:

(1891–1954)

Mussar운동의 뛰어난 인격자 중 하나로 Russia Homel에서 태어났다. 1929년 London에 정착한 그는 Mussar를 가르치는 데 크나큰 영향력을 발휘했다. 사상이 심오했을 뿐 아니라 인격과 윤리적 행실 면에서도 흠잡을 데가 없었기 때문이다.

1941년 그는 현지에 건립된 Kollel of Gateshead Yeshiva의 이사장으로 추대되었으며 1947년에는 Rav Yosef Kahaneman의 청빙으로 Benei Brak, Israel에서 Mashgiach of Ponovez Yeshiva로 봉직하며 현지에서 여생을 보냈다. 그의 가르침은 Mussar와 Kaballah와 Chassidus를 조화롭게 결합했고 일부 사상은 그의 제자가 **<Michatav me-Eliyahu>**에 담았다(3권, 1955–64년).

Dubna Maggid:

〈Kranz, Rav Yaakov〉 참조

Eidels, Rav Shmuel Eliezer ben Yehuda haLevi:

(1555–1631)

(Maharsha–Moreinu haRav Shmuel Eliezer)

Talmud 주석가로 손꼽히며 그의 〈Commentary〉는 거의 모든 Talmud에 담겨있다. Cracow에서 태어나 유년시절 Posen에 이주했다. 1614년 Lublin 라브가 되었다가 1624년에는 Ostrog에서 라브로 봉직하며 대형 Yeshivah를 설립한 바 있다.

Eiger Siddur:

Prague에서 발견된 중세 필사본으로 Siddur 주석과 짤막한 **〈애가〉** 주석이 담겨있다. 1846년 발행.

Einhorn, Rav Zev Wolf:

Vilna의 Rav, 19세기 말.

<Peirush Maharzu>의 저자로, 〈Midrash Rabba〉에 대해(Romm 에디션) 구체적이고 포괄적으로 주석을 단 인물이다.

Rav Eleazar b. Yehudah of Worms:

[히 Eleazar of Germizah, Baal haRokeach로 알려지기도 했다]

(1160–1237)

할라하와 카발라 분야의 학자 겸 중세 독일의 파이탄Paytan이다. 〈Sefer Chassidim〉을 쓴 Rav Yehudah haChassid의 제자.

Rav Eleazar는 〈Shulchan Aruch〉에서 자주 인용된 **<Sefer Rokeach>**(권위를 인정받은 할라하에 관한 문헌)로 널리 알려졌다. 그는 제자도 다수 양성했으며 그 중에는 〈Or Zarua〉를 집필한 Rav Yitzchak of Vienna

이 있으며, 주석집 중에는 **<Shaarei Binah>**가 있다.

Emden, Rav Yaakov ben Zvi Shkenazi

(앞 글자를 조합하여 Yaavetz라고도 알려져 있다)

Rav Yaakov는 1697년 Altona에서 태어났다. 부친 Rav Zvi Ashkenazi(〈Chacham Zvi〉라는 문헌으로 알려짐)의 지도아래 성경을 연구했다.

보석 중개인으로 가정을 부양했지만 대개는 연구에 몰두, 저명한 학자로 명성이 자자했다. 많은 공동체에서 라브로 추대하려 했으나 번번이 거절하다가, 1728년 Emden에서는 랍비직을 수락했다. 그는 Emden에서 명성을 얻었지만, 공동체의 신세를 지기 싫다는 이유로 얼마 후 사퇴했다. 그는 고향 Altona로 돌아와 인쇄소를 세웠다.

Rav Emden의 명성은 이미 널리 알려져 있었다. 그는 당시 융성했던, Shabbesai Zvi의 거짓 메시야 운동에 강력히 맞섰다.

또한 Rav Yonasan Eyebescheutz와는 격렬한 논쟁이 벌어지기도 했다. 이는 Rav Yonasan이 죽은 후에도 사그라질 줄 몰랐다. 하지만 Rav Emden과는 입장이 다른 사람도 그의 정직과 순수한 동기를 인정했다. 그가 집필한 문헌으로는 미쉬나를 풀이한 〈Lechem Shamayim〉을 비롯하여, 〈Sh'elos Yaavetz〉, 회답서, 〈Shulchan Aruch〉에 대한 〈Mor U'Ketziah〉, 〈Orach Chayim〉, 해제를 단 〈Siddur〉 및 입문서인 〈Shaar haShamyim〉이 있다.

Rav Emden는 1776년 Altona에서 세상을 떠났다.

Epstein, Rav Baruch haLevi:

(1860–1940)

Bobruisk, Russia에서 태어났다. 〈Aruch haShulchan〉을 쓴 부친 Rav Yechiel Michel Epstein에게서 교육을 받았고, 훗날에는 그의 삼촌 Rav Naftali Zvi Yehudah Berlin['Netziv'] 밑에서 공부했다.

그는 몇몇 문헌의 저작자로서 Chumash의 주석으로 탁월한 **<Torah T'mimah>**로 명성이 자자했다. 이 책에서 그는 다양한 구절의 할라하 및 아가다 본문을 인용 · 해설했으며, 〈Five Megillos〉에 대해서는 **<Gishmei Bracha>**를 집필한 바 있다.

Eshkol haKofer:

〈Sava, Rav Avraham ben Yaakov〉 참조

Eyebeschuetz, Rav Yonasan:

라브 겸 당대 최고의 토라 학자 중 하나다.

1690년 Cracow에서 태어나 Prague에서 Yeshivah 학장으로 섬기다가 '3대 공동체(Altona, Hamburg, Wandsbek)'에서 1796년 세상을 떠날 때까지 라브로 봉직했다.

Rav Yonasan은 할라하와 성경에 대한 저작을 다수 남겼는데, 가장 유명한 할라하 서적으로는 Choshen Mishpat에 관한 〈Urim v' Tumim〉를 비롯하여, 〈Yoreh De'ah〉에 대한 〈Kreisi U'pleisi〉를 꼽는다. 사후에 발간된 설교집은 **<Yaaros D'vash>**이며 재판이 다수 발행되었다.

정부관리와의 우호적인 관계 덕분에 그는 그 전까지만 해도 출간이 금지되었던 탈무드 전 권을 재발행할 권리를 확보할 수 있었다.

그러나 부적을 쓴다는 이유로 Rav Yaakov Emden와 격렬한 논쟁을 벌였는데, 이 여파는 그가 세상을 떠난 뒤에도 여전히 지속되었다. Rav yonasan을 아는 모든 사람은 그의 의로움과 학자다운 면모와 믿음직한 성품을 높이 평가했다.

***Feinstein, Rav Moshe:**

현존하는 Posek 겸 Rosh Yeshivah인 그를 가리켜 Gadol Hador(당대의 토라 지도자)라는 사람들이 상당히 많이 있다.

1895년 러시아에서 태어난 Harav Feinstein은 신동으로 유명했다가 1937년 미국으로 건너와 뉴욕 동부 이남의 Mesivtha Tifereth Jerusalem에서 학장을 역임한 바 있다. 그는 매일 세인이 개진하는 율법 관련 질문에 답변하고 있다. 〈Igrose Moshe(5권 할라하 회답서)〉의 저자인 그는 현재 탈무드에 관한 저서인 〈Dibrose Moshe〉시리즈도 집필했다.

Harav Feinstein의 설교식 강의는 Rabbi Avraham Fishelis가 집대성하여 〈Kol Ram(히브리어판, 2권)〉과 〈Bastion of Faith(영어판)〉에 수록했다.

Galanti, Rav Moshe ben Mordechai

16세기 후반에 활동한 탈무드 편집자 겸 카발리스트. 부친 Reb Mordechai는 1492년 로마를 떠나 스페인에 망명했다. Mordechai의 가문은 성이 Angello였으나 출중한 외모와 품위 때문에 로마의 귀족이 'galant uomo'라는 별명을 붙여주었다. 자손이 Galanti를 성으로 차용한 이유가 바로 여기에 있다.

Rav Avraham은 저명한 카발리스트 Rav Moshe Cordovero("Ramak")의 제자로, 스승의 문헌을 적잖이 모방했다.

또한 그는 의롭고 정직했기에 사람들은 "haKadosh(거룩한 자)"라는 존칭을 붙여주기도 했다.

그의 작품으로는 Zohar 주석인 〈Yare'ach Yekar〉(1655년 Venice에서 Rav Avraham Azulai가 엮은 문헌 〈Zohorei Chamah(창세기, 출애굽기)〉의 축약판)를 비롯하여, 〈Pirkei Avos〉를 카발라식으로 풀이한 〈Zechus Avos〉가 있다.

가장 유명한 문헌은 〈애가〉를 카발라식으로 풀이한 **<Kinas Sesarim>**을 꼽는다(〈Ibn Shu'ib〉 주석과 더불어 〈Kol Bochim〉에 수록).

〈Shem haGedolim〉의 〈Chidah〉에 따르면, Rav Avraham은 부유하여, Meron에 있는 Rav Shimon bar Yochai와 그의 아들 Eleazar의 무덤에 묘를 세웠다고 한다. 그는 1588년 Safed에서 세상을 떠난다.

Gans, Rav David.

(1541–1516)

연대기작자 겸 수학자.

Rav David는 RAMA(Rav Moshe Isserles)와 MAHARAL of Prague(Rav Yehudah Loew)의 제자다. 그는 Prague에서 탈무드를 공부했다.

Prague에서 거의 평생을 보내며 수많은 문헌을 집필했지만 대다수가 분실되고 없다.

RAMA의 격려로 역사 관련 저서인 **<Tzemach David>**를 발행하면서 유명해졌다. 이 책은 두 부분으로 구분되며 하나는 유대인의 역사를, 다른 하나는 일반 역사를 다루었다.

이 문헌은 후대 연대기 작자의 주요 참고도서가 되었다.

Gishmei Brachah:

〈Epstein, Rav Baruch haLevi〉 참조

Heilprin, Rav Yechiel b. Shlomo:

(1660–1746)

RASHAL(Rav Shlomo Luria)의 자손으로, 기원을 역추적하면 Rashi에서 Tanna인 Rav Yochanan haSandlar에까지 거슬러 올라간다.

그는 라브와 Minsk의 Rosh Yeshivah(그가 카발라를 공부하고 몇 권의 문헌을 발행한 곳)로 봉직했으며, 창조에서 당대까지의 역사를 집대성한 **<Seder haDoros>**로 유명해졌다.

작품은 Rav Avraham Zacuto의 〈Sefer haYuchsin〉를 비롯하여 Rav Gedaliah ibn Yachya의 〈Shalsheles haKaballah〉, Rav David Gans가 쓴 〈Tzemach David〉뿐 아니라 방대한 탈무드 및 미드라쉬 문헌을 근거로 집필한 것이다.

Hirsh, Rav Shamshon Raphael:

(1808–1888)

근대 독일 정통파의 아버지. 그는 불같은 성격의 리더이자, 탁월

한 저술가 겸 훌륭한 교육자였다. 탈무드 학자인 그의 위대함은 다른 공로들 때문에 감춰졌다. 수석 랍비 겸 Bohemia 및 Mcravia 의원이 된 그는 Frankfortam-Main에서의 유대교의 토라를 부흥시키기 위해 의원직을 떠났다. 훗날 그는 Frankfortam-Main을 토라의 요새로 변모시켰다.

인지도가 높은 문헌은 여섯 권으로 구성된 **<Commentary on Chumash>**가 있는데, 이는 성경 주석을 철학적으로 접근한 저작으로 유명하며, 이 외에도 〈Commentary to Psalms〉를 비롯하여, 계명을 철학적으로 분석한 〈Horeb〉도 탁월한 작품으로 손꼽힌다.

Ibn Ezra, Rav Avraham:

(1089년 Toledo 출생, 1164년 사망)

유명한 시인 · 철학자 · 문법학자 · 천문학자이나, 무엇보다 성경 주석가로 유명하다. 〈애가〉를 비롯한 **<Commentary on the Five Megillos>**도 그가 집필했다.

그가 쓴 성경 주석은 평이한 데다, 구절의 문자적인 의미를 충실히 담으려는 노력이 보인다. 그의 목표는 난해한 구절의 어원을 문법적인 맥락에서 해명하는 것이었다. 그의 토라 주석은 라쉬의 것 다음으로 널리 연구되고 있으며 대다수의 대형 에디션 성경에 수록되어 있다고 한다.

프랑스에서 그는 라쉬의 손자인 Rav Yaakov Tam[Rabbeinu Tam]을 만나 깊은 우정을 나누었다.

혹자에 따르면, 그는 Rav Yehudah haLevi의 딸과 혼인하여 다섯 아들을 두었다고 한다.

또한 한때는 람밤을 만나 임종 당일 그에게 시를 바쳤다는 전설도 있다.

Ibn Janach, Rav Yonah

985년 Cordova에서 태어나 11세기 전반에 Saragossa에서 세상을 떠났다.

중세 최고의 "Baalei Dikduk(문법학자 겸 문헌학자)" 중 하나로 꼽히나, 생애에 대해서는 알려진 바가 거의 없다.

그는 최초의 성경문법책과 사전을 발행하여 독자에게 가장 먼저 전집을 배포했다. 원래는 아랍어로 되어 있었지만 Rav Yehudah Ibn Tibbon이 이를 히브리어로 옮긴 이 책은 〈Sefer haRikmah〉와 **<Sefer haShorashim>** 두 부분으로 구분된다.

아울러 그의 가르침은 Ibn Ezra와 Ibn Daud, Kimchi, Mizrachi, Rambam 등, 후대의 성경 주석가들이 자주 인용했다.

하지만 Rashi는 그의 작품을 잘 몰랐던 듯싶기도 했다(물론 일부러 인용하지 않았을지도 모른다). 의사이기도 했던 Ibn Janach는 의학에 관련된 전문서적도 몇 권 펴냈으나 지금은 소실되고 없다.

Ibn Shuib, Rav Yoel

15세기 중반에 활동한 Rav이자 주석가다.

1492년 추방된 이후 Aragon에 정착하여 현지에서 Rav가 되었다.

그는 〈시편〉 주석인 〈Nora Sehillos〉와 〈욥기〉를 풀이한 〈Ain

Mishpat〉를 펴냈고, 〈아가〉 주석도 집필했다. **〈애가 주석〉**은 1480년에 발표된 **<Kol Bochim>**의 Rav Avraham Galanti 주석과 아울러 게재되었다.

Ibn Shushan, Rav Yehudah

Magnesia의 Rav, 1500년경

스페인 Toledo 가정에서 태어난 Ibn Shushan의 기원은 12세기로 거슬러 올라간다.

Rav Yehudah에 관하여는 알려진 바가 거의 없다. 그는 **〈애가 주석〉**을 썼으며 할라하 문헌과 〈Iggeres Shmuel〉에서 주로 인용되었다.

Ibn Yachya, Rav Yosef

성경 주석가이자, 숱한 학자를 배출한 Ibn Yachya 가문에서 태어났다. 1494년 이탈리아 Florence에서 출생하자 그의 부모는 포르투갈에 자리를 잡았다.

그가 집필한 〈Torah Or〉의 서문에 따르면, 모친은 임신 첫 달에 누군가의 협박에 못이겨 정절을 지키기 위해 Pisa 어느 한 지붕에서 투신했으나 기적적으로 살아났다고 한다.

그 후 모친은 Ibn Yachya의 고향인 Florence를 떠났다.

그는 **〈오축 주석〉**를 발행했다. 다른 두 작품으로는 〈Derech Chaim〉과 〈Ner Mitzvah〉가 있으나 1554년 Padua에 비치된 탈무드를 태운 화염에 잿더미가 되고 말았다.

Rav Yosef는 아들 셋을 두었고 그 중 하나가 〈Shalsheles

haKabbalah〉를 쓴 Gedaliah이다. Rav Yosef는 1534년에 사망했고, 죽은 지 10년 후 유해는 이스라엘 땅Eretz Yisrael에 송환되었다. Rav Yosef Caro는 Safed에 장사되었다.

Kara, Rav Yosef

프랑스 출신의 성경 주석가(1060–1130)[15세기 당시 〈Shulchan Aruch〉를 집필한 Rav Yosef Caro와 혼동하지 말 것].

Rav Yosef는 저명한 삼촌이자, 그가 주석에서 자주 인용한 Rav Menachem Chelbo의 제자였다.

일찍이 Troyes(Rashi의 거주지와 같다)에 살면서 Rashi의 집을 자주 방문한 까닭에 그의 손자인 Rashbam과도 친분이 있었다.

Rav Yosef는 토라에 관한 주석을 집필하면서 Rashi 의 주석에 토대를 두되 이를 확대 · 확장시켰다. 또한 그는 Rashi의 주석에 해제를 달기도 했는데, Rashi도 이에 동감하여 훗날에는 자신의 원고에 이를 통합시켰다고 한다.

이 밖에도 그는 성경 주석을 별도로 집필했으며, **〈애가〉** 주석은 1486년에 처음 발행되었다.

주석은 Rashi의 일반적인 논조를 따랐으나 그다지 간결하진 않았다. 이따금씩 전문을 프랑스어로 옮기기도 한 그는 한 단어를 문법적으로 분해하는 것보다 문장 전체의 의미를 전달하는 데 주안점을 두었다. 아울러 그는 본문의 단순명료한 의미를 선호했으나 haggadic 해석(본문을 장식하고, 토라를 위대하고 영광스런 책으로 승화시키는 데 필요)에 아주 거리를 두진 않았다.

Kedushas Levi:

〈Rav Levi Yitzchak of Berditchev〉 참조

Kimchi, Rav David:

프랑스 문법학자로 앞 자를 딴 "RADAK"으로 알려지기도 했다. 1160년 Narbonne에서 태어나 1235년 그곳에서 사망했다.

부친 Rav Yosef또한 문법학자였으나 Rav David가 어릴 때 세상을 떠난 이후 그는 형 Rav Moshe(문법에 관한 책을 몇 권 집필한 바 있다) 밑에서 공부했다.

Radak의 성경 주석은 통찰력이 심오하여 대부분의 성경 대형판에 담겨있다. 또한 많은 사람들이 〈Pirkei Avos〉의 구절을 그에게 적용할 만큼("kemach['밀가루' 즉 'Kimchi']가 없으면 토라도 없다") 영향력 또한 대단했다.

〈the Sefer haSharashim〉으로 알려진 둘째 에디션 **<Michlol>**이 주요 작품이며, 일부 동시대 주석가들은 의미를 단축하여 애매한 부분이 있었으나 그는 가급적 평이한 의미와 명료성과 가독성을 높이는 데 치중했다. **〈룻기 주석〉**은 1563년 파리에서 발행되었다.

Kiflayim l'Sushiyah:

〈Landau, Rav Yitzchak Eliyahu ben Shmuel〉 참조

Kitov, Rav Eliyahu

이스라엘 학자 겸 저술가로 1976년에 사망했다. 〈Ish uBeiso(유대

인과 그의 집)〉와 〈**Sefer haTodaah**(혈통의 책)〉으로 유명하며, 이 두 저서는 Rav Nathan Bulman이 영어로 번역했다. 시리즈 문헌으로는 다섯 권의 성경을 다룬 〈Sefer haParshios〉가 있다.

Kol Yaakov:

〈Kranz, Rav Yaakov〉 참조

Kol Yehuda:

Rav Yehudah Leib ben Eliezer가 1727년에 펴낸 〈룻기〉와 **〈애가〉** 및 〈에스더〉의 카발라 · 철학적 주석

Rav Yaakov Kranz:

(1741–1804)

"Dubna Maggid"로도 알려져 있다.

Vilna근방에서 태어난 그는 소싯적부터 설교가의 기량을 입증했다. 나이 스물이 될 무렵에는 도시의 darshan이 되었으나 훗날에는 몇 개 도시의 darshan이 되었다. Dubna에서는 18년간 설교자로 섬기며 명성을 쌓았다.

그는 Vilna Gaon과도 자주 만났는데 전설에 따르면, Vilna Gaon은 그의 설교식 해석과 담론 및 비유를 즐겼다고 한다.

Dubna Maggid의 문헌은 사후에 아들 Yitzchak과 그의 제자 Baer Flahm이 발행했다. 대표적인 책으로 〈Chumash〉를 다룬 〈Ohel Yaakov〉와 오축에 관한 **<Kol Yaakov>**, 유월절 〈Haggadah〉 주석과

비유를 담은 〈Mishlei Yaakov〉가 있다.

Landau, Rav Yitzchak Eliyahu ben Shmuel:

Lithuania 출신의 Rav이자 Maggid 겸 성경 주석가.

그의 이력에 대해서는 알려진 바가 거의 없다. Vilna에서 태어나, Dubna에서 유명하고 부유한 Tzadok Marshalkovitch의 딸과 결혼하여 재정적인 문제는 없었다고 한다. 그는 Dubna Maggid인 Rav Yaakov Kranz의 방식에 따라 책과 설교집을 수집하는 데 대부분의 인생을 보냈다.

또한 1868년부터 죽을 때까지 Vilna의 Dayyan으로 섬겼다.

구약성경 중 다수가 주석으로 발행되었는데 그 중에서 〈Mashal U'Melitzah〉(각 절을 비유와 주해로 풀이)가 가장 유명한 주석으로 꼽힌다. 〈Mashal U'Melitzah〉와 병행하여 인쇄된 **<Kiflayim l'Sushiyah>**는 난해한 구절을 번역하고 주석을 곁들여 어려운 개념을 명쾌하게 풀이했다.

이 밖에도 그는 〈Tanna debe Eliyahu〉를 비롯하여 〈Mechilta〉와, 토라를 설명한 〈Pas'shegen haDas〉, Pesach Haggadah를 풀이한 〈Acharis l'Shalom〉, Machzor에 관한 〈Simlah Chadashah〉 등, 탈무드 주석도 여럿 남겼다.

Rav Levi Yitzchak of Berditchev:

(1740–1810)

하시드 지도자Chassidic Tzaddik겸 유대인 교사Rebbe. 하시드 3

세대로 가장 유명한 위인Tzaddik 중 하나다.

그는 저명한 랍비 가문의 일원이자, Galicia Hoshakov의 Rav Meir에게서 태어났다. 일설에 따르면, Rav Levi Yitzchak가 태어날 당시 Baal Shem Tov는 하늘에서 위대한 사람이 내려와 유대 민족의 훌륭한 중재자가 되리라 예언했다고 한다.

Nicholsburg의 Rav Shmelke의 인도로 Chassidus에 매력을 느껴 Mezeritch의 Maggid인 Rav Dov Ber의 수제자 중 하나가 된 그는 Richwal의 Rav Shmelke를 계승하여 훗날 Zelechov의 Rav가 되었다. 때문에 Chassidim 사이에서는 'Zelechov의 Rebbe'로 알려지기도 했다.

1785년에는 Berditchev로 이주하여 세상을 떠날 때까지 현지에서 Rebbe로 섬겼다. 그 무렵 토라 학자이자 Tzaddik인 그의 명성은 전 세계에까지 확산되었다.

Berditchev는 그의 영향력에 힘입어 하시드 센터가 되었고, 많은 토라 학자가 그의 자문을 구하기 위해 그곳을 자주 방문했다.

유대인을 극진히 사랑한 까닭에 유대인이라면 단점보다는 장점을 찾으려 했다(본성에 스며든 자질이라 갖가지 전설의 주인공이 되었다).

저작에서도 그는 "유대인을 관대하게 훈계하고 그들을 높여주며 바르게 격려해주는 자만이 지도자가 될 자격이 있다"고 밝혔다.

왕조를 세우진 않았지만 많은 제자를 거느리며 하시드 역사에 지워지지 않는 족적을 남겼다.

가장 유명한 책으로는 토라에 대한 주석이자 절기를 풀이한 **<Kedushas Levi>**가 꼽히는데, 이는 1798년에 출간되었고, 아들이 원고를 보강하여 엮은 확장판은 사후인 1811년에 발행되었다.

Lorberbaum, Rav Yaakov b. Yaakov Moshe of Lissa:

(1760–1832)(폴란드 라브 겸 할라하 학자로 "Lissa Rav"나 "Baal Nesivos"로 알려지기도 했다).

그는 "Chacham Zvi"의 증손자로, 부친인 Rav Yaakov Moshe는 그가 태어나기 전에 사망하여 친척인 Rav Yosef Teomim이 그를 길렀다.

Rav Meshullam Igra의 지도아래 성경을 연구했으며, 훗날 대다수의 저작을 남긴 Kalish에서 Rav로 봉직한 바 있다.

이때 그는 〈Yosh De'ah〉에 대한 〈Chavas Da'as〉와 〈Choshen Mishpat〉에 대해 쓴 〈Nesivos haMishpat〉를 발행하여 걸출한 Posek으로 인정받기도 했다.

당대 학자에 따르면, 매우 순수한 마음으로 학문을 닦은 까닭에 그의 율법적인 판단은 마치 시내산의 모세에게서 나온 것처럼 의문의 여지가 없이 수용되었다고 한다.

1809년 Lissa의 Rav로 부임했을 당시 Yeshivah의 규모가 확장되어 등록생이 수백 명에 달했으나, 1822년 공동체의 분쟁으로 그는 Lissa를 떠나 Kalish로 돌아가야 했다. Kalish에서 더 많은 책을 발행하는 데 시간을 보냈다. 저작으로는 The Five Megillos를 포괄적으로 다룬 〈Imre Yosher〉가 있는데, 이 다섯 권은 발행된 시간과 장소가 각각 달랐다. 심오한 〈애가〉 주석은 **<Palgei Mayim>**이란 제목으로 성경 대형판에 수록되었다.

Luria, Rav David:

(1798–1855, RADAL)

Lithuaniadmkl Rav와 posek. Vilna의 Rav Shaul Katzenellenbogen의 제자.

멘토인 Vilna Gaon이 사망한 후 Radal은 당대 최고의 토라 지도자 중 하나로 인정받았다. 그의 학술문헌은 거의 모든 토라문학을 수용했으며, 주요 작품 중 Midrash 주석과 **<Chidushei Radal>**은 〈the Midrash Rabba〉의 Romm 에디션으로 발행되었다.

Luria, Rav Yitzchak:

(ARIzal로도 알려져 있다[haEloki Rabbi Yitzchak, zichrono livrachah의 첫 자를 조합])

근대 카발리스트 사상의 선구자.

1534년 Jerusalem에서 태어났으며 Maharshal의 친척인 Rav Shlomo Luria가 그의 부친이다. 어릴 적, 아버지가 세상을 떠나자 모친이 가족과 함께 이집트 카이로로 건너갔고, 삼촌 Rav Mordechai Francis가 그를 길렀다(형편이 넉넉했다).

그는 출중한 토라 학자 겸 카발라인 Rav David ben Zimra(Radvas)의 Yeshivah에서 공부했다. Rav Betzalel Ashkenazi(〈Shittah Mekubetzes〉의 저자)— 그도 Radvas의 제자였다 — 는 그의 친구이자 스승이기도 했다.

ARIzal은 삼촌의 총애를 받아 15세에 사촌과 백년가약을 맺고 아무 탈 없이 학업을 이어나갔다. 이른 나이에 거룩한 인품이 드러난 그는 성자 같은 자질과 미덕으로 많은 학생의 극찬을 받기도 했다.

한편, 36세가 되는 1570년에는 이스라엘로 건너가 Safed에 정착한 뒤 거기에서 Rav Moshe Cordovero(Ramak)와 Rav Moshe Alshich, Rav Shlomo Alkebetz, Rav Yosef Caro 및 Rav Yosef Chagiz와 함께 카발라 단체를 설립했다.

단체가 확대되어 그의 영향력이 증대되자, 그를 의로운 자로 여기고 기적을 일으키는 힘이 있다고 믿던 모든 사람이 그를 존경했다.

그는 카발라의 가르침을 제자 Rav Chaim Vital에게 위임했다. ARIzal에 따르면, 그는 아담의 죄로 더럽혀지지 않은 영혼을 가졌다고 한다.

1572년 ARIzal이 죽자 Rav Chaim Vital은 제자들이 스승의 가르침을 엮은 기록을 수집하여 이를 발행했다. 출간된 작품으로는 〈Eitz Chaim〉과 〈Hadras Melech〉, 〈Marpei Nefesh〉, 〈Tikkunei Shabbos〉, 〈Commentary to Zohar Chadash〉, 그리고 할라하 관습을 통합한 〈Shulchan Aruch of the ARIzal〉이 있다. 후대 할라하 권위자가 이를 자주 인용했을 만큼 그의 영향력은 대단했다.

ARIzal은 당시에는 기억에서 사라진 현인의 무덤 중 다수를 밝혀내는가 하면, Sabbath Zemiros인 〈Azamer Bish'vachin〉과 〈Asader LiSeudasa〉 및 〈Bnei Haichala〉를 집필했다는 공로를 인정받기도 했다.

1572년 당시 그는 38세에 Safed에서 세상을 떠났다.

Luzatto, Rav Moshe Chaim

(1707–1746)

카발리스트, Mussar 윤리 문헌 및 시가를 집필한 저술가.

이탈리아 Padua에서 태어난 Rav Moshe Chaim은 어릴 적부터 신동으로 알려졌으며 구약성경과 미드라쉬 및 탈무드를 어린 나이에 터득했다. 훗날 그는 카발라와 윤리문헌을 깊이 연구했다.

또한 그는 심오한 윤리학 문집인 〈Mesilas Yesharim(정직한 자들의 길)〉로 유명했는데 이는 Rav Bachya ibn Paquda의 〈Chovos haLevavos〉와 더불어 윤리 · 무사르 문헌의 기초로 자리를 잡았다.

카발라 관련 문헌으로는 〈Razin Genizin〉과 **<Megillas Sesarim>**, 〈Maamar haGeulah〉, **<Derech Hashem>**이 있다.

1743년 이스라엘 땅Eretz Yisrael으로 이주하여 잠시 Acre에 살다가 그곳에서 세상을 떠났다. 가족은 Plague에서 살았다.

Maharal:

〈Rav Yehudah Loewe ben Bezalel〉 참조

Maharam Rothenburg:

〈Rav Meir b. Baruch of Rothenburg〉 참조

Maharsha:

〈Eidels, Rav Shmuel Eliezer ben Yehudah haLevi〉 참조

Margolios, Rav Chaim Mordechai

폴란드 Rav 겸 Posek로 1818년 사망.

Rav Chaim은 그가 인쇄소를 운영한 Great Dubna에서 라브로 섬겼다. 형 Rav Ephraim[〈Bais Ephraim〉, 〈Mattei Ephraim〉의 저자〉] 과 함께 그는 Rav Yosef Karo에서 당대까지 이어온 〈Shulchan Aruch

Orach Chaim〉의 법을 다룬 회답문집 **<Shaarei Teshuvah>**를 발행했다. 이는 Rav Tzvi Hirsch Eisenstadt가 지은 〈Shulchan Aruch〉의 나머지 세 부분에 연재되었으며 〈Pis'chei Teshuvah〉라는 제목으로 발행되었다.

Mashal Umelitzah

Rav Avraham Naftali Galanti가 쓴 토라 주석집. 마지막 세대에 뉴욕에서 발행(Rav Yitzchak Eliyahu Landau의 동명 성경 주석과 혼동하지 말 것)

Matanos Kehunah:

〈Rav Yissachar Berman haKohen〉 참조

Megilas Sesarim:

〈Luzatto, Rav Moshe Chaim〉 참조

Rav Meir ben Baruch of Rothenburg:

독일 Tosafist이자 Posek, Maharam Rothenburg로 알려진 그는 1215년 Worms의 저명한 토라 학자 가정에서 태어났다.

어릴 적 부친에게서 학문을 배웠다.

그가 처음 만난 스승 중에는 Rav Yitzchak ben Moshe of Vienna(〈Or Zarua〉의 저자)와 Rav Shmuel of Wurzburg가 있으며, 프랑스에서는 Yeshivos에서 유명한 Rav Yechiel of Paris의 지도를 받기도 했다.

다시 독일에 건너오자마자 그는 학문에 열의가 있는 학생을 모집

했고, Kostnitz와 Augsburg, Wurzburg, Rothenburg(대부분은 여기서 보냈다), Worms, Nuremberg 및 Mayence에서 Rav로 활동했다.

그는 Ashkenazi 동시대 학자에게서 당대 최고의 토라 학자로 정평이 나는가 하면, 할라하에 대한 판단력에 대해서 권위를 인정받기도 했다.

당시 독일계 유대인은 왕의 압박에 못 이겨 적잖은 숫자가 이스라엘로 이주하곤 했다. 1286년 그는 Alsace Ensisheim 요새에 투옥되었다가 재소자 그룹의 지도자가 되었다.

왕이 그를 석방하는 대가로 엄청난 몸값을 요구하자 유대인 공동체는 지도자를 위해 흔쾌히 모금을 계획했다. 하지만 이를 기화로 정부가 주요 인사를 가두어 막대한 돈을 뜯어낼 구실을 삼을까봐 그는 지급을 말렸다고 한다. 공동체의 안위를 더 우선시한 그는 영웅답게 1293년 세상을 떠날 때까지 남은 7년을 옥에서 보냈다.

정당한 하나님의 섭리라고 생각했기에 자신의 운명에 굴복한 것이다. 감옥에서도 그는 연구와 가르침에 몰두했다. 면회가 허용된 몇몇 제자 중 Rav Shimshon ben Zadok가 그 감옥에서 "Tashbetz"를 수집했다. 방대한 문헌을 쓰고, 개정하는 중에는 그의 회답서가 구두로 전하는 가르침을 대신하기도 했다.

다작으로 유명했던 그는 탈무드의 여러 책을 풀이한 Tosafos를 비롯하여, 다양한 할라하와 방대한 회답서responsa 및 신칙법novellae을 발행했다.

또한 그는 Rav Asher ben Yechiel("Rosh")과 Rav Mordechai ben Hillel("Mordechai) 및 Yitzchak Madura("Shaarei Dura") 등, 걸출한 제

자를 배출해내기도 했다. 하지만 그는 세상을 떠난 후에도 평안을 누리지 못했다. 왕이 시신을 넘기지 않으려 한 것이다. 결국 유해는 14년간 방치되었다가 재력가인 Reb Alexander Wimpan이 엄청난 몸값을 지급한 뒤에야 되찾을 수 있었다. 그는 Maharam과 나란히 매장해달라는 말만 남겼다고 하는데, 결국 그 유언은 이루어졌다.

Rav Meir Simcha haKohen of Dvinsk:

(1843–1926)

홀로코스트 이전 세대에 활동한 토라의 대가 중 하나다.

Rav Meir Simcha는 Rav Moshe Danishevsky의 가르침을 받으며 토라를 연구했다. 일설에 따르면, 그는 어린 나이에도 연구에 몰두했고 주의를 산만하게 하는 원인은 전부 배제했다고 한다. 어릴 적, 그는 성인식을 치르기 전부터 바벨론 및 예루살렘 탈무드를 숙달한 까닭에 탈무드 학자로 정평이 나 있었다.

Bialystok 출신의 유지 Reb Tzvi Paltiel의 딸과 결혼했고, 그 이후로도 Rav Yom Lippmann[**<Oneg Yom Tov>**의 저자]의 지도하에 연구를 계속했다.

훌륭한 문헌으로 손꼽히는 **<Rambam>**에 관한 **<Or Sameach>**을 통해 그는 학계를 통틀어 할라하 주석 및 탈무드 학자르 자리를 잡게 된다. Brisker Rav의 제안으로 Rav Chaim Soloveichik는 Dvinsk의 Rav로 추대되어 40년간 봉직했다.

1906년에는 Dvinsk 공동체의 간청으로 예루살렘 Rav로의 위촉을 거절했다.

토라 관련 저작인 **<Meshech Chachmah>**에서 그는 두 탈무드와 미드라쉬의 방대한 지식을 자유롭게 활용해가며 본문을 새롭고 오묘하게 풀이했다. 이 작품은 1927년 그가 세상을 떠난 뒤에 발행되어 널리 유행했다.

1차 대전 당시 Dvinsk 공동체는 대개 피난했고 소수의 극빈층만 자리를 지키고 있었다. 이때 Rav Meir Simcha는 그들과 동고동락하며 도성에 유대인이 아홉명이 있다면 자신은 10번째 유대인이 되겠노라 다짐했다. 사망연도는 1926년이다.

Meshech Chachmah

앞글을 참조하라.

Michtav me-Eliyahu:

〈Dessler, Rav Eliyahu Eliezer〉 참조

Michlol:

〈Kimchi, Rav David〉 참조

Midrash:

〈Midrash Rabba〉 참조

Midrash hane'elam:

〈Zohar Chadash〉 참조

Midrash Lekach Tov:

다양한 성경에 대한 미드라쉬로 11세기에 **Rav Toviah ben Eliezer**가 편찬했다. 이는 Rabbenu Tam, Rambam과 Baal haIttur, Or Zaruah 및 Shibolei haLeket 등 다수의 Rishonim이 인용한 저작이기도 하며, Ibn Ezra도 주석에 이를 인용한 바 있다.

이 미드라쉬는 필본이 재발견됨에 따라 서로 다른 시기에 발행되었다. **〈애가〉**는 1908년에 출간되었다.

Midrash Rabbah:

["위대한 미드라쉬"]

〈다섯 권의 성경과 메길로트the Five Books of the Bible and the Megillos〉에 대한 〈Midrash〉 중 가장 오래된 아모라 고전

[주의: 이 책에서 'Midrash'로 표기된 것은 출처를 뜻하며 참고문헌은 〈Midrash Ruth Rabba〉이다]

Midrash Zuta

〈Ruth Zuta('작은 룻기')〉라고도 부른다. 〈Midrash〉는 10세기 전에 수집된 것으로 보이며 11세기에 집필된 〈Midrash Lekach Tov〉의 저자가 인용했다. 1894년 Parma 필사본을 통해 Buber가 발행했다.

***Miller, Rav Avigdor:**

현존하는 랍비로 유명한 강연자 겸 저술가이다. 미국 정통파의 주요 실세로 뉴욕 브루클린의 Rav이며 〈Rejoice O Youth!〉와 〈Sing

You Righteous〉, **<Torah Nation>** 및 **<Behold A People>**을 저술한 바 있다.

Minchas Shay:

〈Rav Yedidiah Shlomo of Norzi〉 참조

Moed Katan

〈Seder Moed〉에 담긴 탈무드 책

Rav Moshe ben Maimon:

약칭 RAMBAM, Maimonides

(1135–1204)

후기 탈무드 시대 유대교의 걸출한 인물이며 시대를 초월한 위인 중 하나로 손꼽힌다. 그는 랍비이자 법전 편찬자 겸 철학자 및 귀족 의사이기도 했다. 일부 증언에 따르면, 그는 Rav Yehudah haNasi의 후손이라고 한다.

Cordoba에서 태어나 이스라엘 땅으로 이주한 뒤 이집트 Cairo의 오래된 도시 Fostat로 건너갔다.

23세에 쓰기 시작한 **주석 <Mishnah>**는 그간 넓혔던 견문을 동원하여 집필한 것이다. 주요 문헌으로는 당대에까지 이어온 할라하의 관점에서 펴낸 법전 **<Mishneh-Torah YadhaChazakah>**이 있다. 이는 그가 히브리어로 집필한 유일무이한 책이다. 다른 문헌은 모두 아랍어로 썼으나 나중에는 이를 후회했다고 한다.

그는 **<Moreh Nevuchim>**뿐 아니라 의학과 위생 및 천문학 분야

의 저작으로도 유명했다.

“모세에서 모세(Rav Moshe)에까지 Moshe 만한 인물은 없었다”고 해도 과언은 아닐 것이다.

Rav Moshe ben Nachman:

앞 자를 딴 RAMBAN과 Nachmanies로 알려졌다(1194–1270).

주요 토라 학자이자, Rambam 이후 탈무드 문헌을 집필한 자 중 하나이며, 철학자와 성경 주석가 시인 및 의사로도 유명했다.

Gerona의 유명한 랍비 가문에서 태어난 그는 고향의 이름을 따서 Rabbenu Moshe Gerondi로 불리기도 했다. 고향에서는 거의 의사로 지냈지만, 유대교의 삶에 엄청난 영향력을 준 까닭에 제임스 왕 1세도 이따금씩 그에게 진찰을 받았다고 한다.

나이 열여섯에 탈무드와 할라하 관련 문헌을 출간했으며, 저서로는 〈Sefer haMaor〉에 나타난 Rav Zerachia haLevi의 ‘hasagos’에 반대하는 Rif를 변론하며 쓴 〈Milchemes Hashem〉과, Rif에 대한 Ravad의 “hasagos”에 대해 집필한 〈Sefer haZechus〉, 〈Sefer haMitzvos〉, 〈Iggres haRamban〉, 〈Iggeres haKodesh〉, 탁월한 학식이 배어있는 **<Commentary on the Torah>**가 있다(성경 대형판에 다 실려 있다).

1263년 제임스 왕 1세의 강요에 못 이겨 기독교로 개종한 Pablo와 공개논쟁을 벌여 승리하게 된다. 그러나 교회의 노여움을 산 까닭에 어쩔 수 없이 스페인을 벗어나 이스라엘 땅으로 이주했다. 1268년에는 Rav Yechiel의 뒤를 이어 Acco에서 라브로 섬겼다.

1270년에 사망했으나 매장지는 정확히 알려지지 않았다.

Nachal Eshkol:

〈Azulai, Rav Chaim Yosef David〉 참조

Nedarim:

〈Seder Nashim〉에 담긴 탈무드 책

Niddah:

〈Seder Nezikin〉에 담긴 탈무드 책

Palgei Mayim:

〈Lorberbaum, Rav Yaakov〉 참조

Perlow, Rabbi Aharon of Karlin-Stolin:

(1802–1872)

칼린 하시딕 왕조의 창시자인 Rabbi Aharon the Great의 손자인 Rabbi Aharon 2세는 1826년 24세의 나이로 조직의 수장과 랍비를 역임했다. 그가 장기간 지도자로 활동할 때 칼린 하시디즘은 Polesie와 Volhynia에서 전성기를 맞이했다.

그의 지도로 하시딤 단체는 예루살렘과 티베리아스에 정착하여 센터를 세웠고, 이후 계속 번성해왔다. Rabbi Aharon은 강하고 귀감이 되는 지도자로 Czar Nikolai 1세의 폭정으로 억압받던 유대인에게 선한 영향력을 끼쳤다. 그의 저서 〈Bais Aharon〉은 하시딕 문헌의 고전 중 하나로, 타협이 없는 진리와 신뢰, 열정적인 기도 및 꾸준한

토라 연구를 강조했다(그가 세상을 떠난 후에도 100년 이상 명맥을 이어 온 비결이다). 1864년, 그는 Stolin에 정착하여 부친 Rabbi Asher의 전례를 따랐다. 이후 조직은 Karlin–Stolin으로 알려졌다.

홀로코스트로 조직원 중 상당수가 살상을 당했으나 이스라엘과 미국에서 조직을 부활시킨 Rabbi Yochanon 덕분에 명맥을 이을 수 있었다. 현재 대랍비grand rabbi는 Rabbi Boruch다.

Perush haTaamim:

(Ibn Ezra의 애가 주석을 보강한 문헌) 〈Ibn Ezra〉 참조.

Peskita d'Rav Kahana:

고대 미드라쉬 아가다로 원작자는 5세기 이스라엘에서 활동한 학자 Rav Kahana다. 〈Peskitas〉를 비롯하여, 안식일과 각 절기에 대한 미드라쉬 담론으로 구성되어 있다.

Pesikta Rabbasi:

고대 미드라쉬이자 담화집으로, 기원후 1세기 전반으로 거슬러 올라간다. Piskas[섹션]로 구분되며 휴일과 절기 및 특별한 안식일에 대한 담론을 담고 있다. 몇몇 섹션은 Tishah b'Av와 성전파괴, 최후의 위안과 회복ultimate Comfort and Restoration을 기록했다.

Pirkei d'Rabbi Eliezer:

고대 아가다 문헌. 1세기 Tanna인 Rabbi Eliezer ben Hyrcanos의 저작으로 알려져 있다.

Pri Tzaddik:

다음 항목 참조

Rabinowitz, Rav Tzadok haKohen:

(1823–1900)

라트비아 Kreisburg에서 태어난 Tzadok는 어릴 적 신동으로 주목받았다. 여섯 살에 고아가 되어 Bialystock 근방에 살던 삼촌이 그를 길렀다. 아이의 명성이 대단하여 그를 시험해본 Kovno의 Rav Yitzchak Elchanan Spektor도 "이 아이는 이스라엘에서 지식의 큰 횃불을 밝힐 것"이라고 예언했다고 한다.

몇 해 뒤 Rav Tzadok은 Lublin에서 살면서 Izbica의 Rav Mordechai Yosef의 제자인 Rav Leibele Eiger와 가깝게 지냈다. Rav Tzadok도 그들의 제자가 되었다가 Izbica의 Chassidim의 Rebbe가 되었다. 그는 "Lublin의 제사장Kohen"으로도 널리 알려졌으며, 그의 사상은 깊이와 넓이가 탁월하여 폴란드의 위대한 토라 학자라는 칭송을 받았다고 한다.

<Pri Tzaddik>는 매주와 절기 때 했던 토론을 엮은 것이다. 그는 많은 문헌을 남겼는데, 대개는 발행되었으나 출간되지 않은 필본 중 상당수는 2차 대전 당시 소멸되고 말았다.

그 외 작품으로는 회답서인 〈Tiferes Zvi〉와 〈Meishiv Tzaddik〉 및 **<Resisei Layla>**가 있다.

Radak:

〈Kimchi, Rav David〉 참조

Rambam:

〈Rav Moshe ben Maimon〉 참조

Ramban:

〈Rav Moshe ben Nachman〉 참조

Rashba haLevi:

〈Alkabetz, Rav Shlomo haLevi〉 참조

Rashi:

Rav Shlomo b. Yitzchak 참조

Rishon l'Tzion:

〈Altschuller, Rav yechiel Hillel〉 참조

*** Rottenberg, Rav Shlomo:**

저명한 교사이자 강연자 겸 사학자. 기념비적인 저작으로는 제1성전 후반의 역사에 대한 탈무드 · 미드라쉬의 소스를 통합한 **<Toldas Am Olam>**을 꼽는다.

Saba, Rav Avraham ben Yaakov

15–16세기 카발리스트, 성경 주석가 및 Darshan.

Rav Avraham은 1492년 스페인에서 추방된 유대인 중 하나

다. 그는 포르투갈에 건너가 〈Chumash〉에 대한 주석인 **<Eshkol haKofer>**과 〈Five Megillos〉 및 〈Pirkei Avos〉를 집필했다.

젊은 시절에 썼던 문헌이 다수 소실된 까닭에 그는 훗날 기억을 더듬어가며 이를 다시 집필했다. 〈Chumash〉 주석의 제목은 〈Tzror haMor〉였으며, 〈Shem haGedolim〉에 따르면 그는 1508년 대속죄일 저녁에 세상을 떠났다고 한다.

Sanhedrin:

〈Seder Nezikin〉에 담긴 탈무드 책

Seder haDoros:

〈Heilprin, Rav Yechiel b. Shlomo〉 참조

Seder Olam:

초기 미드라쉬 · 연대기 문헌. 〈Seder Olam〉은 탈무드에도 언급되었다(Shab. 88a, Yev. 82b 등) 탄나 Rav Yose ben Chalafta가 저자인 것으로 알려져 있다.

Sefas Emes:

〈Alter, Rav Yehudah Aryeh Leib〉 참조

Shabbos:

〈Seder Moed〉에 담긴 탈무드 책

Shaar Bas Rabim:

토라 및 〈Megillos〉에 관한 주석. 저작자는

Rav chaim Aryeh Leib Yedvavnan이며 19세기 말에 편집되었다.

Sefer haTodaah:

〈Kitov, Rav Eliyahu〉 참조

Shaarei Binah:

〈Rav Eleazar ben Yehudah of Worms〉 참조

Shaarei Teshuvah:

〈Margolios, Rav Chaim Mordechai〉 참조

Rav Shaul ben Aryeh Leib of Amsterdam:

1717년 Risha에서 태어나 1790년 Amsterdam에서 사망함.

유명한 랍비 가문에서 출생했다.

주요 도시에서 라브로 섬기다가 부친이 사망할 무렵 그를 대신하여 Amsterdam의 Ashkenazi 공동체의 라브로 임명된 후, 그곳을 떠나지 않았다.

성경과 탈무드 및 할라하에 대한 저서를 많이 발행했으며 그중 **<Binyan Ariel>**이 매우 유명했다.

Chidah가 Amsterdam에 왔을 때 그는 Rav Shaul의 집에 묵었다가 그의 학식과 의로운 행실에 놀라 〈Shem haGedolim〉에서 그를 극찬

했다고 한다.

Shem haGedolim:

〈Azulai, Rav Chaim Yosef David〉 참조

Rav Shlomo ben Yitzchok:

(RASHI)

성경과 탈무드의 대표 주석가.

1040년(Rabbeinu Gershom M'or haGolah가 사망한 해) 프랑스 Troyes에서 태어났다. 전승에 따르면, 라쉬의 뿌리는 Rav Yochanan haSandlar와 David 왕에까지 거슬러 올라간다고 한다.

Rashi 주석의 정점은 단연 탈무드 주석이다(백과사전을 방불케 하는 탁월한 저작이다). 이 주석이 탈무드를 연구하는 모든 이에게 끼친 영향력은 가히 견줄 대상이 없을 것이다. Rashi의 주석은 봉인되었을 법도 하지만 일반에 공개되어왔다. 그의 주석이 없었다면 누구도 '탈무드의 바다'를 항해할 순 없었을 것이다. 구구절절이 정확하고 함축적인 의미가 내포되어있다. 그의 탈무드 텍스트는 대개 standard 에디션으로 도입되었다가 accepted 텍스트가 되었다.

<Commentary to the Bible>도 분명하고 간결한 까닭에 발행된 성경에 거의 수록될 정도로 영향력이 대단했다.

"Rashi 학교"에서 발행된 할라하 문헌은 대다수가 전수되어왔다. 이를테면, 〈Sefer haOrah〉와 〈Sefer haPardes〉, 〈Machzor Vitry〉, 〈Siddur Rashi〉 및 회답서가 있다.

그는 1105년 Tammuz월 29일에 사망했으며 매장지는 알려지지 않았다.

Sotah

〈Seder Nashim〉에 담긴 탈무드 책

Taanis:

〈Seder Moed〉에 담긴 탈무드 책

Targum

고대에 권위자들이 성경을 아람어로 번역한 책

Teitelbaum, Rav Moshe:

(1759–1841)

Sigheter 가문의 창시자. Lublin의 Chozehdml 제자이며 저명한 Tzaddik인 그는 Vjhely 라브의 재량으로 헝가리의 중부 및 북부지방에 Chassidus를 가장 먼저 확산시킨 인물이다. 그가 집필한 **<Yismach Moshe>**는 Chassidus의 고전 중 하나로 꼽힌다.

Toldos Am Olam:

*〈Rottenberg, Rav Shlomo〉 참조

Torah Nation

*〈Miller, Rav Avigdor〉 참조

Torah T'mimah

〈Epstein, Rav Baruch haLevi〉 참조

Toras Chesed:

〈Yavetz, Rav Yitzchak ben Shlomo〉 참조

Tzemach David

〈Gans, Rav David〉 참조

Uzeda, Rav Shmuel de

1540년 Safed에서 출생

Rav Yitzchak Luria[ARI zal]와 Rav Chaim Vital과 함께 카발라를 공부했다. 1557년 Constantinople에 가서 발행한 주석은 〈애가〉에 대해 백과사전을 방불케 할 만큼 탁월한 문헌(〈Lechm Dim'ah〉)으로 성경 대형판에 게재되었다.

가장 유명한 저작은 〈Midrash Shmuel〉이며 〈Pirkei Avos〉를 구체적으로 풀이한 주석으로 Gerondi의 Rabbenu Yona와 Meiri, Rav Yosef Ibn Shushan 및 Rashbam 등의 문헌도 인용되었다. 당시 필본으로 남아 있다가 훗날 책자로 발행되었다.

Rav Yaakov ben Asher

(1270–1340)

Posek 겸 법전 편찬자

Rav Sher ben Yechiel('ROSH')의 아들로 부친의 지도하에 학문을 연구했다. 그는 독일에서 태어나 1303년 부친과 Toledo로 이주했으며 그곳에서 매우 가난하게 살았지만 토라에 인생을 바쳤다.

Rav Yaakov는 할라하 법전인 〈Arubaah Turim〉으로 유명해졌다. 이는 현대판 Shulchan Aruch의 선두주자였으며 결국 그는 "Baal haTurim"이라는 별칭을 얻게 된다.

그의 책은 내용이 풍부하여 할라하의 입문서로는 제격이었으며 유대인 사회에 널리 보급되었다. 그리하여 Rav Yosef Caro는 자신의 주요 저작인 〈Bais Yosef〉에 "Poskim의 견지에서 본 내용이 거의 담겨있기 때문에 〈Turim〉에 근거하여 이를 쓰기로 했다."라고 밝힌 바 있다.

아울러 Rav Yaakov는 초기 주석가들의 해설을 모은 〈Chumash〉에 대한 포괄적인 주석도 집필했다. 각 섹션의 서두에는 "마음을 끌기 위한 가벼운 애피타이저, 〈Masorah〉의 〈gemmatrios〉와 해설"을 덧붙였다. 그러나 아이러니컬하게도 전 권은 2판에서 그쳤다. 이 같은 "애피타이저"는 〈Ba'al HaTurim〉이라는 제목으로 성경 에디션과 더불어 인기리에 발행되었다.

Rav Yaakov의 제자 중에는 Rav David Abudarham가 있다. 〈Shem haGedolim〉에 따르면, 그는 Eretz Yisrael에 가는 길에 사망했다고 한다.

Yalkut Shimoni

성경을 거의 다룬 포괄적인 미드라쉬 선집으로 매우 유명하다.

이는 13세기 Frankfort의 Rav Shimon haDarshan의 저작물로 알려졌다. 저자는 50편이 넘는 〈Midrashim〉을 엮으면서 성경 구절과 일치하는 〈Aggadah Halachah〉의 문장 1만 개를 재배열했다.

Yavetz, Rav Yitzchak ben Shlomo

16세기 후반의 터키출신 성경 주석가

〈Pirkei Avos〉와 대부분의 성경에 대한 주석을 집필했다. 〈애가〉 주석 제목은 **<Toras Chesed>**라 한다.

그의 주석은 1778년 Amsterdam에서 발행한 **<Kehilas Moshe>**에 실려 있다. 특히 Rav Shmuel Uzeda는 〈Lechem Dim'ah〉와 〈Iggeres Shmuel〉에서 그의 가르침을 자주 인용했다.

Rav Yedidiah Shlomo of Norzi

라브 겸 주석가.

1560년 Mantua에서 태어나 1626년에 사망했다. 1585년에 Mantua의 라브가 되었다. Rav Yedidiah는 성경 〈Masorah〉를 연구하는 데 인생을 대부분 구별했다. 이전에 인쇄된 〈Masorah〉 텍스트를 연구하는가 하면, 탈무드와 미드라쉬 문헌에 산재된 다양한 저작(발행 유무를 떠나)을 비교하기도 했다.

그리하여 〈Poretz Geder〉라는 결정체가 나왔지만 〈Minchas Shai〉라는 제목으로 발행되었다.

이 작품은 온전한 연구와 근면성이 없다면 나올 수 없을 만큼 탁월했기에 〈Masorah〉를 확립하는 데 널리 수용되었다. 〈Minchas Shai〉는 대형판 성경 뒷면에 수록되어있다.

Rav Yehudah Loewe ben Bezalel

Prague의 MAHARAL로도 알려져 있다.

유대인 사조의 마지막 500년사에서 중추적인 역할을 한 인물 중 하나인 Rav Yehudah는 1512년에 태어나 Prague에서 1609년에 사망했다.

당대 최고의 랍비 중 하나로 정평이 나있었지만 삶은 그리 순탄치가 못했다. 경제적인 형편이 여의치 않아 20년간 혼인을 미룬 적도 있었다. 그는 Nikolsburg에 자리 잡은 Moravia의 Chief Rabbi로 20년간 섬겨왔다가 1573년에는 yeshiva를 유럽의 토라 중심지인 Prague로 옮겼다. 두 가지 사건으로 불거진, 공동체 사회의 투쟁을 해결하기 위해 Posen의 랍비직을 승인키도 했다.

1597년에는 노년의 나이에 Prague의 Chief Rabbi로 선출되었으나 그때까지만 해도 사회적 병폐와 종교적 헤이를 보면 거침없이 비난해댄 까닭에 랍비 인준이 거부된 듯싶기도 했다.

민중의 영웅이자 기적을 일으키는 자로 유명했지만 유대인 사상의 독립적인 시스템 구현이 가장 큰 공로였다. 그가 쓴 문헌과 장편 설교는 후대 문헌의 든든한 기초가 되었다.

통찰력이 풍부한 문헌으로는 〈Shulchan Aruch Yoreh Deah〉와 토라를 풀이한 **<Gur Aryeh>**, 〈Passover Hagaddah〉에 관한 〈Be'er haGolah〉, 〈Derech Chaim〉, 〈Netzach Yisrael〉, 〈Nesivos Olam〉 등

이 있다. 그의 작품 중 대다수는 현존하며 최근에는 18권 세트(〈Sifrei Maharal〉)로 재발행되기도 했다.

Yefe Anaf

〈Ashkenazi, Rav Shmuel Jaffe〉 참조

Yerushalmi, *Peah*

예루살렘 탈무드의 〈Peah〉

Yevamos

〈Seder Nashim〉에 담긴 탈무드 책

Yismach Moshe:

Teitlebaum, Rav Moshe 참조

Rav Yissachar Berman haKohen

Berman Ashkenazi로도 알려져 있다.

16–17세기를 향유한 미드라쉬 주석가.

폴란드 Sczebrzesyn에서 태어났다는 것과 Rama(Rav Moshe Isserles)의 제자라는 것 외에는 밝혀진 사실이 거의 없다.

〈Midrash Rabba〉 주석을 비롯하여, 1584년에 초판이 발행된 〈Matanos Kehuna〉와 미드라쉬의 거의 모든 에디션으로 후속작이 족족 나왔다.

Rav Yissachar는 서론에서 미드라쉼의 정확한 텍스트를 확립하는 데 역점을 둘 요량으로 당대에 나온 활자본뿐 아니라 필본도 기초하여 집필했다고 밝혔다.

Rabbeinu Yonah of Gerona:

13세기 스페인에서 활동한 Rav이자 윤리학자.

Rabbeinu Yonah는 Ramban (Nachmanides)의 사촌이며, Montpellier의 Rav Shmuel ben Avrahom("Min haHar")에게서 지도를 받은 훌륭한 제자 중 하나였다.

그는 철학적 영향력(당시에는 꽤 유행했다)이 국민의 종교적 성향에 악영향을 줄 수 있다는 이유로 Rambam(Maimonides)의 〈Moreh Nevuchim〉을 금한 인물 중 하나다. 그러나 반 Rambam 논란이 크게 불거질 당시 Rambam의 철학서가 훼손된 곳에서 민중이 탈무드를 소각하는 사건이 벌어지자 그는 Rambam의 저작을 금한 조치가 잘못임을 공개적으로 시인했다. 회개하는 심정으로 이스라엘에 건너가 위대한 스승의 무덤 앞에 엎드려 7일간 10명 앞에서 용서를 구하기로 맹세했다.

그러나 이 같은 의도로 프랑스를 떠나려했지만 곧 억류되어 제 뜻을 펴기도 전에 세상을 떠나고 말았다(1263년).

Rabbeinu Yonah는 수많은 저작을 남겼다. 이를테면, 몇 권의 성경 주석을 비롯하여, 〈Avos〉 주석과, 몇몇 탈무드 문헌을 다룬 〈Chiddushim〉, 유명한 Mussar 문헌 중 훗날 재판된 작품으로는 〈Iggeres haTeshuva〉와 **<Shaarei Teshuvah>** 및 〈Sefer haYirah〉가

있다.

그는 Yeshivos를 설립하여 Rav Shlomo Adret(Rashba) 같은 출중한 제자를 양성하기도 했다.

또한 사촌인 Ramban과 가까이 지내다가 Ramban의 딸에게 아들을 주어 그의 사돈이 되었다. Yonah의 딸은 그가 사망할 무렵에 아이를 가졌다. 그녀가 아들을 낳자 Ramban은 토라와 경건한 삶을 훌륭히 이어갈 수 있도록 아이의 이름을 Yonah로 짓도록 권했다.

Zohar Chadash

주요 텍스트보다 약간 나중에 인쇄된 〈Zohar〉의 일부로, 〈Zohar Chadash〉에는 토라에 대한 **<Midrash haNe'elam>**가 통합되어 있고, **<Five Megillos>**를 다룬 〈Zohar Chadash〉도 있다.